The Holy Land and The Rise of People of God

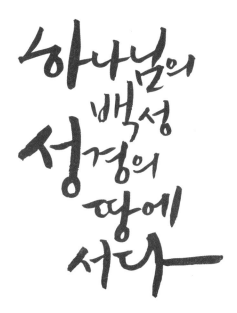

하나님의
백성
성경의
땅에
서다

저자 김진산

성경지명연구시리즈
구약편

사랑마루
SARANGMARU

하나님의 백성
성경의 땅에
서다

성경지명연구시리즈-구약편

발행일 _ 초판 1쇄 인쇄 2016년 3월 30일

지은이 _ 김진산

발행인 _ 김진호

편집인 _ 송우진

책임편집 _ 강신덕

기획 / 편집 _ 전영욱, 강영아

디자인 _ 권미경, 오인표

일러스트 / 켈리그라프 _ 최동호 고우리

홍보 / 마케팅 _ 강형규, 홍정표, 장주한

행정지원 _ 조미정, 박주영, 신문섭

펴낸곳 _ 도서출판 사랑마루

　　　　서울시 강남구 테헤란로 64길 17(대치동)

대표전화 _ Tel (02)3459-1051~2 / Fax (02)3459-1070

홈페이지 _ http://www.eholynet.org

등록 _ 2011년 1월 17일 등록번호 / 제 2011-000013호

ISBN : 979-11-86124-26-0-03230

하나님의 백성
성경의 땅에 서다

The Holy Land and The Rise of People of God

사랑마루
SARANGMARU

깊이 있고 쉽게 성경의 세계로 들어서게 하는 책

이용호 교수
서울신학대학교 구약학

　성서 특히 그중에서 구약성서는 이것에 관련된 어느 한 분야를 잘 안다고 해서-예를 들면 어학, 역사, 개론, 지리, 풍습, 주석과 각권에 담긴 신학 등등, 그 의미를 한 눈에 요약해서 보지 못한다. 왜냐하면 특히 구약성서는 하나님의 인간을 향한 의미와 목적, 행위 뿐 아니라, 그 분과 함께 어우러져 세상에서 살아가는 인간의 삶 역시 다양하게 말하고 있기 때문이다. 결국 성서를 신앙으로 읽든, 학문적으로 읽든 그것을 잘 이해하기 위해서는 첫 걸음이 중요하다. 단순히 성서만 읽는 것은 성서를 잘못 이해하는 길로 인도하기 쉽다. 때문에 성서를 돕는 지식이 병행 되어야 한다. 아마도 이런 생각은 전문가에게든 평신도에게든 동일할 것이다. 전문가의 한 사람으로서 이 어려운 성서 읽기, 특히 구약성서를 잘 읽기 위해 필히 습득해야하는 기초적인 지식들이 있음을 말하고 싶다. 특히 우선하여 필요한 것이 두 가지이다. 그 첫째는 고전어이고 둘째는 고대와 현대를 포함해서 이스라엘 역사와 지리적 지식이 성경의 문맥과 어떤 연관성을 가지고 있는가하는 문제이다. 아마도 첫 번째 문제는 평신도들에게는 어려울 것이다. 그러나 두 번째 문제는 조금만 부지런하다면 가능할 것이다.

우리가 현재 경험하는 세상은 확실히 전과는 다르다. 우리는 지금 정보의 홍수 속에서 허우적대며 살고 있다. 옛날 보다는 현재가 정보가 될만한 책들을 더 많이 만들어 내고 있다. 이스라엘의 지리, 문화, 풍습에 관한 책들도 마찬가지다. 꽁장히 많은 종류의 책과 자료들이 다양하게 집필되거나 번역되었다. 그러나 어떤 책들은 어려운 학문적 언급만 제공하고 만다. 또 어떤 책들은 객관적인 역사 진술에만 치중하여 기술하고 있어서 전문가조차도 당황할 때가 있다. 또한 어떤 책은 학문성이 결여되어 있어서, 자기 주관성에 의해 집필된 책도 있다. 사실 결국 이런 책들은 정확하게 알아야 할 정보도 한쪽으로 치우쳐 있어서, 단지 거짓에 기초한 신앙 강요로서 사용될 뿐이다.

이러한 어려움과 함께 여기 김진산 박사의 책을 접하게 되었다. 전문가인 나로서도 쉽게 집필하지 못하는 책을 김 박사가 만들어냈다. 오랜 진통 끝에 나온 책이라 생각한다. 김진산 박사가 10년 넘게 이스라엘에 거주했다는 것, 그리고 거기서 학업과 이스라엘 생생하게 현지에서 설명하는 역할을 감당하였다는 사실이 이 책의 무게를 더 해주고 있다. 삶의 시간들이 성경의 지명들과 함께 했다고 하는 것은 아마도 그의 큰 자산일 것이다. 또한 그의 성서 신학전공은 단순하게 이스라엘 역사와 지리가 설명에 머물러 있는 것이 아니라, 덧붙여서 신학적 사고도 같이 갈 수 있는 장점이기도 한다. 그 때문에 그의 집필은 그만큼 신뢰할 만하다.

이 책은 학문적 기본도 충실하면서 동시에 이스라엘의 역사 그리고 고대와 현대의 지리적 상황도 적절하게 담아내고 있다. 무엇보다 어렵지 않다. 누구나 이 책을 쉽게 접할 수 있다. 누구나 책을 통해서 성서와 연관된 지식과 더불어 신앙의 바른 모색을 시도할 수 있다. 여덟 개 구역으로 나누어진 지명들은 구약성서의 역사와 연관된 아주 중요한 장소들이다. 이 책은 각 지역에 대한 지리적, 역사적 접근을 시도하였으며, 동시에 신학적 사고를 깊이 있게 지적하고 있다. 때문에 책은 전문적인 지식을 요하는 전문가에게는 전문 지식을, 넓은 성경 지식을 요하는 평신도에게는 필요한 지식을 전해주고 있다. 성서의 깊은 의미를 원하고 찾는 독자들에게 강력하게 추천하고 싶다.

하나님의 백성들과
그들의 땅에 대해 배우게 되다

차준희 목사
한세대학교 구약학 교수, 한국구약학회 회장, 한국구약학연구소 소장

김진산 박사와는 1988년 1학기 서울신학대학교 학부 4학년 〈성서지리학〉 과목에서 처음 만났다. 추천자는 담당과목 강사였고, 김 박사는 수강생이었다. 모교에서의 첫 강의를 위해서 성서지리학과 성서고고학 관련 최근의 원서들을 최대한 모아서 번역하면서 강의를 때웠던(?) 시절이었다. 지금 생각하면 한 없이 부족한 상태에서 모교라는 홈그라운드 특혜를 누린 낯 뜨거운 첫 강의 경험이었다. 참으로 부실한 성서지리학 강의였는데, 후대에 최고의 성서지리학 전문가를 탄생시키기 위한 특별한 섭리로 작용된 듯하다.

김진산 박사는 20년간 성서의 땅 이스라엘에서 살면서 목회자의 심장을 가지고 성서의 말씀과 기도로 교민들을 위로하며 섬겨왔다. 이와 동시에 그는 모든 열정과 시간을 바쳐서 성서의 땅 이스라엘을 구석구석 발로 밟으면서 이스라엘 관광성 전문 가이드 과정을 거쳐서 자격을 갖춤은 물론 그 땅을 학문적

으로 분석하며 영적으로 묵상해왔다. 그리고 결국 구약성서학으로 박사학위도 취득했다.

김 박사는 성서의 땅에만 서면 늘 전혀 다른 사람으로 변한다. 그래서 성지 순례자들은 그를 '산두'(山頭)라고 부른다. 그는 현존하는 성서의 땅 이스라엘 최고의 가이드로 정평이 나있다. 추천자는 정기적으로 학생들과 함께 성서의 땅 현장학습을 떠난다. 이때마다 제일 먼저 확인하는 것은 김 박사의 일정이다. 이스라엘 땅은 김진산 가이드와 함께해야 정석(定石)이다. 현장에서 미친 듯이 토해내는 김 박사의 사자후는 마치 성서의 땅 최후의 목격자인양 생생하게 보도한다. 눈앞에 펼쳐있는 성서의 땅의 표층을 파헤쳐주면 그 땅에 담긴 역사적인 정보와 성서적 정보가 한데 엮어져서 하나의 그림과 같이 모습을 드러낸다. 참으로 신비한 경험이다.

김 박사가 전하는 현장의 보도를 접할 때마다 이 주옥같은 메시지들이 한 권의 책으로 표현되면 얼마나 좋을까하는 아쉬움을 마음에 담곤 하였다. 그리고 드디어 그 아쉬움들을 한 번에 해소하는 작품이 우리의 손앞에 등장했다. 이 책은 성서의 땅을 구성하는 주요한 여덟 개의 지명을 분석하여 자세하게 설명하고 있다. 이 책은 역사적이고 성서적인 이야기(Historical & Biblical Story), 교훈적인 이야기(Didactic Story), 그리고 지리적인 이야기(Geographical Story)로 나누어 구성되어 있다.

"하나님의 백성은 그 부르심 받은 구체적인 땅 위에서 사명으로 사는 사람들이다"라는 주장과 함께 주어지는 신앙적 교훈들이 추천자의 마음을 뜨겁게 한다. 성서의 땅에 숨겨진 보배로운 메시지를 찾아내는 통찰력이 마냥 부럽고 신기하기도 하다. 땅에 이러한 메시지가 담겨있다니!! 궁금하다면 과감히 책을 펴보고 성서의 땅, 그 지명들이 가르치는 신앙의 참 교훈으로 빠져들어 보라. 성서의 땅 이스라엘을 알고 싶은 이들에게 필독서로 자신 있게 추천하는 바이다.

차례 Contents

하나님의 백성, 성경의 땅에 서다

The Holy Land and The Rise of People of God

하나님의 백성
부름 받은 땅에 서다

시작하는
이야기

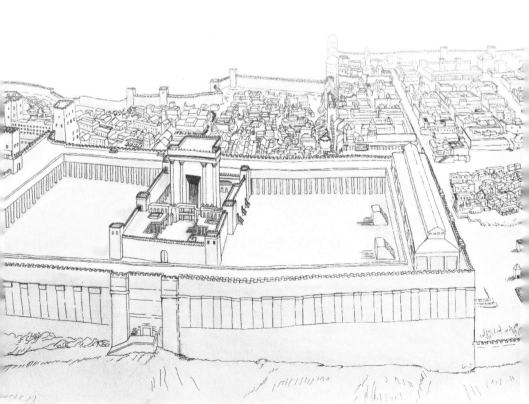

하나님의 백성
부름 받은 땅에 서다

강력했던 앗수르 제국이 쇠망의 길로 접어들고, 애굽이 그 틈새를 노려 레반트의 패권을 다시 거머쥐려 하던 시점, 요시아가 어린 나이에 남 유다의 열여섯 번째 왕이 되었다. 그가 아버지 아몬으로부터 물려받은 것은 거의 빈껍데기나 다름없는 나라였다. 증조할아버지인 히스기야 때, 이미 나라는 앗수르에 파탄이 났다. 주요 수출입 역할을 하던 라기스는 완전히 파괴되었다. 산헤립은 라기스 외에도 남 유다 기간산업의 주요 거점 도시와 마을들을 무너뜨리고 사람들을 흩어 버렸다. 뿐만 아니었다. 앗수르는 남 유다의 국부(國富) 대부분을 빼앗아 가 버렸다. 할아버지 므낫세와 아버지 아몬은 도무지 나라의 꼴에 관심이 없었다. 그들은 주어진 현실에 충분히 젖어들었고 쾌락에 빠져들었다. 헛된 우상숭배에 빠져들었으며 정직한 사람들을 멀리했다. 그들의 시대에 위대한 선지자 이사야도 죽임을 당하고 말았다. 아무리 위대한 왕이라도 나라의 지경이 이 꼴인 이상 통치를 포기해야할 상황이었다.

　그러나 요시야는 주어진 상황에 머무르지도, 좌절하여 주저 앉지도 않았다. 즉위하던 해의 나이가 8세밖에 되지 않아 한동안 부침의 세월을 보내야 했으나, 그는 그가 왕이 된 예루살렘 그 땅 위에 굳건히 서서 하나님과 세상, 유다의 백성들과 자기 자신을 돌아보았다. 그는 엄혹한 시절에 하나님의 부름 받아 남 유다의 왕이 된 현실을 받아들였다. 어느 정도 통치력을 발휘할 만한 나이가 되자 그는 먼저 남 유다의 백성들을 하나로 엮는 일에 집중했다. 남 유다의 백성들을 신앙 안에서 하나로 묶는 일이 중요했다. 그는 곧 성전을 중수했다. 하나님의 거룩한 백성들을 하나로 묶는 일의 핵심은 폐허처럼 버려지다시피 한 예루살렘의 성전을 다시 정비하는 일이었다. 그런데 놀라운 일이 벌어졌다. 성전을 중수하던 중 오랫동안 잊혔던 모세의 율법서가 발견된 것이다. 요아스와 힐기야를 비롯한 제사장들 그리고 지도자들은 새로이 발견된 말씀에 집중했다. 말씀을 읽고 묵상하던 요시아는 선대왕들의 시절에 지도자들과 백성들이 하나님의 법에 순종하지 않은 결과가 지금의 무도하고 죄가 가득하며 아무런 희망도 남지 않은 남 유다의 현실인 것을 간파했다. 더불어 요시아는 남 유다를 향한 하나님의 심판 계획이 아예 취소된 것은 아니지만 자신의 시대에는 그 심판이 일어나지 않으리라 예언한 훌다의 말에도 귀를 기울였다. 하나님의 말씀에 근거하여 주변의 상황을 살펴보건대 요시아에게는 시간이 별로 없었다. 요시아는 곧 남 유다의 남은 힘을 모았다. 그는 백성들과 나라를 신앙 안에서 하나 되게 했고 정신적으로 무장할 수 있도록 했다. 군사적으로도 경제적으로도 남은 힘을 결집했다. 나라의 내면에 대한 정비가 어느 정도 완료되자 그는 곧 국가 내외의 주요 시설들을 중수했다. 그리고 앗수르의 힘이 약화된 것을 확인하자 곧 북 이스라엘의 옛 땅들을 회복하기 시작했다. 그는 그렇게 회복한 곳곳에 만연한 우상숭배를 물리치고 산당을 무너뜨렸다.

요시아의 개혁은 므깃도에서 수포로 돌아갔다. 그리고 남 유다는 여 선지자 훌다의 예언처럼 느부갓네살에게 멸망하고 말았다. 그러나 하나님의 백성들에게 요시아의 태도는 매우 의미 있는 것이었다. 요시아는 먼저 그가 선 땅의 영적 의미를 말씀 가운데서 바르게 깨달았다. 그와 이스라엘은 하나님의 백성이며 가나안의 땅 그곳에서 하나님의 부름을 받아 거룩한 제사장의 나라로 서야 했다. 요시아는 먼저 이 정체성을 바르게 했다. 그리고 나서 그와 남 유다가 위치한 역사적인 현실을 간파했다. 그리고 복잡한 국제적 흐름의 한복판에서 어떤 주체성으로 서야하는지에 대해 생각했다. 그리고 하나님 앞에 사명으로 선 지도자답게 내치와 외치가 일치하는 치세를 열었다. 그는 한마디로 말씀 가운데서 그가 선 땅의 의미를 알았던 하나님의 사람이었다. 그는 나아가 말씀 가운데 사명으로 선 땅에서 어떤 삶의 실재를 펼쳐야 하는지도 바르게 알았던 하나님의 사람이었다.

성경은 하나님께서 창조하신 세상의 한복판 그 특정한 공간에서 일어난 하나님과 사람들의 사건들을 담고 있다. 하나님께서는 당신의 백성들이 세상 가운데서 소명 받은 사람들로 삶을 살아가는 데 필요한 땅을 허락하셨다. 그 땅은 세상의 권력자들이 하나님의 백성들에게 제공한 것도 아니며 하나님의 사

서기관 사반이 요시아 앞에서 모세의 율법서를 읽고 있다.

람들이 스스로 선택하여 구입한 땅도 아니다. 성경의 사람들
이 살았던 그 땅은 하나님께서 지명하시고 하나님의 사람들
에게 제공하신 '약속의 땅'이다.

이 약속의 땅에 선 하나님의 사람들은 그 소명의 여정에서
시련과 고난을 겪었다. 때로는 동일한 부름을 받은 사람들과
의 관계에서 극심한 갈등과 분열을 경험하기도 했다. 하나님
의 사람들은 그 땅 한복판에서 그 땅에 대한 또 다른 주권을
주장하는 세상의 권력자들과 대면해야만 했다. 결국 이런 의
미에서 앞서 이야기한 요시아는 오늘 성경을 읽은 우리 신앙

의 후배들에게 귀감이 된다. 그는 하나님께서 그와 이스라엘 백성들에게 주신 그 땅에 대한 약속과 사명을 말씀을 통해 깨달았다. 그리고 그 땅과 그 땅에 살아가는 하나님의 백성들을 위한 자신의 사명을 명백하게 알았다. 그리고 그 사명에 근거하여 신실하고 투쟁적인 삶을 살았다. 요시아뿐이 아니다. 아브라함을 비롯한 족장들과 모세를 비롯한 지도자들, 그리고 다윗을 비롯한 왕들은 모두 그들 각자의 시대에 부름 받은 약속의 땅에 서서 긍정적으로나 부정적으로나 우리에게 교훈을 제공한다. 결국 성경을 읽는 일은 하나님의 사람들이 어떻게 그들의 땅에 서서 그 땅과 더불어 신앙의 신실함을 펼쳐갔는지를 살피는 일이 된다.

이 책 「하나님의 백성, 성경의 땅에 서다」는 하나님의 부름을 받은 사람들이 하나님과 세상 사이에서 어떤 존재이며 어떤 삶을 살아야 하는 지를 다루고 있다. 특별히 이 책은 하나님의 부름 받은 백성들이 그들이 서서 삶을 꾸렸던 땅들을 기반으로 하나님과 세상 사이에서 어떤 자세와 실천을 일구었는지를 살피고 그 교훈적인 답을 얻고자 한다.

먼저 살피고자 하는 땅은 '브엘세바'이다. 이 땅과 더불어 믿음의 삶을 산 사람들은 아브라함과 족장들이었다. 아브라함과 족장들은 평생을 여행한 사람들이었다. 그들은 하나님께서 약속하신 그들 인생의 최종적인 종착지를 향하여 꾸준히 여행길에 나섰다. 그리고 그 모든 인생 여정에서 실수는 있었을지언정 실패는 없는 약속 실현의 상징이 되었다. 아브라함은 하란, 세겜, 벧엘, 헤브론과 애굽과 다시 가나안으로 이어지는 모든 여정에서 하나님을 향한 신실함을 지키기 위해 노력했다. 이삭은 하나님께서 허락하신 삶의 지경이 넓어지고 크게 되리라는 약속을 지켜내기가 쉽지 않았음을 보여준다. 그러나 이삭은 자신의 모든 여정에서 하나님의 부름 받은 사람으로서 신실함을 내려놓지 않았다. 야곱은 그 영악함 때문에 소명과 약속을 실현하는 데 많이 늦어지기도 했지만 끝내 하나님을 향한 신실한 마음을 내려놓지 않았다. 결국 아브라함과 이삭과 야곱의 소명 인생의 여정에서 공통적이고 최종적인 결론은 모두 '브엘세바' 즉 '약속의 샘'에서 성취되었다. 그런 의미에서 브엘세바는 '맹세 혹은 언약의 샘'이라는 스스로의 자명한 의미를 그대로 드러내고 있다. 하나님의 백성들에게는 신실한 소명의 여정에 결실이 주어진다. 바로 브엘세바의 결실이다.

두 번째 살피고자 하는 땅은 시내산이다. 시내산은 하나님의 부름 받은 백성들이 삶과 사명에서 거룩한 구별을 이룬 곳이다. 고통의 땅, 애굽을 떠나 약속의 땅으로 여정을 떠난 이스라엘 백성에게 하나님께서 요구하신 것이 있었다. 그것은 '여호와 신앙'이었다. 애굽에서 430년을 노예생활로 보낸 히브리 사람들은 족장들의 여호와 신앙을 잊어버렸다. 그렇게 흐릿한 정체성을 안고 그들은 홍해를 건넜고 석 달에 걸친 고단한 광야 행군 끝에 시내산 앞에 도착했다. 그곳에서 모세와 이스라엘은 하나님의 백성으로서 세움 받는 의미에 대해 듣고 그 새로운 정체성과 사명의 삶을 향한 결단을 하게 된다. 모세와 이스라엘의 다짐을 들은 하나님께서는 이후 그들이 살게 될 가나안에서 그들이 지켜야할 계명을 주셨다. 이제부터 이스라엘은 이 말씀과 계명을 따라 살며 하나님의 백성으로서 세상 가운데 빛으로 드러날 것이다. 이것이 출애굽한 이스라엘 백성들이 하나님께서 구별하여 거룩하게 하신 땅 시내산에서 경험한 소명과 언약의 사건이다. 시내산은 성경 전체를 통틀어 하나님의 백성들을 위하여 구별된 거룩한 땅의 대표적인 장소이다. 우리는 그곳을 거룩한 곳, 즉, 성소(a holy place)라고 부른다. 하나님께서는 당신의 거룩한 산 앞에 선 부름 받은 백성들이 세상 그 어떤 존재들보다도 거룩하여 구별되기를 바라신다.

세 번째 땅은 여리고이다. 여리고는 부름 받은 하나님의 백성들이 세상과 대면하면서 그 악한 세상의 면모를 직시하고 무너뜨려야 하는 상징이다. 오랜 광야생활을 마친 이스라엘 민족이 드디어 가나안을 코앞에 두었다. 모세는 자신의 인도를 따라온 이스라엘 백성들의 삶의 원칙을 다시 한 번 바르게 세운다. 이스라엘이 가나안 땅에서 "좌로나 우로 치우치거나" 흔들림이 없기를 바란 것이다. 모세는 무엇보다 이스라엘이 가나안의 가증한 것들을 취하지 않고 오직 하나님의 은혜 안에서의 삶을 살 것을 촉구했다. 가나안을 약속의 땅으로 받은 이스라엘은 가나안의 그 어떤 것도 취하지 않고 그 어떤 것과도 타협하지 말아야 한다. 모세의 마지막 설교를 들은 이스라엘은 요단강을 건넜다. 그리고 길갈에서 광야 생활의 정리 시간을 마지막으로 가졌다. 이제 그들 앞에는 약속의 땅에서의 본격적인 삶이 펼쳐질 것이다. 그들이 가장 먼저 직면한 것은 가나안의 영적 불의가 가득한 여리고였다. 그들은 오직 하나님의 능력에 의지하여 여리고 전투를 승리로 이끌었다. 그런데 안타깝게도 이스라엘 백성들 사이에 이 전투에 대한 전혀 다른 생각이 드러났다. 아간이 그 땅의 가증한 것들을 사리사욕을 위하여 취한 것이다. 이것은 결국 아이성 전투에서의 패배를 불러왔으며 여호수아의 그리심산과 에발산에서의 단속으로 이어졌다. 그렇다고는 해도 이스라엘 사이에서는 아간의 사건으로 가나안에서의 삶이 시내산에서 예상했던 것처럼 그렇게 단호하며 명료하여 거룩한 하나님 백성의 삶이 아닐 것이라는 부정적인 생각이 스며들게 되었다.

네 번째 땅은 실로이다. 이스라엘 백성들은 이 실로를 신앙의 중심지로 갖게 되었다. 이스라엘 백성은 여호와 신앙을 가지고 약속의 땅에 들어섰다. 그리고 여호수아와 이스라엘은 가나안 땅 점령을 완성해가는 시점에 실로를 새로운 중심지로 삼았다. 실로는 종교와 신앙뿐 아니라 가나안 정착 생활의 정치, 경제적인 중심지 역할도 했다. 사사들과 같은 지도자들은 대부분 이곳 실로에서 그들의 정치 군사적인 전략을 구사했다. 이스라엘의 열두 지파는 일 년에 최소한 세 차례 즉, 유월절, 칠칠절, 초막절의 절기들을 지키러 실로를 찾아와야만 했다. 정착 초기 실로와 그곳에 자리 잡은 하나님의 성막은 이스라엘에 기쁨이었을 것이다. 그러나 실로는 곧 쇠락했다. 여호와의 성막과 무엇보다 법궤를 품고 있던 실로가 정치적으로 혹은 군사적으로 이용되기 시작하면서 하나님 백성들의 내면적 중심지로서 역할이 감소하기 시작한 것이다. 실제로 엘리 제사장의 두 아들 홉니와 비느하스가 권력의 정점에 있었을 때 실로는 종교적으로 쇠퇴했으며 결국 하나님의 법궤를 빼앗기는 치욕을 당하기까지 했다. 하나님을 향한 신앙의 중심지 실로에서는 더 이상 하나님을 사모하는 마음을 찾아보기 어렵게 되었다.

다섯 번째 땅은 예루살렘이다. 고대로부터 이스라엘의 가장 중요한 중심지 역할을 해 온 예루살렘은 하나님의 백성에게 있어서 정치 경제의 중심지로서의 역할을 한 땅이었다. 다윗의 통치 이래 이 도시는 말 그대로 이스라엘 모든 것의 핵심이 되었다. 다윗과 그의 아들 솔로몬은 각 지파별로 흩어져 있던 종교 활동을 이 도시에 세운 성전을 중심으로 재편했다. 이후 예루살렘은 정치와 종교적 제사의 중심지가 되었다. 모든 것은 예루살렘과 성전을 중심으로 이루어졌다. 적어도 다윗 시절까지만 해도 예루살렘은 하나님 중심의 도시였다. 이곳에서 다윗과 이스라엘은 여호와 하나님의 길을 찾았다. 몇 가지 인간적인 실수들이 있었다 해도 다윗의 가장 중요한 인생 화두는 하나님 중심의 삶을 사는 것이었다. 다윗은 그래서 반석 위에 세워진 도시의 진정한 기반은 단단한 자연물이 아니요, 인간도 아니며 오직 하나님이심을 고백했다. 그러나 안타깝게도 예루살렘은 하나님의 길을 찾고자 하는 이에게 언제나 바르고 든든한 가르침만을 제공하지 않았다. 예루살렘은 하나님의 길을 외면하고 교만하여 패역한 이들의 상징이 되기도 했다. 다윗과 솔로몬 이후 예루살렘은 정치와 종교가 연합된 형태로서 비판적인 예언 활동의 대상이 되기도 했다. 이스라엘이 바른 신앙을 회복해야 한다고 주장하며 비판하는 이들에게 있어서 예루살렘은 꾸준히 갱신과 개혁의 대상이었다.

여섯 번째 살펴보고자 하는 땅은 사마리아이다. 하나님의 백성들은 이 땅 위에 서서 갈등과 분열을 경험했다. 다윗의 아들 솔로몬은 지혜로운 왕으로 명성이 높았다. 그러나 동시에 그는 지나친 왕권 강화와 자만함으로 폐해를 일으키기도 했다. 그는 나라의 모든 노동력을 끌어들여 국가를 부강하게 하는 일들을 시켰다. 그의 시대에 이르러 유다 및 베냐민 지파와 나머지 열 지파 사이의 갈등이 급속도로 가열되었다. 위대했으나 실정도 많았던 솔로몬이 죽자 이스라엘의 각 지파가 솔로몬의 아들 르호보암을 공개적으로 압박했다. 그러나 르호보암은 듣지 않았다. 결국 유다와 베냐민을 제외한 열 개 지파가 독립을 결정하게 되었고 이스라엘 역사의 두 개 왕국 시대가 시작되었다. 이후로 북 이스라엘과 남 유다는 대부분의 시간을 갈등하고 경쟁하며 대립했다. 그런 면에서 사마리아는 그 모든 대립을 공고하게 했던 상징으로 자리 잡았다. 역사적으로 그리고 정치외교사적으로 사마리아는 근동에서 화려한 도시였다. 그러나 영적으로 그리고 신앙 안에서 사마리아는 하나님의 백성들을 불의와 거짓 가운데 분열하게 한 핵심이었다. 오므리가 이 도시를 연 이래 하나님의 백성들은 이 땅을 기점으로 늘 분열을 경험하고 갈등과 반목을 체험하게 된다.

일곱 번째 땅은 라기스이다. 하나님의 백성들은 이 땅을 입구로 삼아 세상의 강력한 제국들과 대면하고 신앙의 갈등 역시 경험하게 된다. 신앙적인 교훈을 다루는 많은 책들과 교재에서 도시를 중요하게 다루지 않고 있다 하더라도 라기스는 땅을 중심으로 신앙의 교훈을 찾는 하나님의 사람들에게 중요하다. 남 유다는 이곳 라기스가 해안길 주변에 위치한 까닭에 당대의 제국들의 흐름을 파악하는 데 있어서 중요한 곳임을 알았다. 그들은 이곳 라기스를 통해서 나라를 방어하고 세상이 돌아가는 판세를 읽어보고자 하는 전략을 세웠다. 그들은 라기스로부터 발톱을 드러내는 세상의 영적 위협들을 대면했다. 이스라엘보다 훨씬 크고 강력했던 나라들이 그들 앞에 서 있는 모습을 보며 하나님의 백성들은 고민하지 않을 수 없었다. 라기스는 결국 강력한 세상의 파도 앞에서 신앙의 참모습을 고민하는 하나님의 백성들, 그들의 현실을 가르치는 역사적 신앙 교훈의 한 장이 된다. 실제로 당대의 제국 앗수르는 바로 이곳 라기스를 점령하고서 하나님 백성의 땅 전체를 뒤흔들었다. 결국 남 유다의 왕들과 하나님의 백성들은 이곳 라기스를 통해 세속 제국의 강력한 실체를 접했다. 반대로 세속의 제국은 라기스를 통해 하나님의 백성들을 만나고 그들의 약점과 부족함을 들여다보게 되었다. 라기스는 마치 세속과 하나님의 백성들이 서로를 들여다보는 창과 같은 역할을 하는 곳이었다. 하나님의 사람들은 라기스 땅을 통해 하나님의 공동체 너머 세상을 바라보고 그 세상에 대하여 어떤 자세와 신앙적 전략을 취해야할 것인가를 살펴야 하는지 그 교훈을 얻게 된다.

마지막 여덟 번째 땅은 바벨론이다. 하나님의 백성들이 원래 약속받은 땅이 아닌 낯선 이방의 땅, 바벨론 한복판에 섰다. 그리고 이제껏과는 전혀 다른 방식의 신앙의 길을 모색했다. 제국으로서 바벨론은 거대했다. 바벨론은 그때까지 유유히 흘러온 메소포타미아 전체 문명을 집대성하여 더욱 찬란하게 발전시켰다. 바벨론은 실로 당대 세계의 중심이었다. 그런 바벨론이 철저하게 하나님의 백성들을 유린했다. 바벨론은 하나님의 백성들을 포로로 끌고 가 자기들 나라 한복판에 살게 했다. 하나님의 백성들은 이질적인 문화와 종교가 만연한 곳에서 낯선 생활을 해야만 했다. 무엇보다 하나님의 백성들은 이곳 이방의 땅에서 야훼 하나님보다 더 강력하다고 주장하는

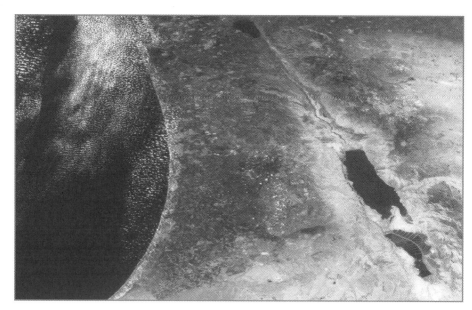

바벨론 사람들의 창조주 마르둑(Marduk)을 대면해야 했다.
그들은 예루살렘과 비교할 수 없이 거대하고 화려한 도시 바벨
론을 서글픈 눈으로 바라보아야 했으며, 그들이 예루살렘에
지은 신전과는 규모가 다른 거대한 산 같은 바벨론의 신전을
대면했다. 한마디로 바벨론은 하나님의 백성들이 이길 수 없
는 거대한 힘을 가진 세상이었다. 이제 그 거대한 세상과 대면
한 하나님의 백성들은 이제껏과는 다른 신앙생활의 내용과 패
턴을 찾아야 했다.

　하나님의 백성들은 아무것도 없는 허공으로 부름 받지 않았
다. 그들은 역사속의 특정한 시간대, 특정한 장소로 부름 받았
다. 그들은 그곳에 서서 쉼 없이 달려드는 의심과 불신의 유혹
에 시달려야 했다. 때로는 그들 내부로부터 일어나는 갈등과
대립의 유혹도 이겨 나아가야 했다. 무엇보다 어려운 것은 하

나님의 백성들이 그들의 땅에 서서 바라본 세상이었다. 그들이 바라본 세상, 애굽과 메소포타미아의 제국들은 강력했다. 그들은 전쟁에서만 강한 것이 아니었다. 그들은 가나안 예루살렘의 도시와 성, 신전과 제단에 비견할 수 없는 화려함과 거대함으로 장식된 문화를 안고 있었다. 하나님의 부름 받은 백성들은 그들 한복판에 발가벗긴 채 서야 했다. 하나님의 백성들이 그 부름받은 땅에서 살아온 삶은 그대로 실재이고 현실이다. 그들은 자신들에게 주어진 땅에 서서 어떤 강력한 세속적 무기도 갖지 않은 채 오직 자신들이 믿는 하나님에 대한 신앙으로 그 모든 시련을 넘어섰다. 그들은 때로 실망하여 낙담하기도 했다. 절망하기도 했다. 하나님을 배반하려는 마음의 위기도 경험했다.

우리가 지금 보는 성경은 그 모든 하나님의 사람들이 각자의 땅에서 신앙으로 투쟁한 삶의 이야기들이다. 그들 가운데 일부는 실패하고 넘어지기도 했으나 대부분은 신앙 안에서

하나님의 백성,
성경의 땅에 서다

브엘세바-하나님의 백성, 약속의 땅에 서다
시내산-하나님의 백성, 거룩한 땅에 서다
여리고-하나님의 백성, 무너뜨려야 할 땅에 서다
실로-하나님의 백성, 신앙의 중심지에 서다
예루살렘-하나님의 백성, 정치·경제의 중심지에 서다
사마리아-하나님의 백성, 분열의 땅에 서다
라기스-하나님의 백성, 강력한 제국과 대면하다
바벨론-하나님의 백성, 세상의 한복판에 서다

승리했다. 그들은 환란과 핍박 중에도 신앙을 지켰고 자신들에게 약속하신 삶의 터전, 그 땅 위에 서기 위해 노력했다. 우리는 성경의 매 권과 장과 절마다 스며있는 그들의 영적 쟁투를 직시해야 한다. 하나님께서는 지금도 여전히 우리 각자의 삶의 터전으로부터 우리를 부르시고 하나님께서 약속하신 땅으로 인도하시며 그 인도하시는 과정에서 우리를 하나님의 거룩한 백성으로 세우신 후 신실하여 명료한 하나님의 백성으로서의 삶을 살도록 하신다. 하나님의 백성들은 역사와 시간, 공간이 배제된 허공에 뜬 사람들이 아니다. 하나님의 백성들은 그 부르심 받은 구체적인 땅 위에서 사명으로 서는 사람들이다. 이것이 이 책이 독자들과 더불어 나누고자 하는 핵심이다.

이 책은 원래 구약과 신약을 통틀어 10개의 지명을 중심으로 하나님의 백성들의 소명 어린 삶을 다루고자 했었다. 그런데 자료를 정리하고 원고를 써 내려가던 중, 책을 구약과 신약 두 편으로 구분하는 것이 더 좋겠다는 생각이 들었다. 예수님이 오시기 전 고대사를 중심으로 하나님의 백성들이 살았던 삶과 예수님을 경험한 하나님의 백성들이 신구약 중간사 이후 로마의 시대를 살았던 삶을 구분하는 것이 땅을 중심으로 성경을 이해하는 데 있어서 중요한 분리일 것으로 여겨지기 때문이었다. 구약의 하나님 백성들이 거룩한 땅, 가나안, 성전 등을 중심으로 그들의 삶을 풀어갔다면 아무래도 신약의 사람들은 땅보다는 중심이 되시는 예수 그리스도를 중심으로 선교적 안목에서 그 땅으로 나아간 측면이 강하다. 그래서 조금 서사적으로 말하자면 구약의 사람들이 하나님의 거룩한 땅 가나안으로 모여드는 형국이라면 신약의 사람들은 세상을 향하여 나아가는 형국이라고 보는 것이 합당할 것이다.

다시 이 책의 이야기로 돌아와서, 그래서 독자들에게 이 책을 보다 더 공부하는 느낌으로 읽을 수 있도록 도움을 주자면 다음과 같은 몇 가지 지침이 필요할 것 같다.

첫째, 이 책이 제안하는 여덟 가지 땅 이름을 잊지 않고 책을 읽도록 한다. 책을 읽어 내려가다 보면, 그 땅과 관련된 역사적 사건들의 거침없는 흐름에 휩쓸리기 쉽다. 그러니 이 책이 다루는 구약 전체 역사의 광대한 흐름 속에서 각각의 지명이 갖는 핵심적 의미를 잃지 않도록 주의해야 한다.

둘째, 이 책의 각 장은 해당 지명에 대한 간단한 소개와 더불어 해당 지명과 관련된 역사적인 이야기를 구약 전체의 역사적 파노라마에 대입하여 설명한다. 예를 들면 브엘세바는 아브라함과 족장들의 이야기에 국한하여 지명을 설명했고 시내산은 엘리야 시대에도 중요하게 다루어졌기는 하지만 여전히 모세와 출애굽 사건의 맥락에서 이야기를 다루었다. 마찬가지로 예루살렘은 다윗과 솔로몬 시대를 거치는 이스라엘 왕정 초기 사건들을 중심으로 풀었으며 사마리아는 아무래도 오므리 왕조의 두 대표적인 왕, 오므리와 아합을 중심으로 이야기를 풀었다. 그러니 각 지명에 대한 백과사전적이며 연대기적인 자료에 대한 기대감은 조금 접어 두는 편이 나을 것이다. 물론 각 지명에 대한 일반적인 자료 정리는 각 장 뒤편에 충실히 해 두었다.

셋째, 이 책의 각 장에 그 지명 및 관련 역사적 전개 과정에서 드러나는 신앙적 교훈들을 두세 가지로 정리해 두었다. 이것은 전문 연구가들에게 할애된 지면이라기보다는 아무래도 목회자들과 교회의 교사들, 리더들 그리고 일반 평신도들을 위한 배려라고 보는 것이 좋을 것 같다. 지명에 대해 일반적인 이해와 역사적인 이해를 했으면, 그리고 그 지명에 대해 성서 파노라마의 정리를 해 보았으면, 교훈(didache)을 이끌어 내 보는 것도 나쁘지 않다. 오히려 역사적 전개 속에서 신앙이란 것이 무엇이어야 하는지에 대해 생각해볼 여유를 갖게 할 것이다. 물론 여기 제안한 교훈들은 모두 필자의 주관적인 생각들이다. 그렇다고 해서 얄팍하다는 의미는 아니다. 이 지명들을 공부하고 지명들과 관련된 성경 하나님의 사람들의 고단한 쟁투를 보자니 절로 우러나온 교훈들이다. 기도도 많이 했다. 그러니 독자들이 이 교훈들을 읽어 내려가는 가운데 필자와 성령과 더불어 깊은 교감을 가질 수 있기를 기대한다. 각자 자기 삶의 부름 받은 터전을 귀하게 여기고 그 소명과 사명에 대해 깊이 고민하는 독자들이라면 여기 나열된 교훈들을 의미있게 받아들이리라 생각한다.

사실 성경을 바르게 그리고 깊이 있게 이해하는 것은 쉬운 일이 아니다. 성경공부 소그룹 모임에 참석하여 정규적으로 성경을 읽고 성경을 잘 풀기로 유명한 강사를 찾아보고 인터넷이나 매체를 통한 교육 프로그램들에 참여해 보아도 대부분은 그다지 만족스럽지 못하다. 그만큼 성경을 이해하는 것이 어렵다. 그러니 성경을 이해한다는 것, 그래서 그 말씀 하나하나가 내 삶에 단꿀과 같이 임하는 일은 고단하고 지리한 과정이 필요할 것이라 전제하는 것도 나쁘지 않다고 본다. 정말 성경을 어떻게 읽어야 할까? 필자는 이스라엘에서 20년을 살면서 대학에서 성경으로 학위를 하고 동시에 성경의 땅을 구석구석

찾아가 보았다. 그렇게 필자는 그 땅에 살았던 성경의 주인공들의 그 고단한 여정들을 어렴풋이 경험했다. 그럼에도 필자는 성경이 품고 있는 하나님의 뜻, 당신의 사람들을 통해 보이신 그 뜻이 무엇인지 다 알지 못한다. 그래서 이 책 '하나님의 백성, 성경의 땅에 서다'는 결국 성경을 더 알고자 하는 필자의 지루하고 고단한 공부의 여정이다.

아무쪼록 이 책을 읽어 내려가는 독자들, 이 책이 제공하는 자료들과 더불어 공부를 하는 독자들이 아브라함과 모세와 여호수아와 사무엘과 다윗, 그리고 엘리야와 예레미야와 다니엘 등이 살았던 그 소명의 땅을 함께 밟아보는 기회를 얻기를 바란다. 그리고 그리스도인으로 부름 받은 자신의 삶 역시 투쟁하며 살기에 충분한 의미를 가졌음을 알게 되기를 바란다. 부름 받은 그리스도인의 삶은 가벼이 여기지 말아야할 삶이다. 부름 받은 그리스도인의 삶은 그 성취를 위한 여정을 진중하게 여기고 한 걸음 한 걸음 신실하게 걸어가야 한다.

2016년 3월 부름 받은 토비야에서

김 진 산

The Holy Land and The Rise of People of God

하나님의 백성
약속의 땅에 서다

브엘세바

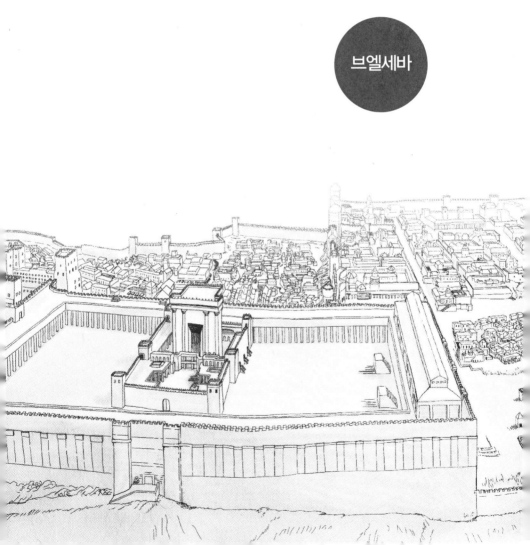

브엘세바

하나님의 백성
약속의 땅에 서다

이스라엘 남부의 황무지, 네게브(Negev) 근처에 위치해 있으면서도 상대적으로 풍부한 수자원을 얻을 수 있었던 브엘세바(Beer-Sheba)에는 기원전 4000년경부터 사람들이 살았다. 작지만 오래된 이 고대 도시는 마치 잘 구획된 현대 도시처럼 발전했다. 도시 외곽은 각 가옥의 외벽을 일관성 있게 연결하여 마치 성벽처럼 보이게 했다. 도시 내부는 행정 구역이 매우 잘 구분되어 있었으며, 상업 지역 및 군사 지역도 그 필요에 따라 위치를 잡고 있었다. 도로에는 하수도가 설치되었고, 성문 입구 왼쪽에는 도시가 함께 사용하는, 깊이가 70미터나 되는 유명한 우물이 있었다. 아브라함과 이삭도 이 우물을 알고 사용했을 것으로 보인다.

아브라함(Abraham)과 이삭(Issac)과 그리고 야곱(Jacob) 등 삼대에 걸친 초기 족장 시대에 브엘세바는 신앙과 영성의 중심 역할을 했다. 적어도 브엘세바는 이 세 명의 초기 족장들의 영향력을 무시할 수 없었을 것이다. 그래서인지 이 시대 브엘세바는 아브라함이 가져온 메소포타미아쪽 문화 양식에 영향을 많이 받았다. 최근 발굴에 의하면 브엘세바 성벽은 돌로 기본적인 기초를 다지고 그 위에 다시 메소포타미아 방식의 진흙 벽돌을 쌓은 것으로 나타났다. 또 이 시대 사람들은 성 둘레에 메소포타미아식 망루도 만들었다. 그리고 도시의 중앙을 다른 곳보다 높게 쌓아 플랫폼을 만들고 그 위에 행정 건물을 세워 도시를 통치하는 이들을 위한 업무 공간을 마련해 두는 메소포타미아식 우아함을 연출하기도 했다.

브엘세바 유적지 　　　　　　　　　　　　　　네게브 광야

브엘세바는 본격적인 이스라엘 민족의 시대로 접어들면서 원래의 의미를 상실한 것 같다. 도시는 군사적인 요충지로만 여겨졌다. 여호수아 정복 전쟁 이후 이 도시와 주변지역이 시므온과 유다 지파 땅으로 주어졌고(수 15:28, 19:2) 사무엘(Samuel)의 문제 많았던 아들들, 요엘(Joel)과 아비야(Abijah)가 주로 브엘세바에 거주하여 사사(judges)로 활동하면서 뇌물을 받고 잘못된 재판을 했다(삼상 8:2). 그런데 이후 이스라엘의 초대 사울왕은 브엘세바의 지정학적인 의미를 알았던 것으로 보인다. 서쪽의 블레셋, 동쪽의 아람, 남쪽의 아말렉(Amalek)에 둘러싸여 많은 전쟁을 치러야만 했던 사울은 특별히 남쪽의 아말렉 공격을 막기 위해 이 도시를 요새화했다(삼상 14:47~48, 15:2~9).

왕정시대에 들어서 브엘세바는 영적으로 책망을 받는 도시가 되었다. 기원전 622년 예루살렘 성전에서 율법책(Torah)을 발견하여 대대적인 종교 개혁을 단행했을 때, 요시야(Josiah)가 게바(Geba)에서 브엘세바까지 산당들을 모두 없애버렸다(왕하 23:8). 아모스(Amos)는 이스라엘이 금송아지를 숭배하며 타락했던 벧엘에서처럼 사람들이 브엘세바를 찾고 있다고 비판했다(암 5:5). 그러나 여러 번의 질책과 개혁 조치에도 남 유다의 브엘세바는 확실히 심각하고 고질적인 우상숭배 문제를 갖고 있었다.

이 모든 역사적 전개 과정에서 우리같은 영적 후손들이 이 땅 브엘세바를 잊지말아야 할 이유는 분명하다. 우리 신앙의 선조들 즉, 아브라함과 이삭과 야곱은 이 땅을 기점으로 하나님과 그리고 당대 사람들 사이에서 자기 정체성을 확고하게 드러내기 시작했다. 아브라함은 하란(Haran)도 아니고 세겜(Shechem)도 아니고 헤브론(Hebron) 상수리나무 아래도 아닌, 브엘세바에 이르러서야 하나님께서 약속하신 모든 것을 성취할 수 있었다. 이삭은 풍요한 애굽이 아닌 브엘세바에서 족장으로서 약속이 성취된 삶을 이룰 수 있었다. 누구보다 야곱은 이곳에 이르러 그의 무수한 방황의 종지부를 찍었다. 브엘세바는 하나님의 부름 받은 백성들이 하나님과 세상 사이에서 어떤 존재이며 어떤 삶을 살아야 하는지를 배울 수 있는 곳이다. 이 땅에 선 아브라함, 이삭, 그리고 야곱을 통해 우리는

하나님의 사람들이 자신의 모습을 세상 가운데 드러낸 이야기
들을 볼 수 있다.

Biblical and Historic Story
믿음의 조상들, 땅을 얻다

기원전 2000년 즈음, 비옥한 초승달이라고 불리던 고대의
중동 땅이 일대의 혼란기에 접어들고 있었다. 특별히 유프라
테스와 티그리스강 주변 도시들이 극심한 혼란에 빠져들었다.
수메르족(Sumerian)이 세운 우르 제3왕조(Third Dynasty
of Ur)가 무너진 것이다.

'두 강 사이'라는 뜻을 가진 메소포타미아 지역은 비옥했다.
그래서 아주 오래전부터 사람들이 모여 살았다. 그들은 물이
풍부하고 땅이 비옥한 이곳을 사람들이 모여살기에 적합한 곳
으로 바꾸었다. 제방을 쌓아 물이 들이치지 않게 한 후 높은 둔
덕을 만들어 주거가 가능하도록 했으며, 그 곳에 촌락을 형성
했다. 기원전 4000년경까지 소위 우바이드 시대(Ubaid pe-
riod) 사람들은 온통 습지와 진흙 투성이던 이 지역을 사람들

고대 메소포타미아의 문명 개관

금석병용기시대		초기청동기시대	
하수나(Hassunah) 시대	기원전 5800~5500(?)	아카드 왕조 시대(사르곤 대제)	기원전 2344~2154
할라프(Halaf) 시대	기원전 5500~5300(?)	구티(Gutis) 왕조 시대	기원전 2200~2111
우바이드(Ubaid) 시대	기원전 5300~4400(?)	우르 제3왕조(Ur III)	기원전 2111~2004
와르카(Warka) 혹은 우르크(Uruk) 시대	기원전 4400~3100(?)	아모리(Amorite) 왕조 시대	기원전 2004~1763
		고바빌로니아 왕조 시대(함무라비 시대)	기원전 1830~1531
초기청동기시대			
초기 1왕조 시대	기원전 2900~2750		
초기 2왕조 시대	기원전 2750~2600		
초기 3왕조 시대	기원전 2600~2334 BC		

아브라함 시대를 전후로 메소
포타미아에는 유명한 고대도
시들이 많이 있었다. 그들은
성벽을 세우고 도시 중앙에 신
전을 세웠으며 시장과 학교,
관공서, 그리고 거대한 왕궁을
건설하여 매우 수준 높은 문명
도시를 일구었다. 각 도시들은
도시의 유명한 통치자들이 세
계를 지배하면서 그 제국의 명
칭과 동일하게 다루어지기도
했다.

우르Ur 아브라함의 도시 우르
는 유프라테스강 하류에 위치
해 있었으며 기원전 3000년경
에 세워졌다. 매우 발달된 교
역 문화와 종교문화를 이루었
다. 에리두(Eridu), 그리고 우
베이드(Ubeid)와 더불어 가장
오래된 도시로 여겨진다.

마리Mari 우르를 떠난 아브라
함이 거쳐 갔을 법한 가장 유력
한 도시 가운데 하나이다. 수
메르인 시대에 크게 번성했고
우르 3왕조 때 가장 번성했던
것으로 여겨진다. 후에 고대
바빌로니아의 함무라비왕에
의해 멸망했다.

바벨론Babylon 아브라함의
시절에 존재는 했으나 유명하
지는 않았던 고대도시이다. 이
도시는 이후 고대 바빌로니아
의 함무라비왕 시절 수도로 확
대되고 신바빌로니아의 느브
갓네살과 페르시아 시절 크고
국제적인 도시로 발전하게 된
다. 유명한 바벨탑과 공중정원
등이 있었던 도시이다.

이 모여 경작하고 촌락을 이루기에 좋은 공간으로 만들었다.
그러나 우리가 아는 메소포타미아 문명을 만든 사람들은 따로
있었다. 이 땅에 정착하여 도시의 형태를 갖춘 사람들은 수메
르(Sumer) 사람들이었다.

수메르인들은 실로 문명을 이루는 데 뛰어난 사람들이었다.
그들은 소위 도시라는 것을 만들기 시작했다. 고대 도시의 대
표 주자들인 라르사(Larsa), 우르크(Urk), 니푸르(Nippur),
에리두(Eridu), 그리고 우르(Ur) 등이 이들이 세운 대표적인
도시들이었다. 이 도시들에 비하면 바벨론이나 수사, 아테네
와 로마는 한참 뒤의 것들이다. 특별히 수메르인들은 '쐐기문
자'를 발명했다. 이 놀라운 발명으로 사람들은 소통이 더욱 원
활해졌고, 정치와 경제, 군사와 종교가 폭발적으로 발달하게
되는 주요한 원인이 되었다. 심지어 수메르인들은 이 놀라운
도시 문명을 근간으로 지중해와 인도, 아프리카를 아우르는
교역로를 형성했고, 강력한 군사문화를 형성했으며, 무엇보
다 탁월한 종교문화를 이루었다. 소위 탁월했던 수메르 고대
문화가 발전하게 된 것이다. '길가메쉬의 서사시'와 같은 수메
르 서사문화 역시 이때 발달한 것이다.

이후 수메르 문명을 이어받은 것은 수메르인이 아니라 북쪽
에서 내려온 아카드인(Akkadian)이었다. 아카드인들은 비
록 침략자였다 해도 수메르 문명을 적극적으로 받아들였을 뿐
아니라 더욱 발전시킨 사람들이었다. 특히 사르곤 왕(Sargon
the Great, 기원전 2334~2279년)은 고대 근동의 첫 제국
이라 할 만한 광범위한 통치영역을 가졌으며, 매우 발달된 제
국문화를 형성했고 엄청난 분량의 점토판 기록들을 남기기도

했다. 안타깝게도 아카드족의 시대는 북쪽에서 침략한 구티족 (Gutians)에 의해 끝나고 말았는데, 유목민족이었던 구티족이 이 발전된 도시 문화를 지키고 발전시킬 능력이 부족했던 것으로 보인다. 결국 메소포타미아는 혼란에 빠져들었으며, 많은 도시들이 제국적 형태보다는 도시국가적 형태를 유지하며 명맥을 유지하는 데 급급했다.

그러던 기원전 2112년, 스스로를 수메르의 왕으로 지칭한 우르-남마(Ur-Namma)라는 지도자가 우르 제3왕조(기원전 2112~2004년)를 세웠다. 그는 곧 '우르'를 수도로 삼아 주변의 여러 도시국가들을 통합하였고 정치와 경제, 사회와 문화적으로 안정적인 나라를 만들었다. 이렇게 새로이 시작된 수메르인의 우르 왕조는 이전의 아카드 왕조(Akkadian Dynasty, 기원전 2334~2154년)에 비할 수는 없지만, 매우 안정적인 문화를 만들었다. 특히 우르-남무의 대를 이은 슐기(Shulgi, 기원전 2094~2047년)는 메소포타미아 하류지역에만 머물던 국가 통치 영역을 멀리 비블로스(Biblos)가 위치한 지중해 영역까지 넓혔다. 그리고 도시 중앙 지역에 행정, 종교, 정치와 군사적 실무를 진행하는 관청을 두고 그것을 달력을 중심으로 표준화하고 기록하는 데 주력하기도 했다.

꽤나 안정적이던 우르 왕조는 그러나 세워진 지 100년 어간에 갑자기 붕괴하고 말았다. 기원전 2004년경 동쪽으로부터 침입한 엘람 사람들(Elamite)이 제국을 무너뜨린 것이다. 이후 수메르인들의 우르 왕조는 회복되지 못했다. 서남쪽의 유목민이었던 아모리인들(Amorite)이 메소포타미아 지역 대부분을 차지하게 된 것이다. 아모리인들은 고대의 유명한 국가

니느웨Nineveh 도시는 오래 전부터 존재했다. 산헤립 왕 시절 앗수르 왕국이 크게 확장하여 제국이 되었을 때 수도가 되었다. 궁전과 더불어 약 26,000여개의 토판 도서관으로 유명했다.

하란Haran 아브라함이 거쳐 갔던 시절부터 유명한 국제무역 도시였다. 아브라함 후 그의 조카이자 처남인 라반이 살았다.

다 메 섹 Damascus 기 원 전 3000년경부터 사람이 살았고 도시로 발달했다. 애굽과 메소포타미아 사이를 잇는 주요 교통로의 중심지에 위치해 있던 덕분에 물산이 풍성했던 반면 전쟁도 많았던 도시였다. 성경 시대 아람 혹은 수리아의 수도가 되고 예수님 시절에는 로마군의 통치중심지가 된다.

수사Susa 고대 엘람 왕국의 도시로 후에 페르시아(바사)의 수도가 된다. 다리우스 왕 시절과 다니엘 시절에 주로 주요 도시로서 역할을 했다. 지금도 다니엘의 무덤이라 불리는 유적이 존재한다.

악메다Acmetha 고대 도시 중에는 비교적 최근에 지어진 도시이다. 페르시아의 고레스 왕 시절 수도로 화려하게 건축되었다. 예루살렘 도시의 재건을 허락하는 고레스의 칙령이 실제로 발견되었다.

메소포타미아와 애굽 주요 문명권들

를 하나 세웠다. 함무라비 왕(기원전 1792~1750년)으로 유
명한 고대 바빌로니아가 바로 그 나라이다.

어찌되었든 우르3왕조의 통치하에 있던 메소포타미아의 도
시들은 급속도로 분열하기 시작했다. 결국 여러 도시 국가들
간에 이합집산이 발생했다. 그리고 메소포타미아 전역이 다시
큰 혼란에 빠져들게 되었다. 엘람인들의 메소포타미아, 그리
고 유목민 아모리인들에 의해 무너져가는 메소포타미아는 희
망이 없었다. 수많은 사람들이 고향을 떠나 유랑하는 사람들
이 되었다. 대부분은 서북쪽으로 이동했다. 그런데 아모리인
들이 레반트 지역에 나라를 세우자 그들의 이동이 더욱 멀리
이루어졌다. 유랑하던 사람들은 심지어 가나안과 애굽에까지
이어졌다. 우리 믿음의 조상 아브라함의 이주도 바로 이때 이

루어진 것으로 보인다.

그런데 근면하게 행진하던 일가족 앞에 도시 하나가 다시 나타났다. 하란(Haran)이었다. 일단 하란에는 유프라테스강 하류의 극심한 혼란 상황이 많이 전해지지는 않은 듯했다. 아무래도 하란은 메소포타미아보다 레반트 지역의 영향을 더 많이 받고 있는 듯했다. 무엇보다 하란 역시 경제적으로 풍성한 도시였다. 이 도시는 기원전 3000년 이전부터 발달했다. 본격적으로 발전하기 시작한 것은 아브라함 때 즈음이었다. 고대 동서 간에 무역이 번성하면서 하란 역시 마리와 같이 상업

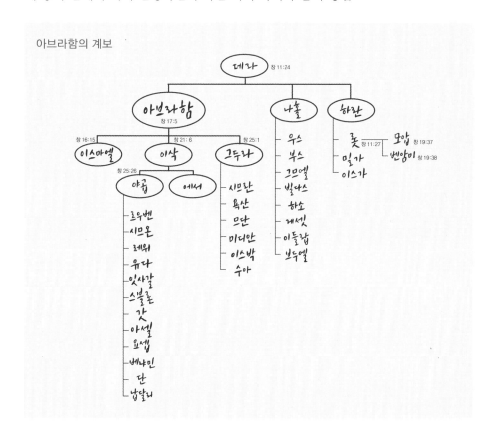

아브라함의 계보

적으로 크게 발달했다. 결국 데라와 아브라함은 우르보다는 조금 부족해 보였을지라도 나름 풍성한 도시였던 하란에 도착했다. 그들은 곧 도시가 주는 안온함에 빠져들었다. 데라와 아브라함은 이 도시야말로 자신들의 가족이 정치적인 피로로부터 휴식을 얻고 안정적으로 정착할 만한 곳이라 여겼다. 그렇게 정착하기 위해 애쓰던 중 갑자기 아버지 데라가 죽고 말았다. 형제 중 막내였던 하란은 우르에서 이미 죽었다. 둘째 나홀은 어찌된 일인지 하란 거류 기간 중 홀연히 사라져버렸다 (창 11:29,31). 아버지의 갑작스런 죽음과 형제들의 유고 상황은 아브라함의 하란 거주 기간을 길어지게 했다. 아브라함은 고대의 큰 도시이자, 물산이 풍성했고, 무엇보다 그에게 도시적 안정감을 주었던 하란에 장기 거류하기로 결정했다. 거류자 아브라함은 결국 이 새로운 기회의 도시 하란에서 다시금 인생 성공의 길을 열었다(창 12:5).

약속 실현의 지연

하란에서 성공적인 정착을 이룬 아브라함에게 여호와께서 나타나셨다. 하나님께서 아브라함에게 본격적인 소명의 삶을 시작하도록 격려하셨다. "너는 너의 고향과 친척과 아버지의 집을 떠나 내가 네게 보여줄 땅으로 가라 내가 너로 큰 민족을 이루고 네게 복을 주어 네 이름을 창대하게 하리니 너는 복이 될지라"(창 12:1~2). 아브라함은 여호와의 부르심을 들었다. 그리고 어찌된 일인지 그 유랑의 삶을 명령하는 부르심에 순종했다. 아브라함은 두말하지 않고 모든 소유를 정리한 후 하란을 떠났다. 성경은 "아브람이 여호와의 말씀을 따라갔고 롯도 그와 함께 갔으며 아브람이 하란을 떠날 때에 칠십오 세"였다고 말한다(창 12:4). 아마도 그는 아버지 데라가 계획했던 가나안이야말로 자신이 정착해야 하는 곳이라 생각했던 듯하다. 그는 자신의 아버지 데라가 자신과 함께 원래 기약했던 땅을 향해 다시 길을 나섰다.

그런데 이번 여행은 달랐다. 이전에는 아버지 데라와 자신이 이주하기로 결정한 땅이 가나안이었으나, 이번에는 하나님께서 말씀하시고 하나님께서 약속하신 땅 가나안으로 가는 것이었다(창 12:5). 아브라함 시대 가나안 땅은 약 500여년의 '알 수 없는 암흑기'를 넘어선 상황이었다. 청동기의 발달과 더불어 도시들이 다시 번성하기 시작했다. 발굴에 의하면, 이 시기 가나안에는 약 200여개가 넘는 중소 혹은 대도시들이 발달했다고 한다. 아브라함은 처음 이 도시들 가운데 한 곳에 정착하려 했었던 것 같다. 수많은 가나안 도시 가운데 하나를 골라 그 도시의 지도자들과 거래를 한 뒤 자리 하나 얻으면 그만인 여정이라 생각한 것이다. 그런데 그것이 쉽지 않았다.

실제로 가나안 땅에 들어선 아브라함과 그 일가에게 있어서 정착은 쉽지 않은 문제였다. 가나안 땅에 들어선 아브라함은 먼저 중앙산지(Hill Country)에 있는 세겜에 정착했다. 그리고 그곳에 제단을 쌓았다(창 12:8). 하나님께서도 그 땅이 아브라함의 땅이 될 것이라고 하셨다(창 12:7). 그러나 아브라함은 정작 그 땅에 완전히 정착할 수 없었다. 그는 곧 중앙 산지 끝자락의 벧엘, 그리고 남부 산지 헤브론을 지나쳐 갔다.

아브라함은 이 땅들을 지나며 곳곳에서 제단을 쌓았다(창 12:8). 그는 자신이 거류하던 땅 곳곳에서 여호와의 이름을 부르며 예배하고 그분을 신앙했다. 그러나 그 모든 곳에서 그는 하나님의 약속만을 들었을 뿐 그 약속의 실체를 얻지는 못했다. 그와 그의 가족은 그 어떤 곳에서도 땅을 얻지 못한 채 거류민으로 남았다. 아브라함과 그의 일가는 결국 족장의 길이라 일컫는 산지 길을 따라 점점 남쪽으로 내려갔다(창 12:9). 마침내 가나안의 남부지역인 네게브에 이르렀다. 네게브 즉, 남방은 황량한 광야지역이다. 물이 부족한 이 광야지역에는 늘 기근이 있었다. 아브라함이 정착했던 시점에도 그 땅에는 강력한 기근이 있었다. 결국 여호와의 부르심을 따라 가나안땅을 찾아온 아브라함은 그 땅의 일부를 얻지 못했을 뿐더러 그 땅을 다시 떠나야 하는 큰 시련에 직면했다. 그는 곧 애굽으로 내려갔다. 당대의 풍요로운 땅 애굽은 일단의 피난처였다. 그러나 그곳 역시 그가 정착할 땅은 아니었다. 그곳에서 그는 애굽의 파라오에게 아내 사라를 빼앗길 뻔 했다(창 12:11~20).

애굽에서 돌아온 이후에도 실현되지 않는 하나님의 약속이 주는 정신적인 부담과 거류민으로서 느끼는 현실의 고통이 지속되었다. 사실 애굽의 파라오(Pharaoh)는 그의 아내를 취할 뻔했던 잘못을 인정하고 아브라함에게 많은 재물을 주었다. 아브라함은 가족, 그리고 많은 재물과 함께 다시 가나안 땅으로 돌아왔다. 아브라함은 그 많은 재산을 가지고 가나안의 중앙산지에 위치한 벧엘로 돌아왔다. 아브라함은 그곳에서 다시 제단을 쌓았고 다시 여호와의 이름을 불렀다(창

13:3~4). 그러나 그 땅에서도 여전히 그는 이방인이었고 거류민이었다. 가나안은 그를 쉽사리 받아들이지 않았다. 엎친 데 덮친 격으로 이곳에서는 생사고락을 함께했던 조카 롯과의 사이에 분열이 일어났다. 소유권 싸움이었다. 결국 아브라함은 롯이 원하는 재산과 땅을 건네주고 롯이 살기로 한 땅을 떠났다. 애굽에서 어렵사리 얻은 부의 일부도 조카와 함께 소돔 땅으로 사라져버렸다.

홀로 남은 아브라함에게 여호와께서는 동서남북의 모든 땅을 주시겠다고 다시 말씀하셨다(창 13:14~17). 아브라함은 다시 심기일전하여 남부 산지의 헤브론으로 이동했다. 그리고 '그곳'에서 다시 여호와를 위하여 제단을 쌓았다(창 13:18). 실로 아브라함의 마음은 편치 않았다. 정착과 종족의 번영이라는 하나님의 약속이 쉽게 실현되지 않았던 것이다. 결국 그는 아내 사라의 냉소 속에서 여종 하갈을 통해 아들을 얻었다(창 16:15). 그러나 그 아들 이스마엘(Ishmael)은 하나님의 약속의 실체가 아니었다. 그는 다시 일어나 헤브론을 떠났다. 기약 없는 여정을 다시 시작한 것이다. 아브라함은 마지막으로 남쪽 네게브 땅으로 가서 가데스(Kadesh) 즉, 가데스 바네아(Kadesh Barnea)와 술(Shur) 사이에 위치한 그랄(Gerar)에 다시 정착했다(창 20:1).

언약이 실현된 땅, 브엘세바

아브라함은 가나안 땅으로 들어온 이후 정착하는 땅, 이름 없는 '그곳'(the place, 창 12:7,8) 혹은 '거기'(there, 창 13:4,18)에서 언제나 제단을 쌓고 여호와의 이름을 불렀다. 그는 자신을 가나안 땅으로 부르신 여호와께 언제나 신실했다. 그러나 미지의 땅 가나안은 언제나 그의 정착을 방해하기만 했다. 가나안 땅 사람들은 그를 위험한 이방인, 거류민으로 여기며 거부했다. 주변의 소왕국들이 그를 위협했고 조카 롯의 재산을 빼앗고 납치까지 했다. 애굽과 그랄에서는 하나님의 약속 실현의 동반자인 아내 사라를 왕들이 넘보기도 했다. 그 모든 여정의 척박한 현실 앞에 하나님의 신실하심을 의심했던 것일까? 아브라함은 한때 좌절하여 신실하지 못한 모습을 드러내기도 했다. 아브라함은 애굽의 파라오와 그랄 왕 앞에서 자신의 아내를 누이라고 속였다. 하지만 그럴 때마다 하나님은 아브라함을 가나안 땅으로 부르시고 '이 땅을 네게 주어 소유를 삼게' 하시겠다고 하신 약속과 더불어, 신실한 하나님의 사람들의 조상이 되는 소명을 일깨우셨다(창 15:7). 그러던 마지막 가데스바네아로의 여정에서 아브라함은 하나님과의 약속이 실현될 '그곳'을 만났다. 바로 브엘세바이다.

처음 가데스와 술사이에 위치한 그랄에 도착한 아브라함은 그곳에서 이전 애굽에서 경험한 것과 똑같은 경험을 했다. 그는 그곳에서도 아내 사라를 그 땅의 왕 아비멜렉에게 **빼앗길** 뻔했다(창 20:1~15). 아비멜렉의 사라 납치 사건은 기간이 꽤 되었던 듯하다. 창세기는 그 납치 기간 동안 아비멜렉의 집안이 도무지 2세를 얻지 못했다고 말한다(창 20:16~18). 그런데 이 기간 놀라운 일들이 차례로 일어났다. 먼저 가나안 사람들의 태도가 달라졌다. 그랄의 왕 아비멜렉이 이전에 아브라함이 거하던 땅 가나안 사람들이나 그 지도자들의 태도와 사뭇 다른 모습을 보였다. 그는 아브라함을 두려워했다. 그는 아브라함이 그 땅에 거류하는 것을 인정했다. 그뿐이 아니었다. 아브라함은 드디어 사라를 통하여 아들을 보게 된다. 그의 나이가 무려 백세나 되던 시점이요, 그의 아내의 나이는 무려 구십 세이던 시절이다. 아브라함은 용기를 얻었다. 그리고 그 땅에 우물을 파고 정착할 길을 모색했다. 사실 그때 그곳 가나안 사람들이 급변하여 완전히 호의적이게 된 것은 아니었다. 그 사람들 가운데 일부는 아비멜렉이 아브라함을 두려워하는 것을 알면서도 아브라함에게 도전했고 아브라함이 판 우물, 아들과 더불어 정착하겠다는 상징인 샘을 **빼앗았다**. 그런데 아브라함은 이 상황에서 그가 더 이상 가나안의 거류민이 아닌 정착민임을 보여준다. 그는 아비멜렉에게 항의했다. 그리고 자신의 땅과 우물 소유권을 주장했다. 결국 아비멜렉과 그의 군대장관 비골은 아브라함과 약속을 맺게 된다. 아브라함의 거주권뿐 아니라 그 우물의 소유권 즉, 그 땅에서의 소유권을 완전히 인정한 것이다. 아브라함과 그랄의 지도자들은 그렇게 언약을 맺고 그 땅의 이름을 브엘세바라고 불렀다(창 21:30~31). 이어서 아브라함은 그 땅에 에셀 나무(tamarisk tree)를 심었다. 그 땅을 하나님께 예배하는 땅으로 삼은 것이다. 그때로부터 그는 늘 신실하신(everlasting) 하나님의 이름을 제대로 부르게 되었다(창 21:33).

브엘세바는 아브라함뿐 아니라 그의 아들과 손자 대에 이르기까지 소명과 약속이 실현되는 땅이었다. 아브라함의 아들 이삭은 브엘세바에서 살면서 큰 부자가 되었다. 하지만 그랄 사람을 비롯하여 지역사람들이 텃세를 부리며 브엘세바의 우물을 막아버렸다. 그리고 그 땅의 왕 아비멜렉은 그곳에서 이삭을 쫓아버렸다. 브엘세바와 그랄은 비가 전혀 내리지 않는 네게브 지역이기 때문에 물을 구하기가 쉽지 않았다. 그러나 이삭과 이삭의 목자들은 낙심하지 않았다. 그들은 브엘세바

막벨라 굴

주변에서 열심히 다른 우물들을 파며 꾸준히 정착할 곳을 찾았다. 이삭과 부자들의 우물 찾기가 그랄의 목자들과의 계속적인 분쟁을 가져오자, 결국 그랄 왕 아비멜렉이 갈등과 분쟁을 해결하고자 이삭의 아버지 아브라함과 맺었던 언약을 이삭과 다시 맺었다. 그렇게 이삭과 아비멜렉은 화해의 언약을 다시 맺게 되고 이삭은 아버지 아브라함처럼 브엘세바에 정착하게 되었다(창 26:26~33).

이삭의 아들 야곱의 삶은 달랐다. 그는 형 에서와의 갈등 속에서 그의 할아버지 대부터 약속과 맹세의 땅이었던 브엘세바를 떠나야만 했다. 그가 인생의 전반부를 보낸 곳은 밧단아람(Paddan Aram) 즉, 하란이었다(창 28:1~10). 이후 야곱의 삶을 파란만장했다. 그는 하란에서 이십 년 세월을 보내면서 많은 가족과 엄청난 재산을 모으는 데 성공했다. 그러나 그는 외삼촌 라반과의 재산 분쟁 때문에 다시 하란을 떠나야 했다. 어쩔 수 없이 고향인 가나안으로 돌아온 야곱은 처음 조상의 땅 브엘세바가 아닌 가나안 땅 중심부, 옛날 아브라함이 처음 제단을 쌓았던 세겜에 정착했다(창 33:18). 그러나 세겜에서 야곱의 삶은 평탄하지 않았다. 그는 그의 할아버지처럼 부침을 거듭했다. 그는 그곳에서 딸 디나가 욕을 당하는 수치를 겪었다. 결국 그는 다시 길을 떠났다. 그리고 벧엘을 거쳐 헤브론으로 가던 길에서 사랑하는 아내 라헬을 잃었다. 야곱은 베들레헴 근처에서 라헬을 장사하고 헤브론 산지에 이르러 장막을 치고 그곳에서 살았다(창 35:27). 그러나 그의 고통스런 삶이 끝난 것이 아니었다. 그는 결국 그곳에서 지극히 사랑하는 아들 요셉마저 잃게 된다. 그 후 야곱은 주로 브엘세바에 거주하고 벧엘에서 예배하며 살았다. 그러던 어느 날, 그는 죽은 줄 알았던 아들 요셉이 애굽의 총리가 되어 살아있다는 소식을 듣게 되었다. 그는 곧 아들이 있는 애굽으로 갔다. 야곱은 애굽으로 내려가는 길에 마침내 조상들이 맹세한 땅, 브엘세바에 섰다. 그 땅에서 그는 그의 할아버지와 아버지와 같이 제단을 쌓고 희생 제사를 드리며 하나님과 최종적인 언약 확인의 시간을 가졌다(창 46:1~4).

브엘세바는 히브리어로 '맹세의 우물'이라는 뜻이다. 브엘세바는 족장들의 그 모든 부침 어린 삶의 최종 종착지이다. 브엘세바는 아브라함의 언약이 실현되고 이삭의 신실함이 완성되며, 야곱의 인생 소명이 비로소 그 빛을 얻은 곳이다. 무엇보다 브엘세바는 아브라함과 이삭과 야곱이 하나님의 약속 실현을 믿으며 살다가 그 최종적인 약속 실현의 확증을 얻어내고 자신들이 하나님의 사람들이라는 사실을 세상에 드러낸 곳이다. 이렇게 약속이 실현되고 하나님의 사람들이 정체성을 확고하게 세우게 된 브엘세바에서 하나님의 언약 백성으로서의 이스라엘의 역사가 출발한다.

didactic story
소명의 길, 신실함 그리고 예배

신실한 하나님의 백성들은 부르심과 부르심의 여정이 갖는 의미를 잘 알아야 한다. 아울러 신실한 하나님의 백성들은 부르심의 여정에서 일구는 신실한 삶의 행보들에 대한 깊은 의미를 알아야 한다. 마지막으로 하나님의 부르심 받은 백성들은 하나님의 약속을 향한 소명의 여정 등에 하나님을 향한 예배가 중심에 서야 한다는 것을 깊이 이해해야 한다.

아브라함과 이삭과 야곱의 브엘세바를 종착점으로 하는 여정은 하나님께서 약속하신 바에 대한 실현의 여정이었다. 하나님께서는 당신의 백성들이 세상 가운데서 소명 받은 사람들로 삶을 살아가는 데 필요한 땅을 허락하셨다. 그 땅은 세상의 권세자들이 제공한 것도 아니고, 하나님의 사람들이 선별하여 구입한 땅도 아니다. 그 땅은 오직 하나님께서 약속하신 곳이며, 하나님의 백성들이 준비되었을 때 주어지는 것이다. 결국 그 땅을 향하여 나아가는 약속 실현의 여정에는 소명과 신실함, 그리고 예배라는 삼박자가 요구된다.

족장들의 소명 '길'

족장들, 즉 아브라함과 이삭과 야곱의 인생길은 하나님의 약속이 실현되기를 소망하는 여정이었다. 그들은 소명과 약속을 향하여 인생의 길을 떠난 사람들이다. 그들의 인생길은 그 이름에서도 잘 드러난다. 아브라함의 원래 이름 아브람 (Abram)은 '지고한 아버지'라는 뜻이다. 그런 그가 '아브라함 (Abraham)' 즉 '여러 민족의 아버지'로 바뀌었다. 창세기 17장 4절 "내 언약이 너와 함께 있으니 너는 여러 민족의 아버지가 될지라"에서 '여러'의 히브리어가 바로 '라함'이다. 그는 그저 홀로 지고(至高)할 뿐이었던 아브람에서 출발하여 브엘세바까지 이어지는 하나님의 인도하심을 통해 '많은 이의 아버지'라는 아브라함으로 변화하게 된다. 이삭의 경우도 마찬가지이다. '웃는다'는 의미를 가진 이삭의 경우 그의 인생이 늘 웃음이 가득하고 평안한 것은 아니었다. 이삭은 아브라함에 의해 산 제물로 바쳐질 뻔했다(창 22:1~19). 나이 들어 장가든 이삭에게는 오랫동안 후사가 없었다(창 25:21). 후사로 얻은 두 아들은 서로 싸웠고 둘째 아들은 기어코 집을 떠나고 말았다. 그랄 땅에서는 주민들과 갈등을 겪었다. 웃을 날이 별로 없는 날들이었다. 그러나 이삭은 흔들림이 없었다. 신실하여 변함없는 삶을 살던 이삭은 언약의 샘 브엘세바에서 그의 인생 최종의 미소를 지으며 하나님을 예배하는 제단을 쌓았다(창 26:23~25). 야곱은 좀 더 극적이다. 그 이름의 뜻은 '발꿈치를 붙잡다'이다. 그는 무언가 부족하여 늘 채우기를 바랐던 삶의 대표자였다. 결국 그의 인생에는 늘 문제가 많았다. 그는 형과 삼촌과 사이가 좋지 않았다. 귀한 딸이 치욕을 당했고, 아들들은 문제가 많았으며 결국 열한 번째 아들을 잃고 말았다. 그런 그가 벧엘에서 하나님께 소명을 얻고, 얍복강에서 하나님께 축복의 약속을 확보했다. 그리고 최종적으로 브엘세바에서 안전과 축복을 확인했다. 야곱은 죽은 줄 알았던 아들 요셉이 애굽의 국무총리가 되었다는 이야기를 들었다. 그는 곧 할아버지와 아버지의 최종적인 예배처 브엘세바로 간다. 그리고 거기서 감사 예배를 드리고 함께 할아버지의 축복의 약속을 듣게 된다(창 46:1~3).

족장들이 인생 전반에 걸쳐 걸었던 '족장들의 길(way of the Patriarchs)'은 사실 성경에 나타나지 않는다. 그러나 우리는 우리 신앙의 조상들이 분명하여 뚜렷한 길을 갔다는 것을 잘 알고 있다. 일반적으로 '해안길'(Via Maris, 사 9:1)과 '왕의 대로'(Kings' Way, 민 20:17)는 애굽, 아람, 앗수르, 바벨론 등 고대 제국들의 국제도로들이었지만 '족장길'은 고대 이스라엘 지역에서 사마리아와 유다 산지의 능선을 잇는 희미한 지방도로였다. '해안길'과 '왕의 대로'라는 이름은 이미 많은 사람들이 다녔던 유명대로이지만 족장길은 오직 하나님의 부르심에 따라 길을 떠났던 족장들의 미세한 흔적(remains)이다.

흥미롭게도 '해안길'과 '왕의 대로'에서 '길'과 '대로'의 원 히브리어가 '데레크(derekh)'로 쓰였다. 그러나 족장길의 '길'은 '데레크'가 아니라 '떠났다'라는 히브리어 동사 '할라크(ha-lakh)'가 사용되었다. 아브라함은 하나님께서 말씀하신 대로 가나안 땅을 향하여 길을 떠났고 가나안 땅에서도 세겜, 벧엘과 아이와 광야의 땅, 네게브까지 여행했다. 결국 그는 애굽까지 내려가야만 했고 다시 벧엘과 아이로 돌아와서도 얼마 지나지 않아 다시 길을 떠났다. 이때 하나님께서 아브라함을 위로

이스라엘의 광야길

아브라함을 비롯한 족장들은 이런 식의 와디와 우물들을 따라 이동했을 것이다.

하시면서 '너 있는 곳에서 눈을 크게 뜨고, 북쪽과 남쪽, 동쪽과 서쪽을 보아라. 네 눈에 보이는 이 모든 땅을, 내가 너와 네 자손에게 아주 주겠다.'고 확고히 약속하셨다(창 13:14~18). 그리고도 아브라함의 떠돌이 생활은 쉬이 끝나지 않았다.

'길을 떠나다'라는 뜻의 '할라크'는 후대의 유대인 '탈무드'의 두 뼈대 중 하나가 되었다. 탈무드는 '지혜문서'로 알려진 '하가다(Hagadah)'와 '법률집'으로 알려진 '할라카(Halakah)'가 있는데, 그 중 '할라카'는 '할라크'(halakh)에서 파생된 말이다. 이방의 땅에서 이방인과 이방문화 속에서 하나님의 사람으로서 어떤 마음으로 또 어떤 자세로 살아가야 할지를 알려주는 '할라크'는 종착할 새 없이 유랑하던 유대인들에게 있어서 지혜의 안내서였다.

하나님의 부름 받은 신앙인은 누구나 이 족장들의 길, 할라크의 안내를 따라야 한다. 하나님의 백성의 인생은 족장들이 그랬던 것과 마찬가지로 하나님 나라와 그 백성의 부흥을 향한 소명의 길이다. 부르심 받은 사람들의 삶은 그 친숙했던 삶의 자리를 떠나는 삶이다. 부르심 받은 사람은 그 길이 종착지에 도달할 때까지 순종하는 마음으로 길을 가야 한다. 그 길은 부침이 있고 고난이 예상된다. 동시에 그 길에는 신실함도 요구된다. 무엇보다 그 길을 가는 사람들은 그 여정을 멈출 수 없다. 하나님의 부름 받은 사람들은 아브라함처럼, 이삭처럼, 그리고 야곱과 요셉처럼 좌절할지라도 신앙을 내려놓지 말고 신실하게 그 길을 가야 한다.

신실함의 결실, 브엘세바

아브라함과 이삭, 야곱의 소명의 여정에서 특이한 것은 그들의 신실함이다. 먼저 그들은 신실하신 하나님께 대한 신앙의 끈을 내려놓지 않았다. 아브라함은 하란, 세겜과 벧엘, 헤브론과 애굽, 그리고 다시 가나안으로 이어지는 모든 여정에서 신실함을 지키기 위해 노력했다. 이삭이야말로 하나님의 백성들의 삶의 지경이 넓어지고 크게 되리라는 약속을 지켜내기가 쉽지 않았다. 결국 그도 아버지처럼 신실함의 영적 투쟁을 해야 했다. 그러나 이삭 역시 그 모든 여정에서 하나님의 부름 받은 사람으로서 신실함을 내려놓지 않았다. 야곱은 영악함 때문에 브엘세바의 소명과 약속 실현이 많이 늦어지기도 했다. 그러나 그는 벧엘과 얍복강(Jabbok River)에서 하나님을 향한 신실한 마음을 내려놓지 않았다. 가족사의 그 모든 아픔 가운데서도 하나님을 구하는 마음을 내려놓지 않았다. 그는 그의 아들 요셉이 살아있음을 알게 되자 브엘세바로 갔다. 그리고 그곳에서 "큰 민족을 이루게 될 것"이라는 하나님의 음성을 들었다(창 46:3).

아브라함과 이삭과 야곱의 소명 인생의 여정에는 공통적으로, 그리고 최종적으로 브엘세바, 즉 약속의 샘이 존재한다. 브엘세바는 '샘'이라는 말의 '브에르(beer)'와 '맹세' 혹은 '언약'이라는 의미의 '쉐바(sheba)'의 합성어로 '맹세 혹은 언약의 샘'이라는 의미를 갖고 있다. 아브라함은 브엘세바에서 하나님의 약속이 실현된 삶의 실체를 얻을 수 있게 된다. 그는 이곳에서 아내 사라에게 아들을 얻고 그 아들과 자손들이 살아갈 가나안

아브라함이 아들 이삭을
바치다

땅의 기업을 실제로 취득하게 된다(창 21:22~24). 사실 아브라함에게는 앞선 맹세가 있었다. 그는 조카 롯을 납치하고 그의 재산을 빼앗아간 엘람왕 그돌라오멜의 연합군과 싸워 이기고 그 재물들을 가나안의 왕들에게 돌려주는 과정에서 취득한 것들에 대해 어떤 이익도 취하지 않겠다는 맹세를 했다(창 14:23). 그런데 브엘세바에서의 맹세와 이것은 분명 다르다. 앞서의 맹세는 거류민으로서 권한이 없다는 것을 앞세운 맹세였다. 아브라함은 이때 가나안 땅에 대한 실질적인 소유권을 취득할 수 있었음에도 그렇게 하지 않았다. 그랬던 아브라함이 이곳 브엘세바에서는 전혀 다른 태도를 취했다. 그는 브엘세바의 우물에 서서 자신의 가나안 땅 소유권을 주장했다. 그는 이제 믿음의 조상으로서 하나님께서 주신 땅 가운데 자손만대에 걸쳐 복된 삶을 영위할 준비가 된 것이다. 그는 하나님 앞에서 그리고 세상에 대해서 하나님의 사람들이 누릴 땅의 권한을 이야기하고 있다. 하나님께서 약속하신 땅에 서서 신실함으로 준비한 독특한 신앙 정신으로 그 땅을 영위할 권리에 대해 말하기 시작한 것이다.

이삭은 아버지 아브라함에게 브엘세바가 어떤 곳인지, 그리고 그 아들로서 자신에게 브엘세바가 어떤 곳인지 역시 잘 알았다. 그는 블레셋과 그랄 사람들이 이전 맹세를 잊고 자신을 핍박할 때조차 브엘세바의 중요성을 잊지 않고 그곳에서 아브라함의 아들로서 신실한 삶을 이어갔다. 그는 자신의 가족과 자신의 인생에서 브엘세바가 무엇을 의미하는지 잘 알았다. 그리고 그 결실을 지켰다. 그는 이리저리 밀려다니고 쫓기면서도 신실하게 일곱 개의 우물을 팠다. 그래서 브엘세바의 '세바'

에는 약속이라는 뜻과 함께 일곱 개라는 의미도 담겨 있다. 하나님께서는 이삭이 우물을 팔 때마다 그 우물에 물을 주셨다. 이삭은 결국 아버지의 약속과 맹세에 신실했고 최선을 다하여 그 약속이 유지되도록 늘 웃음을 잃지 않고 힘썼다. 야곱에 대해서는 굳이 설명하지 않아도 그가 최종적으로 브엘세바에 이르러 제사를 드린 것을 살핌으로써 브엘세바가 그의 인생에서 의미하는 바가 무엇인지 알 수 있다. 그는 아들 요셉이 살아 있다는 것과 애굽땅에 가서 새로운 삶을 살게 될 것을 생각하며 아브라함을 향한 하나님의 약속이 끊이지 않고 매우 구체적으로 실현되고 있음을 알았다.

하나님의 백성들에게는 신실한 소명의 여정에 결실이 주어진다. 바로 브엘세바의 결실이다. 하나님의 백성들은 하나님께서 부르셔서 약속하신 그 최종적인 비전 실현을 향한 행보를 신실하게 이행하는 사람들이다. 하나님께서는 신실한 행보를 이어가는 하나님의 백성들에게 약속하신 그대로의 결실을 허락하신다. 아브라함과 이삭, 야곱을 비롯한 신앙의 선진들이 보여준 삶은 모두 신앙의 결실이 분명하게 주어진 증거들이다.

예배의 제단과 에셀나무

아브라함과 족장들은 그들의 인생 여정 곳곳에서 제단을 쌓고 하나님을 예배했다. 그 가운데 브엘세바의 제단은 독특하다. 사실 아브라함은 하나님의 부르심에 따라 길을 떠나 머무는 곳마다 제단을 쌓고 예배를 드렸다. 그러나 나무를 심은 적

돌제단과 에셀나무

아브라함을 비롯한 이스라엘 백성들은 이런 식의 다듬지 않은 돌로 쌓은 제단을 통해 하나님께 예배했을 것이다.

이 없었다. 그런데 이곳 브엘세바에서 아브라함은 드디어 제단을 쌓고 에셀나무(tamarisk tree)를 심었으며 여호와의 이름을 부르기 시작했다(창 21:33). 그의 인생 약속이 실현된 최종적인 결실을 이곳 브엘세바에서 얻은 것이다.

에셀나무는 그의 영적 예배의 완성된 모습을 상징한다. 오늘날에도 에셀나무는 싯딤나무와 함께 광야의 길을 가는 사람들에게 쉴 수 있는 여유와 공간을 만들어준다. 에셀나무의 잎에 밤새 내린 이슬이 맺히면 아침에 부는 바람결에 그 이슬이 떨어진다. 이슬은 아침부터 따가운 햇살을 피하려고 나무 아래에 모여든 사람들의 기분을 상쾌하게 해준다. 무엇보다 에셀나무의 잎을 씹으면 짭짤한 맛을 느낄 수 있다. 사막의 여행자들에게 귀중한 식품 자원이 된 것은 당연하다. 에셀나무는 사실 사울과 다윗의 이야기에서 두 차례 더 등장한다. 사울은 다윗을 추격하면서 베냐민 지파의 땅 기브아에서 참모회의를 열었을 때 에셀나무 아래에 앉아 다윗을 죽일 계획을 세웠다(삼상 22:6). 그런데 다윗은 블레셋 사람들에 의해 죽은 사울을 에셀나무 아래에 묻어 주었다(삼상 31:13). 에셀나무는 자연 속에서, 그리고 역사 속에서 하나님의 일이 계획되고 일이 수행되는 과정의 기점이며 아울러 쉼터로 여겨진다. 한마디로 에셀나무는 하나님의 계획과 하나님의 회복, 하나님의 부흥을 상징한다. 아브라함은 브엘세바의 우물 곁에 그 에셀나무를 심고 자신의 이름의 뜻과 같이 자신과 자손들이 거하는 곳곳에 쉬게 하시고 회복하게 하시며 부흥하게 하시는 하나님의 은혜가 나타나기를 소망했다. 그래서 아브라함의 에셀나무는 그의 제단과 더불어 하나님의 사람들이 드린 영적 예배를 상징한다.

앞서 언급한 대로 확실히 아브라함과 이삭과 야곱의 하나님의 부름 받은 백성으로서 약속 실현의 과정은 쉽지 않았다. 그들은 오해할 만했고, 의심할 만했으며, 좌절할 만했고, 절망할 만했다. 때로는 실패했다는 낙담에 빠지기도 했다. 그러나 그 모든 소명의 여정을 포기할 만한 상황에서 그들은 여실히 믿음의 힘을 보여주었다. 아브라함과 이삭과 야곱은 하나님의 약속에 대해 확신했다. 그들에게는 땅이 주어질 것이며, 그들에게서 하나님을 믿는 믿음으로 충만한 큰 민족이 일어날 것이다. 세 명의 족장들은 삶의 여정이 고단하면 할수록 이 약속에 대한 믿음을 더욱 확고히 했다. 족장들은 그렇게 그 믿는 바를 확고하고 분명하게 새기며 가는 곳곳에서 예배했다. 그들은 가는 곳 어디에서나 제단을 쌓았다. 그들의 믿음이 더욱 확고해 지고 그 삶이 더욱 신실해져야 할 필요가 있는 곳에서는 언제나 제단을 쌓았다. 그들은 자신들의 소명 여정에서 머무는 곳마다 제단을 쌓았고 하나님의 이름을 부르며 예배를 드렸다.

'벧엘'이라는 이름처럼 제단을 쌓은 곳에 대해 특별한 의미를 부여한 경우도 있지만, 대부분의 경우 족장들은 그 제단을 쌓은 곳을 '그곳' 혹은 '거기서' 등의 익명으로 표현한다. '그곳'의 히브리 이름은 '하-마콤(ha-makom)'이다. '하나님과 동행하며 예배하던 곳', '하나님을 두려워하며 경외하던 곳', '하나님께로부터 응답을 받았던 곳'을 의미한다. 족장들은 각자의 소명 여정 곳곳에서 '그곳'을 정하고 그곳에서 하나님을 예배하며 하나님을 경배했다.

실제로 성경에서 '그곳'이 갖는 의미는 풍성하다. 이스라엘 백성들은 '그곳'에서 하나님의 임재를 경험하지 못하고, 하나님을 경외하지 못하고, 하나님을 향한 예배를 게을리할 때마다 패배를 경험해야만 했다. 아이성 점령에서 쓰라린 경험을 했던 여호수아는 아이성 점령 이후 '그곳'에서의 예배와 신앙을 다시 회복했다(수 8:30~35). 그는 이스라엘 민족 모두를 이끌고 세겜 옆 그리심산(Mt. Gerizim)과 에발산(Mt. Ebal) 산으로 갔다. 그는 먼저 '그곳' 에발산에 제단을 쌓고 오직 하나님을 향한 신앙을 회복했으며, 이어 열두 지파들을 여섯 지파들로 나누어 절반은 그리심산에, 나머지 절반은 에발산에 세운 후 축복과 저주를 선포하고 오직 여호와 신앙으로 살지 않으면 모두가 저주를 받게 될 것이라고 경고했다.

다시 돌아가자면, 아브라함과 이삭, 그리고 야곱은 그들의 인생 곳곳 '그곳'들에서 제단을 쌓고 하나님께 예배했다. 그리고 그들의 신앙의 여정이 하나님의 약속 실현을 향한 바른 길로 나아갈 수 있도록 하나님께 구했다. 그런데, 세 명의 족장이 브엘세바, 그 약속 실현의 최종적인 장소에 이르러 보여주는 행동에는 한 가지 공통점이 있다. 세 족장 모두가 이곳 브엘세바에서 하나님을 향하여 최종적이며 완결된 형태의 제단을 쌓았다는 사실이다. 그들의 '그곳' 예배의 절정은 브엘세바였다. 그들은 각자 소명 인생의 최종 목적지, 맹세의 우물, 브엘세바에 이르러 그곳에 제단을 쌓고 하나님의 신실하심, 약속을 실현하시는 하나님의 놀라운 은혜에 감사하는 예배를 드렸다.

하나님과의 약속이 실현되는 여정에는 끊임없이 영적 싸움이 있을 수밖에 없다. 하나님의 백성들은 그 주어진 불신과 좌절, 절망의 현실에서 신앙의 승리를 얻기 위해 각자의 '그곳'에서 제단을 쌓고 예배해야 한다. 하나님의 백성들이 그 소명의 여정에서 드리는 '그곳' 예배는 다양한 의미로 확장될 수 있다. 매주일 드리는 예배와 힘든 삶의 공간에서 드리는 예배 등은 무수한 확장형의 '그곳' 예배일 것이다. 중요한 것은 하나님의 백성들에게는 결론적인 브엘세바 예배가 예비되어 있다는 사실이다. 하나님께서는 우리를 당신과의 약속의 자리, 약속이 실현되는 승리로 인도하신다. 그 약속을 성취하여 주시는 곳, 그곳 브엘세바에서 우리는 하나님을 예배하는 참 기쁨을 누려야 한다.

Geographical Story
아브라함과 족장들의 도시들

헷

밧단아람　　앗수르

아카드

지중해　　아람

수메르

가나안

페르시아만

아 라 비 아

애굽　　홍해

비옥한 초승달 지역

비옥한 초승달 Fertile Crescent ─────

　　아브라함의 출생지 우르에서 가나안, 그리고 애굽에 이르는 거대한 지역은 비옥
한 초승달(Fertile Crescent)로 불린다. 이 비옥한 초승달 지역의 동쪽 끝은 페르
시아만이, 중앙은 레반트가, 그리고 서쪽 끝단은 애굽이 차지한다. 이 지역의 동쪽
에 티그리스와 유프라테스 두 강을 중심으로 하는 메소포타미아 지역이 있다. 메소
포타미아(Mesopotamia)는 '두 강 사이'라는 의미를 가진 헬라어로, 구약성경에
서 '메소보다미아'로 등장한다(창 24:10; 신 23:4; 삿 3:8). 그러나 이 말의 원래
히브리어 원어는 '아람 나하라임(Aram-Naharaim)' 즉 '두 강의 아람'이다. 대부

분 '메소보다미아'로 표기하는 우리말 성경은 칠십인역(Septuagint)의 헬라어 방식을 따르고 있다. 메소포타미아 지역은 고대로부터 수메르인과 아카드인, 아모리인, 아시리아인(Assyrian), 후리족(Hurrite), 헷족(Hittite) 등의 끊임없는 세력 다툼으로 늘 들썩이던 역사적 쟁투의 현장이다. 비옥한 초승달 한편, 서쪽 끝에 위치한 애굽 역시 나일강의 범람으로 비옥한 토지를 갖고 있었으며 오래전부터 매우 발달된 문명을 이룩해온 나라였다. 성경은 이 두 문명 사이 오늘날 팔레스타인이라 불리는 가나안을 기반으로 살았던 하나님의 사람들의 이야기이다. 아브라함은 메소포타미아의 남부 도시 갈대아 우르에서 왔다. 그의 자손들은 서쪽 애굽에서 노예 생활을 하면서 민족을 이루었다. 이스라엘 민족은 다시 가나안에 돌아왔다. 그들은 그 땅에 정착하여 번성하다가 다시 그들의 조상의 땅 갈대아로 끌려갔다 돌아왔다. 비옥한 초승달의 역사지정학적 구조를 이해하는 것은 하나님의 백성들의 소명과 약속 실현의 굴곡을 이해하는 중요한 근거이다.

우르 Ur

고대 우르 유적

아브라함의 여정은 고대 유명한 도시 우르(Ur)에서 시작된다. 우르는 메소포타미아 유프라테스와 티그리스 두 강의 하류, 비옥한 초승달이라 불리는 동쪽 끝 지점에 위치한 도시였다. 우르는 기원전 3000년경부터 수메르인들(Sumerians)에 의해 제대로 된 성곽을 갖춘 도시로 발달했다. 이 도시는 유프라테스 강과 티그리스 강의 하류에 위치한 탓에 풍성한 먹거리와 더불어 그들의 건축 재료인 진흙과 지푸라기를 많이 확보할 수 있었다. 결국 우르 사람들은 벽돌을 구워 건물과 성곽을 지어 올리는 방식의 전혀 새로운 건축 방식을 시도했다. 그리고 인접한 페르시아만과 유프라테스 강, 티그리스 강을 따라 이어지는 도시들과의 교역을 통해 더 많은 자원을 끌어들여 도시 발달을 가속화했다. 우르는 현대인들이 생각해도 매우 잘 갖추어진 멋진 도시였을 것으로 여겨진다. 이후 도시는 아카드인들(Akkadians)과 엘람인들, 그리고 아모리인들에게 지배당하는 우여곡절을 겪기도 했다. 아브라함의 우르 탈출과 이동은 엘람인들과 아모리인들의 침략과 관계된 것으로 보인다. 아브라함이 도시를 떠난 이후에도 도시는 계속해서 발전했다. 기원전 1800년경 아모리인들이 세운 고대 바빌로니아 왕국 이후에도 도시는 꾸준히 중심지 역할을 다했고 각 국가들의 중요한 거점도시였다.

하란 Haran

하란

아브라함이 중간에 거류했던 하란(Haran)은 유프라테스 강의 상류 지역에 위치해 있다. 이 도시는 고대의 상인들이 다녔던 무역로의 중간, 서북쪽 끝에 위치해 있다. 도시 이름 하란은 고대의 표현으로 '길' 혹은 '여행'을 의미한다. 이 도시는 기원전 약 3000년경부터 발달하기 시작했다. 도시의 힘은 그 이름에서 유래하는 것처럼 무역의 중간기지 역할에서 얻었다. 하란은 위로는 소아시아 지역의 히타이트와 서쪽으로는 지중해의 비블로스(Biblos), 두로(Tyre)를 비롯한 해안 도시들, 남서쪽으로 다메섹(Damascus)과 가나안(Cannan), 애굽을 잇고, 동남쪽으로는 마리(Mari), 바벨론(Babylon) 혹은 우르(Ur)로 이어지는 바벨론 길(Babylonian roads)과 니느웨(Nineveh)와 악메데(Achmetha), 수산(Shushan) 등으로 이어지는 앗수르 길(Assyrian roads) 등을 잇는 상업적 거래의 중간기지 역할을 하며 발전했다. 따라서 도시는 물산이 풍성했을 것으로 여겨진다. 또한 하란은 겨울철에 수량이 풍성한 와디(wadi, 우기에만 물길이 트이는 강)가 있어서 물을 얻기에도 매우 용이한 위치에 있었다. 데라와 아브라함은 우르를 떠나 바빌론과 마리를 거쳐 이곳 하란에 도착했다. 그들은 우르만큼이나 번성한 도시 하란을 보고 매료되었을 것이다. 하란은 이후 성경 안에서 밧단 아람(Paddan Aram)으로 불리기도 했다. 하란에는 아브라함의 동생 나홀(Nahor)과 밀가(Milcah) 사이에서 태어난 브두엘(Bethuel)과 그의 아들인 라반(Laban), 그리고 그의 여동생 리브가(Rebbeca)가 살았다. 리브가는 후에 이삭의 아내가 되었다. 야곱은 형과의 갈등 이후 아버지 이삭에 의해 이곳 하란으로 보내졌다. 야곱은 하란에서 삼촌인 라반의 집에 있으면서 그의 두 딸인 레아(Leah)와 라헬(Rachel)과 결혼했다.

세겜 Shechem

아브라함은 아버지와 계획했던 땅, 후에 하나님께서 약속하신 땅, 당대의 거류민들이 살 만한 땅이었던 가나안에 들어왔다. 그가 가나안에 들어와 처음으로 장막을 친 곳이 세겜(Shechem)이다. 세겜은 주민들의 주요 이동 통로였던 가나안의 중앙 산지 한복판에 놓여 있다. 정확하게 벧엘(Bethel)과 실로(Shilo) 위쪽에 위치해 있으며, 여호수아의 경계지었던 믹므닷(Michmethath)이나 요셉이 팔려갔던 도단(Dothan)과 가까운 위치에 있다. 아브라함은 가나안에 들어와 처음 장막을 치고 '가르침의 나무'라 일컬어지는 모레의 상수리 나무 아래에서 제단을 쌓았다. 그의 손자인 야곱은 하란에서 돌아와 가나안 땅에 정착할 때 처음 이 세겜에 들어와 살았다. 이후 이곳에는 사마리아 여인과 예수님의 대화로 유명한 야곱의 우물과 애굽의 총리였던 요셉의 무덤이 있기도 하다. 이스라엘 백성들이 출애굽하여 정착한 이후 이 도시는 에브라임 지파의 영역이 되었다. 이 고대 가나안의 도시 바로 옆에는 그리심산(Mt. Gerizim)과 에발산(Mt. Ebal)이 위치해 있다. 모세는 가나안에 입성하는 이스라엘 백성들에게 이 두 산 위에 여섯 지파씩 서서 축복과 저주의 말씀을 들으라고 했다. 여호수아는 그의 스승의 말을 충실하게 따라 열두 지파를 둘로 나누어 두 산에 세운 후 축복과 저주의 말씀을 읊었다. 사사 기드온(Gideon)의 아들 아비멜렉(Abimelech)은 이 도시에서 스스로 이스라엘의 왕이 되었다. 이후 르호보암(Rehoboam)의 철권통치에 반대하는 열 개 지파 지도자들이 이곳에서 여로보암(Jeroboam)을 왕으로 세웠으며, 분열된 나라 북 이스라엘 통치의 초기 중심지가 되기도 했다. 아합의 아버지 오므리 왕이 북이스라엘의 수도를 디르사에서 사마리아로 옮긴 후 도시는 잠시 잊히는 듯했다. 그러나 느헤미야 시절, 대제사장 엘리아십의 손자 요야다의 아들 하나가 이방인 여자와 이혼하기를 거부하며 그를 따르는 무리들이 세겜 옆 그리심 산에 그들만의 성전을 차리면서 사마리아인들만의 산당이 만들어지게 되었다. 예수님 때에 이르러 세겜은 더 이상 정통파 유대인들이 드나들지 않는 이방의 땅이 되었다. 그러나 예수님은 이방의 땅을 직접 찾아가셨다. 예수님은 세겜 옆 야곱의 우물이 있는 수가에서 사마리아 여인을 만났다.

벧엘 Bethel

벧엘은 '하나님의 집'이라는 뜻을 가진 고대로부터 유명한 종교적 도시였다. 예루살렘 북쪽 가까운 곳에 위치해 있으며, 아이(Ai)와도 매우 가까운 곳에 위치해 있다. 아브라함은 세겜으로부터 이동해서 이곳 벧엘과 아이 사이 어느 곳에 장막을 쳤다. 그러나 도시 이름의 근원은 아무래도 야곱에게도 돌아가야 할 것 같다. 야곱은 형 에서와 갈등을 빚어 더 이상 집에 있지 못하여 길을 떠났다. 그리고 이곳 벧엘에서 노숙을 하게 된다. 그때 그는 꿈에서 하늘의 사닥다리와 그것을 오르락내리락거리는 천사들을 보게 된다. 야곱은 자신이 베고 잔 돌을 축복하고 그곳의 이름을 벧엘 즉, '하나님의 집'이라고 불렀다. 이후 밧단아람에서 돌아온 후 세겜에 정착하여 살던 야곱은 자신의 딸 디나가 그 땅에서 치욕을 당한 후 다시 벧엘로 와 제단을 쌓았다. 그리고 그 이름을 엘벧엘(El-Bethel)이라고 불렀다(창 35:7). 가나안 정착기에 이르러 도시는 중앙 산지를 에브라임과 베냐민 지파의 두 영역으로 나누는데 중요한 역할을 했다. 벧엘은 다윗의 왕정이 시작되는 시점에 이르기까지도 종교적으로 중요한 위치를 차지했다. 그러나 도시는 북 이스라엘 여로보암 시절 금송아지 상을 두고 우상숭배를 하는 산당으로 전락해 버렸다. 여로보암은 남쪽 벧엘에 금송아지와 산당 하나, 북쪽 단에 금송아지와 산당 하나를 설치하고 레위인이 아닌 사람들로 하여금 제사의 업무를 담당하게 했다(왕상 12:27~29). 앗시리아가 북 이스라엘을 멸망시킬 때 벧엘은 요행히 파괴되지 않고 살아남았다. 이후 남 유다의 요시아가 이곳을 점령하고서 이곳에 남아있던 산당과 우상을 모두 파괴해 버렸다(왕하 23:15).

브엘세바 Beersheba

족장들에게 중요한 장소였던 브엘세바는 이스라엘 남부 산지가 끝나고 네게브가 시작되는 지점에 위치해 있다. 브엘세바는 아브라함이 이곳에 정착하여 살게 된 이후부터 이스라엘 역사 초기에 이르기까지 종교적 중심지 가운데 하나로써의 역할을 했다. 출애굽을 거쳐 가나안 땅에 정착한 이스라엘은 자신들의 땅 경계를 "단에서부터 브엘세바까지"라고 정리하고 있다(삿 20:1, 삼상 3:20, 삼하 3:10, 17:11, 24:2, 왕상 4:25). 단은 이스라엘의 최북단에 있는 도시로서 이스라엘 땅을 적시는 물의 근원지인 헐몬산 기슭에 위치해 있다. 브엘세바는 그 헐몬산에서 시작된 요단강의 물이 흘러내려 적시는 비옥한 땅의 마지막 도시이자 척박한 땅 네게브 광야의 시작이라고 할 수 있다. 브엘세바에는 흐르는 강보다는 땅 밑에 흐르는 물의 샘들이 많았다. 사람들은 고대로부터 이 샘들을 중심으로 마을을 이루며 도시를 건설하였다. 아브라함과 그랄 사람들이 서로 경생한 것도, 그랄의 목자들과 이삭의 목자들이 우물을 가지고 싸움을 일으킨 것도 이 도시가 땅밑 샘을 여기저기 많이 갖고 있다는 증거가 된다. 아브라함이 이런 곳에 가나안 삶의 터전을 마련했다. 이삭은 그 아버지를 이어 믿음의 가족의 삶의 터전을 굳건하게 했다(창 26:12). 이후 브엘세바와 네게브 지역은 가나안 정복 이후 땅을 분배할 때 시므온 자손에게 분배되었지만 곧 유다 자손에게 귀속되었다(수 19:1~2). 네게브의 브엘세바는 지중해 연안의 블레셋 지방과 동쪽의 에돔, 남쪽의 애굽을 연결하는 교통의 허브 역할을 했다.

브엘세바 유적 입구 우물과 브엘세바에서 발견된 고대 이스라엘의 우상숭배를 위한 제단(모형)

The Holy Land and The Rise of People of God

하나님의 백성 거룩한 땅에 서다

시내산

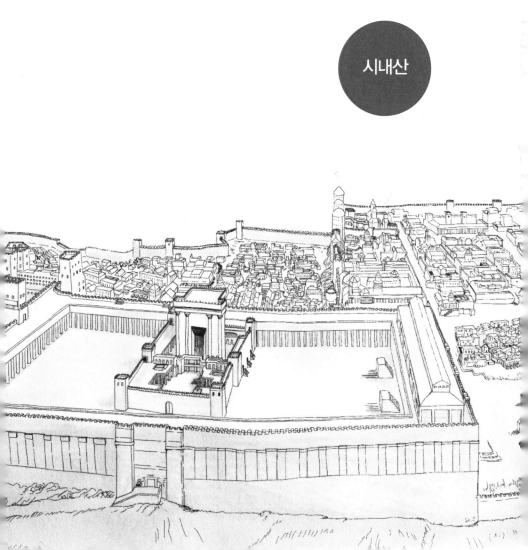

시내산

하나님의 백성
거룩한 땅에 서다

시내산이라 알려진 산이 있는 시나이 반도는 아프리카와 아
시아 대륙 중간에 위치해 있다. 아래로 뾰족한 삼각형 모양의
반도는 동서로 약 420 킬로미터, 남북으로 약 240 킬로미터
로 남한보다 약간 작은 크기라고 보면 된다. 위로는 이스라엘
과 지중해가 위치해 있고 아래로는 홍해가 있으며 서편으로 수
에즈만과 이집트가, 동편으로 아카바만과 요르단, 그리고 사
우디아라비아가 위치해 있다. 반도의 상부는 주로 얕은 구릉
지와 모래 평원으로 이루어져 있고, 아래로 내려갈수록 험준
하고 높은 산들로 이루어져 있다. 반도의 거의 대부분이 풀 한
포기 자라지 않는 돌산과 광야로 이루어져 있어서 매우 척박하
다. 시내산은 평균 높이 2,000 미터의 핑크빛 남부 산악 지역
한가운데에 위치해 있다.

사람들이 이 산을 성경 속 시내산이라고 여기게 된 시기는
예수님 시대보다 훨씬 후대로 보인다. 실제로 몇몇 학자들은

각자가 주장하는 출애굽 경로에 따라 서로 다르게 시내산의 위치를 설명한다. 첫째는 북쪽 경로에 따른 위치로, 시내반도 북동쪽에 있는 제벨 힐랄(Jebel Hilal)을 시내산으로 본다. 두 번째는 반도 중앙을 가로지르는 경로에 따른 위치로, 이 경우에는 중앙 서쪽의 제벨 신 비쉬르(Jebel Shin Bishr)를 시내산으로 본다. 세 번째 경로가 우리가 일반적으로 아는 경우로, 출애굽한 이스라엘 백성들이 반도 남쪽으로 내려가 제벨 무사(Jebel Musa)로 갔고 그 산을 시내산으로 보는 경우이다. 이외에도 반도 중앙을 가로지르는 경로를 주장하는 경우는 의외로 아라비아 미디안 광야의 엘 크롭(El-khrob)을 시내산으로 보기도 한다.

시내산이라는 말은 성경, 특별히 출애굽기와 레위기, 민수기 등에 걸쳐서 총 16번 정도 등장한다. 대부분은 그 산을 '여

시내산의 위치

호와께서 거주하시는 산(Jehovah dwelling mountain)'이라고 말하고 있으며, 민수기 10장 33절은 특별히 이 산을 '여호와의 산(the mountain of Yahweh)'로 부르고 있다. 성경, 특별히 모세오경에서 이 산을 '시내산' 혹은 '호렙산'으로 부르는 까닭은 나름의 신학적인 이유에 따른 문서 전통 때문인 것으로 보인다. 예를 들면 '시내산'이라고 부르는 문서는 '야훼 문서'와 '제사장 문서'들이다. 반면 '호렙산'이라고 부른 경우는 '엘로힘 문서'와 '신명기 문서'들이다.

시내산이 성경에서 중요하게 부각된 시기는 모세시대부터라고 보아야 한다. 모세는 미디안으로 도피하여 목자로 생활하던 중 이 산 깊은 곳 불타는 떨기나무 앞에서 하나님의 음성을 듣고 이스라엘을 구출하는 지도자로 나서게 된다(출 3장). 이후 출애굽에 성공한 이스라엘은 모세의 인도를 따라 다시 이 산에 왔다. 하나님께서는 산 정상에서 모세에게 십계명을 주시고 이스라엘이 하나님의 법을 따라 살아가는 삶의 방식을 알려 주셨다(출 19:25~24:8). 이후 시내산은 엘리야 시대에 다시 등장한다. 엘리야는 아합과 이세벨의 추격을 피해 달아나다가 하나님의 인도를 받아 호렙산이라 불리는 곳으로 오게 되고 이곳 동굴에서 하나님의 음성을 듣고 구체적인 하나님의 계획을 세상에 전하는 사역을 재개하게 된다(왕상 19장). 이렇게 이스라엘과 성경의 역사에서 시내산은 하나님의 백성들이 그 소명 받은 삶을 시작하게 된 곳으로, 그리고 하나님의 계명과 율법이 선포된 곳으로 인식되고 있다(갈 4:24~25).

애석하게도 2세기경의 유대교 문서에서 이곳이 모세의 산이라는 간접적인 지적이 있었던 외에 제벨 무사가 실제 시내산이라는 별다른 증거가 발견되지 않았다. 그러나 이 산은 유대교, 기독교, 그리고 이슬람을 통틀어 모세의 산으로 존중받고 있다. 사실 현재의 시내산이 그 명성을 얻게 된 것은 동로마의 기독교 순례자들이 벌인 노력의 결실이었다. 대략 350년경 기독교 역사가이자 신학자였던 유세비우스(Eusebius of Caesarea)가 이 산에 대해 적시한 이래 세간에는 이 산이 모세와 출애굽시대의 그 산이라고 인식되어 왔다. 384년경에는 모세의 산 아래에 수도원에 생겼고, 콘스탄티누스 황제가 어머니 헬레나를 위해 산 기슭에 교회를 세웠다. 가장 유명한 것은 527년 유스티니아누스 황제가 세운 성 캐더린 수도원(St. Catherine Monastery)이다. 캐더린은 알렉산드리아 출신 귀족으로 로마 박해 때 순교했는데 후에 천사가 그 시신을 이 모세의 산에 옮겨 놓아 그 이름을 기린 수도원을 만들게 되었다고 한다. 이슬람권에서 이 지역을 점령한 후에도 산과 수도원은 귀중한 유산으로 존중받았다. 예언자인 모하메드는 이 수도원을 공격하지 않도록 했고, 산이 자신들에게도 중요

성 캐더린 수도원 전경

성 캐더린 수도원 내 모세의 것이라 알려진 떨기나무

한 예언자 모세의 산으로 존중받도록 배려했다. 지금도 수도
원에는 모세의 우물이라고 불리는 샘과 모세의 떨기나무라고
알려진 나무 한 그루가 있다.

캐더린 수도원과 산이 진정한 유명세를 얻게 된 이유는 이
곳에서 발견된 신약성경 최고(最古) 사본 때문이다. 시나이 사
본(Codex Sinaiticus)이라고 불리는 이 성경은 기원후 300
년 경 필사된 책으로 1859년 독일 학자 티셴도르프(Kon-
stantin von Tischendorf)가 발견해 제정 러시아 황제에게
기증되었다가 소비에트 혁명 이후 안전한 영국 대영박물관으
로 옮겨졌다. 더 놀라운 것은 1975년 수도원 측에서 도서관
을 정리하던 중 구석방 벽과 벽 사이에서 발견된 성경사본들과
고서들이다. 약 3,000점 이상의 고대 성경사본과 5,000여점

의 희귀 성경들이 이곳에서 발견되었고 지금도 연구되고 있다.

노예에서 하나님의 백성으로

요셉이 애굽의 총리가 되어 파라오를 대신하여 나라를 다스리던 시절, 그리고 야곱이 가족을 이끌고 애굽에 들어와 정착하여 살았던 이야기, 후에 모세가 이스라엘 민족을 이끌고 탈출을 한 이야기 등은 여러모로 기원전 2000년경으로부터 오랜 기간 발생한 중동지역의 민족 대이동과 관련이 있다. 그 중에도 힉소스(Hyksos) 민족의 이동과 애굽 정착, 그리고 힉소스 왕조의 하 애굽 창업 및 상 애굽 왕조의 혁명 등은 주로 애굽을 배경으로 발생한 사건들이었다. 실증적인 역사학적 조사 보다는 역사적 추론에 근거하여 이야기를 개략하자면 다음과 같다.

수메르와 아카드의 메소포타미아를 통치했던 우르 제3왕조가 기원전 2004년 갑자기 붕괴되었다. 붕괴원인에 대해서는 학자들마다 의견이 분분하지만 수메르의 후계자라고 자처하며 메소포타미아 지역의 패권을 쥐고 있었던 우르 제3왕조에 대한 반란이 곳곳에서 일어났다. 우르 제3왕조의 붕괴가 연쇄적으로 유랑민들을 발생시켰고 엘람과 아모리의 침략으로 혼란이 최대치에 이르렀으며 유랑민의 숫자가 기하급수적으로 늘어났다. 그들 대부분은 유프라테스강과 티그리스강을 따라 서북쪽으로 올라갔다가 가나안이 있는 서남쪽으로 내려갔다.

연대(BC)	13세기 탈출설	애굽의 역사	15세기 탈출설
2100			아브라함 이삭
2000		중왕국 시대 제 11, 12왕조	야곱
1900	아브라함 이삭		요셉과 그의 형제들이 애굽에 들어감
1800	야곱	제2중간기 제 13, 14왕조	
1700	요셉과 그의 형제들이 애굽에 들어감	힉소스 시대 제 15, 16왕조	
1600		신왕국 시대 제 18, 20왕조 이모세	애굽에서 노예생활
1500		투트모세 3세 아멘호텝 2세	
1400	애굽에서 노예생활	아멘호텝 3세	1440년경 애굽 탈출 여호수아의 정복
1370		아케나텐Akhenaten 투탕카문Tutankhaman 세티 1세	사사 시대
1300	1250년경 애굽 탈출	람세스 2세 메르넵타Mereneptah	옷니엘
1200	여호수아의 정복 사사 시대 옷니엘 에훗 드보라와 바락 기드온 입다 삼손	람세스3세	에훗 드보라와 바락 기드온
1100			입다 삼손 사무엘
1000	사무엘 사울기원전 1020-1000년경 다윗기원전 1000-960년경		사울 다윗

← 출애굽관련 역사 연대기

성경이 전해주는 아브라함과 그 자손들의 이야기를 실제 최근까지 연구된 애굽의 역사에 비교하는 일은 매우 흥미롭다. 특히 아브라함의 손자인 야곱과 그 일가족이 애굽에 정착하는 이야기는 당대의 힉소스족들이 애굽을 점령, 그들의 왕조(15~16왕조)를 연 것과 관련이 있어 보인다. 그런데 학자들 사이에는 야곱과 요셉이 애굽으로 들어간 시기와 출애굽, 가나안 정착에 대한 연대기 산출에 있어서 상반된 의견을 보이는 경우가 있다. 출애굽이 기원전 1250년경 이루어졌다는 13세기설과 1440년경 이루어졌다는 15세기설이 대표적이다. 이 두 가설을 이해하는 것은 성경의 역사와 지리를 이해하는 데 있어서 중요하다. 각 가설을 뒷받침하는 역사적 기록들과 고고학적 발굴들이 다 다르기 때문이다. 그래서 제3군의 학자들은 조심스럽게 출애굽이 두 번에 걸쳐 이루어졌다고 보는 견해를 제안하기도 한다.

이들 가운데 적지 않은 숫자가 아마도 애굽 델타지역까지 흘러 들어갔을 것으로 보인다. 그렇게 성서에 대한 역사적 추론은 그들 가운데 아브라함과 그 아들 이삭이 섞여 있었을 것으로 추정한다. 이후 아브라함과 이삭, 그리고 야곱은 애굽이 아닌 가나안에 최종 정착했다. 그런데 공교롭게도 중동 전역에 걸쳐 심각한 기근이 들었다. 결국 살기 어려워진 야곱은 마침 아들 요셉이 총리로 있게 된 애굽으로 내려가 그곳에서 일시 정착민으로 살게 된다.

사실 요셉의 이야기를 성경이 제공하는 자전적 스토리로만 제한할 필요는 없다. 애굽의 제13왕조에 해당하는 이 시기는 역사적으로 힉소스라 불리는 사람들이 대거 애굽에 유입되어 나일강 하류의 델타 지역과 그 동쪽을 중심으로 세력을 구축하던 때였다. 역사학자들에 의하면 힉소스의 기원은 여러 갈래인데, 가장 유력한 학설은 앞서 메소포타미아 지역의 혼란과 민족 이동설이다. 아브라함과 그 일족이 그랬던 것과 같이 일단의 메소포타미아 사람들은 엘람인과 아모리인들로 인해 만들어진 혼란을 피해 서쪽으로 이동했고 그 일단의 무리가 애굽에 정착했는데 애굽 사람들은 그들을 힉소스라고 불렀다는 것이다. 힉소스 사람들은 군사용 도구들과 다양한 철기 도구를

고대 애굽 제18, 19왕조 연표

18왕조

아흐모세 1세(기원전 1570년~1546년)	하 애굽 삼각주에서 힉소스 축출
아멘호테프 1세(기원전 1551년~1524년)	
투트모세 1세(기원전 1524년~1518년)	동쪽 유프라테스까지 원정
투트모세 2세(기원전 1518년~1504년)	
하 트셉수트(기원전 1498년~1483년)	
투트모세 3세(기원전 1479년~1425년)	가나안을 포함, 미타니까지 총 16차례 원정
아멘호테프 2세(기원전 1425년~1401년)	가나안, 므깃도 지역 평정 후 119개 도시 건설
투트모세 4세(기원전 1419년~1386년)	
아멘호테프 3세(기원전 1386년~1349년)	18왕조 최고의 전성기
티예 (아멘호테프 치세 말기~1349년)	
아멘호테프 4세(아크나톤, 기원전 1350년~1334년)	아케나텐이라는 새 수도 건설, 아마르나 문서를 남김
스멘크카레(기원전 1336년~1334년)	
네프루네프루 아텐 (기원전 1334년~1332년)	
투탕카멘(기원전 1334년~1325년)	수도를 테베로 다시 이전
아이(기원전 1325년~1320년)	
호렘헤브(기원전 1320년~1292년)	람세스1세와 함께 섭정하다 정권을 람세스에게 넘겨줌

19왕조

람세스 1세(기원전 1293년~1290년)	수도 라암셋 건설
세티 1세(기원전 1290년~1278년)	갈릴리 남부 벳산 원정
람세스 2세(기원전 1279년~1213년)	오론테스강 가데스에서 히타이트와 전쟁
메르넵타(기원전 1212년~1202년)	점령지역 가운데 '이스라엘' 이 있다는 기록을 남김
아멘메세스(기원전 1202년~1199년)	
세티 2세(기원전 1199년~1193년)	
시프타(기원전 1193년~1187년)	
투스레트(기원전 1187년~1185년)	

만드는 재주를 가졌을 뿐 아니라 건물과 요새를 만들고 그 내부를 다양한 것들로 채우는 문화적인 능력이 상당했던 것으로 보인다. 결국 힉소스인들은 그들의 풍부한 기술력으로 불안정했던 애굽 제13왕조의 다양한 계층에 파고들었다. 그리고 그들의 역량을 최대한 발휘하여 빠르게 하 애굽을 지배하기 시작했다. 그렇게 애굽 제14왕조가 짧게 흘러가고 힉소스인들은 순수하게 자신들만의 힘으로 애굽 제15왕조와 제16왕조를 열었다. 결국 요셉은 힉소스인들이 사회 전반에 걸쳐 애굽에 정착하기 시작하던 시점의 입지전적인 한 인물 스토리로 볼 필요가 있다. 그리고 힉소스인들이 애굽의 상류층을 형성하기 시작했다는 것과 요셉의 총리 등극을 같은 맥락으로 보는 것도 무리가 없는 해석일 것이다.

문제는 한없이 약했던 힉소스 제16왕조에서 발생했다. 이 시기 나일강 상류에 이미 애굽 원주민들을 중심으로 제17왕조가 시작되었는데, 이들이 하류의 힉소스 왕조와 대립하고 경쟁했다. 그리고 결국에는 힉소스 왕조를 물리치고 애굽을 통일하여 화려한 신왕국 시대를 열게 된다. 힉소스를 물리치고 새로운 신왕국의 시대를 연 제18왕조는 화려했던 애굽 고왕국의 명성을 되찾았다. 그리고 무엇보다 채석장과 광물 채굴 등의 사업을 크게 확장하고 대외적인 정벌 사업을 벌여 이집트 역사의 새로운 황금기를 열었다. 이 시기 힉소스라 불리는 이민족들 대부분은 쫓겨나거나 혹은 노예화된 것으로 보인다. 출애굽기에 등장하는 "요셉을 알지 못하는 새 왕"(출 1:8)의 등장과 이스라엘 민족을 노예화하여 비돔과 라암셋을 건축하게 한 이야기가 아무래도 이 시기의 역사적 배경과 맞아떨어진다.

그런데 진정한 신왕국 시대 번영의 영광과 출애굽 관련 중심 스토리는 제19왕조에게로 돌아가야 할 것 같다. 요절한 소년왕으로, 그리고 훼손되지 않은 묘실 발견으로 유명한 투탕카멘(Tutankhamen) 시대 이후 제18왕조는 급격히 약화되었다. 결국 람세스 1세(Ramses I, 재위 기원전 1293~1291년)로 알려진 파라메수(Paramessu)라는 장군이 등장하여 공동섭정을 하다가 스스로 파라오로 등극하면서 애굽 신왕국의 제19왕조가 열리게 되었다. 새롭고 강력한 왕조하에서 애굽은 더욱 강력하게 발전했다. 특히 람세스 1세를 이은 세티1세(Seti I, 재위 기원전 1290~1278년)와 그의 아들 람세스 2세(Ramses II 재위 기원전 1279~1213년)의 장기적이고 안정적인 집권은 매우 인상적이어서 이 시기 애굽을 군사력과 외교력, 경제력과 문화적인 측면 모두에서 후대에 길이 남을 찬란한 역사를 펼쳤다.

놀라운 것은 이 시기와 이스라엘 백성들의 노예화, 그리고 모세와 출애굽 이야기가 겹쳐진다는 사실이다. 성경의 기록과 역사를 연결하면 이스라엘 민족은 힉소스 왕조가 붕괴하고 축출되는 과정에서 노예로 전락했다. 그들은 제18왕조가 재개한 광산 채굴, 채석, 혹은 공공 건축 등의 각종 국가사업에 투입되었으며 힘들게 그 일들을 감당했다. 흥미롭게도 이때 애굽 사람들은 자신들의 국가사업에 투입되어 노동을 감당하던 사람들을 '아피루('Apiru)' 즉 히브리라고 불렀다는 것이다. 결국 제19왕조 하에서 국가노예로 전락한 일단의 사람들이 후에 히브리라는 일단의 탈출한 집단을 형성했다는 것이 역사적인 해석 가운데 하나이며 이 집단의 주류가 아브라함의 자손

들일 것이라고 보는 것 역시 성서를 해석하는 주요한 기준이
되고 있다.

하나님의 자기 계시와 모세의 소명

역사적 배경 설명이 장황하게 여겨지더라도 애굽에서 벌어
진 역사적 사건들은 모세와 이스라엘이 출애굽하여 하나님께
서 그 조상들에게 약속하신 땅 가나안으로 가게 된 정황을 이
해하는 데 중요하다. 그 모든 역사적 맥락에서 모세는 갈대상
자에서 구원 받아 애굽의 왕자로 성장했고, 동족이 겪는 고통
을 직시하여 살인을 저질렀고, 광야로 피신했다. 그리고 그곳
에서 오랜 기간 목동으로 살다가 결국 하나님의 부르심을 받게
된다. 하나님의 백성들이 하나님의 거룩한 땅에 서게 된 이야
기는 여기서부터 매우 신앙적인 안목에서 시작된다.

하나님께서 모세를 부르신 이유는 분명하고 명확했다. 하나
님께서 말씀하셨다. "내가 애굽에 있는 내 백성의 고통을 분명
히 보고 그들이 그들의 감독자로 말미암아 부르짖음을 듣고 그
근심을 알았다"(출 3:7). 하나님께서는 430년간 이집트에서
노예로 살아왔던 히브리 민족의 고통스런 울부짖음을 들으셨
고 그들을 구원하시고자 하셨다. 출애굽기 3장 7절에 표현된
"내가 보았고", "내가 들었고", "내가 알았다"는 것이 하나님의
직접적인 개입과 임재를 의미한다. 특별히 "내가 알았다"고 하
는 것은 이스라엘 백성의 고통과 부르짖음에 하나님이 직접 개
입하셔서, 그들을 고통과 착취의 땅에서 구원하실 것을 예고

한 것이다.

하나님께서는 그 일을 특별히 모세에게 맡기시고자 하셨다 (출 3:10). 그런데 모세가 하나님께 엉뚱한 질문을 했다. 이미 하나님을 잊고 살아온 이스라엘 자손이 "그 (구원하시겠다는 분)의 이름이 무엇이냐"라고 할 때(출 3:13), 하나님의 이름을 무엇이라고 말해야 하는지에 관한 것이었다. 모세는 발을 뺴려했다. 그 순간 하나님은 "나는 스스로 있다는 자"(출 3:14)라고 말씀하신다. 하나님은 누구에 의존하여 존재하는 분도 아니고, 누구의 명령을 받아 일하는 분도 아니시다. 하나님은 세상의 처음부터 스스로 존재하며 일하시는 분이시다. 하나님은 그렇게 아브라함, 이삭, 야곱, 요셉 등 족장 이야기에서조차 드러낸 적이 없었던 당신의 이름을 모세에게 밝히셨다. 목적을 분명하게 하시며 자신을 구체적으로 드러내신 것이다.

중요한 것은 여기서 밝히신 하나님의 이름이 명사가 아니라 동사라는 점이다. 하나님께서는 모세에게 '에흐예('ehyeh)' 즉, '나는 스스로 있는 자다'라고 하셨다. '에흐예'는 존재를 나타내는 히브리어 완료 동사 '하야(haya)'에서 파생된 미완료 동사이다. 히브리어는 과거, 현재, 미래를 나타내는 일반적인 시제로 동사를 표현하지 않고 완료와 미완료라는 두 시제로 동사를 표현한다. 완료는 과거에서부터 현재까지를 가리키고, 미완료는 현재부터 앞으로 일어날 일을 가리킨다. 결국 '하야'의 하나님은 '과거에도 계셨고 지금 이 순간에도 계시는' 분이고 '에흐예'의 하나님은 '지금 이 순간에 계시고 또한 앞으로도 계시는' 분을 의미한다. 오늘 모세에게 자신을 드러내신 하나

야훼의 히브리어

님은 세상과 동떨어져 의미없이 스스로 완전한 분으로서가 아니라 세상의 과거와 현재, 그리고 미래에 참여하시며, 특별히 당신의 사랑하는 백성들의 역사에 참여하시어 그들을 구원으로 인도하시는 하나님이시다.

하나님의 백성들 고통의 땅, 이집트를 떠나다

애굽의 파라오였던 람세스 2세는 '피-람세스', 즉 람세스 자신의 집(성경의 라암셋으로 추정, 창 47:11)을 건설하는 데 아브라함의 자손을 포함하여, 외국에서 흘러 들어온 히브리라 불리는 유민들을 동원했다. 히브리인들은 제18왕조 이래 애굽의 그늘에서 살아야만 했던 사회적 약자들이었다. 히브리인들은 거의 노예 수준으로 애굽에서 종살이하며 살았고 애굽의 각종 건축 사업에 부역으로 끌려 다녔다. 놀랍게도 노예생활의 고통 속에서도 히브리인의 인구는 급속도로 증가했다. 결국 하층민의 과격한 인구 증가를 우려했던 파라오가 폭력적으로 히브리인들의 출산을 억제했다. 모세는 이렇게 암울한 시대에 출생했다. 그리고 나일강에 버려졌다. 우여곡절 끝에 세티 1세의 딸에게 구원 받은 모세는 애굽 왕가의 아들로 자랐다. 그러나 그는 자신의 뿌리가 히브리인이라는 사실을 알고 있었다. 그리고 자신의 동족인 히브리인을 애굽 사람이 구타하자 감독관 애굽 사람을 죽였다. 결국 모세는 미디안 땅으로 도망쳤다. 그리고 그 광야에서 자기 백성들을 고통 가운데서 구원하시고자 뜻을 품으신 '여호와'를 만났다.

야훼
Yahweh
여호와, 스스로 계신 분
(출 3:15)

야훼아도나이
Yahweh Adonai
주 하나님
(시 68:20)

야훼니시
Yahweh Nissi
주님은 깃발
(출 17:16)

야훼라파
Yahweh Rapha
치료의 하나님
(출 15:26)

야훼로이
Yahweh Roi
목자되신 하나님
(시 23:1)

엘샤다이
El Shadai
전능하신 하나님
(창 17:1)

엘엘리온
El Elyon
가장 높으신 하나님
(창 14:18)

엘올람
El Olam
영원하신 하나님
(창 21:33)

엘로힘
Elohim

능하신 하나님
(창1:26)

엘로이
Eloi
감찰하시는 하나님
(창 16:13)

하나님의 자기 계시 후 모세는 곧 히브리 구출 작전을 전개했다. 역사적인 '출애굽'이 시작되었다. 애굽을 탈출하면서 히브리 사람들이 겪은 최초의 시련은 전면의 바다와 후면의 애굽 군대 사이에 갇혀버린 일이었다. 일단의 도망친 사람들은 두려움에 떨었다. 그들은 모세를 원망하면서 차라리 애굽에서 노예로 사는 것이 광야에서 죽는 것보다 나을 것이라고 아우성쳤다. 그러나 모세는 흔들리지 않았다. "내 백성 이스라엘 자손을 애굽에서 인도하여 내리라"(출 3:11)고 말씀하신 하나님을 확신했다. 그는 두려움에 떨고 있는 히브리 사람들에게 "너희는 두려워하지 말고 가만히 서서 여호와께서 오늘 너희를 위하여 행하시는 구원을 보라"(출 14:13)고 말했다. 그리고 "여호와께서 너희를 위하여 싸우시리니 너희는 가만히 있을지니라"며 '여호와 신앙'을 내세웠다(출 14:14). 모세는 곧 바다 위로 손을 들며 외쳤다. 그 순간 바다가 갈라졌다. 히브리 사람들은 갈라진 바다가 만들어준 마른 땅으로 지나갔지만 쫓아오던 애굽 군대는 모두 바닷속으로 침몰했다.

극적인 구원을 경험한 히브리 사람들은 드디어 여호와 하나님에 대한 신앙을 처음으로 고백한다. "이스라엘이 여호와께서 애굽 사람들에게 행하신 그 큰 능력을 보았으므로 백성이 여호와를 경외하며 여호와와 그의 종 모세를 믿었더라"(출 14:31). 사백 년 동안 애굽 권세자 아래에서 노예의 마음과 삶을 살았던 히브리 사람들에게 드디어 삶의 굳건한 기반으로서 여호와 하나님에 대한 신앙이 자라기 시작했다. 강하고 부강한 나라 애굽과 통치자에 기대어 노예근성으로 살던 히브리 사람들이 이제 구원의 하나님을 향한 믿음 아래 진정한 자유인의 삶을 시작했다.

메마른 광야를 지나며 하나님의 백성이 되다

모세와 히브리 사람들이 드디어 애굽의 영향권으로부터 벗어나 자유로운 삶의 여정으로 나왔다. 그들은 이제 본격적으로 여호와께서 약속하신 가나안 땅을 향한 여정을 시작했다. 그런데 그들은 가나안을 향한 최단거리 혹은 편한 길을 선택할 수 없었다.

당시 이집트와 가나안 지역을 잇는 주요 도로는 '해안길(Via Maris)'과 '왕의 대로(Kings' Way)'였다. 해안길은 지중해변을 따라 애굽, 페니키아, 아나톨리아, 메소포타미아로 연결되는 정치와 외교, 군사 도로였다. 이 길은 무엇보다 메소포타미아의 군대와 애굽의 군대가 군사적인 충돌을 일으킬 때 주로 사용한 길이었다. 그러다보니 이 길이 지나는 가나안의 여러 들판들이 언제나 두 세력이 충돌하는 국제적인 전쟁터가 되기 일쑤였다. 반면 '왕의 대로'는 고대의 무역상들이 주로 이용하던 길로, 지금 이스라엘의 최남단에 위치한 에시온게벨(엘랏)에서 시작하여 에돔, 모압, 암몬, 바산 등의 요르단 동편을 관통하여 다메섹까지 연결되어 있었다. 또 이 길은 다른 한 편으로 에시온게벨의 서쪽으로 시나인 반도를 관통하여 애굽의 고센 땅까지 연결되어 있었다. 물론 그 대부분이 수르광야, 에담광야, 바란광야 등을 통과해야 하는 메마른 광야의 길이었지만 곳곳마다 오아시스와 도시들이 있었기 때문에 사람

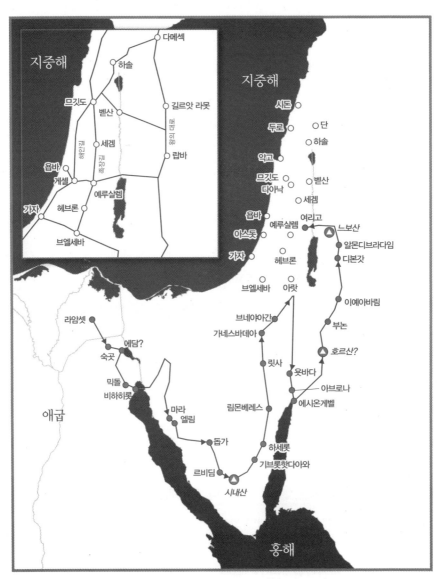

출애굽 경로와 고대 가나안 주변 주요 도로

하나님의 백성, 성경의 땅에 서다

들이 통행하기에 불편한 길은 아니었다. 이 도로의 이름은 후에 모세가 가나안으로 올라가는 길을 사용할 수 있도록 에돔의 왕과 협상을 벌일 때 성경에 등장한다(민 20:14~21). 모세와 이스라엘 백성은 위험한 '해안길'도 편안한 '왕의 대로'도 갈 수 없었다. 시나이반도 '해안길'이나 '왕의 대로'는 대부분 이집트의 영향 하에 있었기 때문이다. 결국 그들은 인적이 드문 시나이 반도의 남쪽으로 내려가야만 했다. 덕분에 오랜 기간 힘든 광야를 지나가야 했다. 그래도 그들은 아직 사람들이 찾지 않은 작은 오아시스들을 찾아 연결하며 출애굽의 여정을 이어갔다.

민수기 33장은 특별히 히브리 민족들이 애굽을 떠나 시내산을 거쳐 가나안 땅에 이르기까지의 광야의 경로를 일련의 지명 목록으로 정리했다. 이 영적으로 특별한 의미를 지닌 광야길 내내 이스라엘은 스스로를 하나님의 나그네된 백성들(신 26:5)이라고 지칭하고 세상의 권세자들이 제공하는 땅이나 자신들이 편안하게 여기는 땅이 아닌 하나님께서 허락하신 땅에 거주할 하나님의 사람들로 여기게 된다. 그리고 오직 여호와 하나님만을 신앙하는 하나의 민족 즉, 이스라엘로 변모하게 된다. 수르 광야와 에담광야, 신광야와 바란광야, 아라바 광야 등이 인간적으로 고통스러운 삶의 여정을 상징하게 할지 모른다. 그러나 애굽과 비교할 때 살기 힘든 이 광야의 여정을 통해 이스라엘은 하나님을 의지하며 하나님 중심으로 살아가는 삶의 원칙과 방식들을 세울 수 있었다. 성경과 하나님의 백성의 삶을 관통하는 십계명과 율법이 바로 그 결실이다. 그들이 하나님의 백성으로 굳건하게 서게 된 과정에는 광야가 있었고 그 광야의 중심에 거룩한 시내산이 있었다.

시내산과 십계명

'아세레트 하드바림(asereth hadbarim)' 십계명은 하나님께서 이스라엘 백성들에게 직접 주신 열 가지의 말씀들이다(출 34:28). 하나님께서는 이 열 가지의 말씀을 통해서 하나님이 당신의 백성들에게 어떤 존재이고, 당신의 백성들이 어떤 자세로 삶을 살아야 하는지를 분명하게 밝히신다. 그래서 출애굽기 20장 1절은 '하나님이 이 모든 말씀으로 일러 이르시되'라고 시작하고 있다.

'디브레이 하브리트(dibrei habrith)' 모세의 율법이라고 할 만한 하나님의 언약의 말씀들은 하나님께서 이스라엘 백성들에게 직접 주신 열 가지의 말씀들을 가지고 모세가 모압의 평원에서 했던 연설들, 즉 토라(Torah)를 의미한다. 학자들은 모세 오경 중 마지막 책인 신명기서의 구성이 먼저 모세가 했던 설교들로 구성되고(1~5장), 그리고 그 설교들의 주제들이 설교가 진행된 순서 그대로 일종의 법전의 전개처럼 풀어 기술된 부분(12~26장), 즉 토라의 핵심 부분들로 구성되어 있다는 것을 주목한다. 결국 구약의 율법은 이스라엘 백성들이 시내산에서 최초로 받은 하나님의 열 가지 말씀들을 모세가 보다 실천적으로 해석한 일련의 삶의 구체적인 규범들이라고 할 수 있다.

모세는 미디안 광야에서 도망자로 살던 시절, 하나님의 부르심을 받고 거룩한 산 호렙에 처음 올랐다. 그때 하나님은 모세에게 노예로 살아 온 이스라엘 백성들을 구출하여 약속의 땅으로 이끌라고 소명을 부여하셨다(출 3:1~12). 출애굽한 후 홍해를 건너 시나이반도의 광야길을 건넌 모세는 이제 도망자나 방랑하는 사람이 아닌 이스라엘 전체 민족의 지도자로서 그 산에 다시 올랐다. 하나님께서 모세를 두 번째 호렙 즉, 시내산으로 부르신 이유는 이스라엘 자손과의 언약 체결 때문이었다. 하나님은 이 산에서 드디어 이스라엘 자손을 애굽으로부터 구원하셔서 약속의 땅으로 인도하시는 목적을 드러내셨다. 이스라엘 자손을 당신과 언약을 맺은, 거룩하여 구별된 백성으로 삼으시려는 것이다. 하나님께서는 마치 아브라함과 이삭과 야곱을 통해 세상 구원의 비전을 말씀하신 것처럼 그 후손들인 이스라엘의 가나안 정착을 통하여 세상을 하나님 구원으로 인도하기를 원하셨다. 모세는 세상을 구원하는 일과 관련된 이스라엘의 세상 중보 사역을 위한 주요 지침으로써 십계명이 새겨진 돌판을 가지고 내려와 이스라엘 자손에게 그 계명의 내용을 전했다.

시내산 앞 시내광야에 도착한 이스라엘 백성들은 그곳에 장막을 치고 쉬었다(출 19:1~2). 그때 하나님께서 모세에게 지금까지 당신께서 이스라엘에 베푸신 은혜가 무엇이었고 어떤 일들이 있었는지를 다시 생각하게 하신다. 그리고 그 모든 일들을 이루신 궁극적인 목적을 말씀하신다. "세계가 다 내게 속하였나니 너희가 내 말을 잘 듣고 내 언약을 지키면 너희는 모든 민족 중에서 내 소유가 되겠고 너희가 내게 대하여 제사장 나라가 되며 거룩한 백성이 되리라"(5~6절). 제사장의 나라가 의미하는 바는 간단하다. 하나님께서는 지금 이스라엘로 하여금 제사장과 같은 중보 사역을 하도록하여 세상을 하나님의 뜻 아래, 하나님의 사랑과 은혜 아래 다시 불러 모으시려는 것이다. 하나님께서는 그 중차대한 일을 위해 이스라엘을 시내산으로 부르셔서 그들을 사명을 가진 민족으로 세우셨다.

하나님께서는 이 거룩하여 구별된 땅 시내산에서 이스라엘이 세상과 구별된 거룩한 백성들이 되기를 원하셨다. 그리고 그 거룩함으로 세상에 대하여 빛이 되어 세상을 하나님께로 인도하는 중요한 역할을 감당하기를 바라셨다. 그 일의 핵심을 요약한 것이 바로 십계명(the decalogue)이다. 십계명은 단순히 종교적, 윤리적 규범이 아니다. 그것은 거룩한 제사장으로 구별된 이스라엘이 품고 살아가야 할 삶의 준거(agenda)였다. 십계명이 하나님을 향한 삶의 기준으로써 1~4계명과 세상과 이웃을 향한 삶의 기준으로써 5~10계명 두 축으로 구성된 이유가 바로 이것이다.

Didactic Story
부름 받은 나그네, 거룩한 땅, 그리고 계명들

브엘세바는 하나님의 약속이 시작되고 곧 실현될 것을 의미하는 땅이었다. 시내산은 동일한 약속의 의미를 가지면서도 하나님의 사람들로 하여금 그 약속 실현을 위한 구체적인 삶의 과제를 열어주는 구별과 사명의 장소이다. 세상으로부터 구원 받은 하나님의 백성들은 이 거룩한 땅 시내산으로 부름 받아 거룩하여 구별된 하나님의 백성으로 세움 받았을 뿐 아니라 하나님께서 주시는 삶의 계명들로 무장하여 세상 가운데 나아가야 한다. 하나님의 백성들은 이제 하나님의 거룩하며 강력한 왕 같은 제사장으로서 세상과 더불어 영적인 전투를 벌어야 한다. 그리고 세상을 하나님의 구원의 길로 인도해야 한다. 시내산이야말로 하나님께서 당신의 백성들을 죄악된 세상으로부터 부르시고, 세우셔서, 다시 세상으로 보내시는, 전형적이며 동시에 놀랍고 역동적인 현장이다.

히브리, 부름 받은 나그네들

히브리 사람들(the Hebrews)이라는 말은 이스라엘 사람들을 부르는 일종의 별칭과 같은 관용적인 표현이다. 이스라엘 민족의 기원은 아브라함과 족장들이다. 족장 시대 사람들은 아브라함을 비롯한 족장들과 그 가족들, 자손들을 히브리인이라고 불러왔다. 앞 과에서도 간단하게 살핀 바와 같이 히브리라는 말의 원어는 '이브리(ibri)'이다. '이브리'는 '강 건너편', 혹은 '강을 건너다'라는 뜻을 갖고 있다. 실제로 이브리라 불렸던 아브라함은 유프라테스 강의 영역을 건너 가나안 땅으로 갔다. 그래서 사람들은 이렇게 하나님의 부르심을 따라 강을 건넜던 아브라함을 '히브리인의 아버지'라고 부른다.

또 한 가지, '이브리'는 '움직이다', 혹은 '이동하다'라는 방랑의 의미를 갖고 있다. 제19왕조 람세스 2세가 피-람세스(라암셋)를 건설할 때, 한 관리가 '아피루('Apiru)'에게 양식을 나눠 주라고 현장 주임에게 지시한 내용을 담은 문서가 발견되었다. '아피루' 혹은 '하비루'는 '뿌리 잃은 떠돌이들', 혹은 '외국인으로서 다른 나라에서 살아가는' 사회적인 약자들을 가리키는 애굽의 관용표현이었다. 애굽 사람들은 경멸하는 투로 그들을 '아피루' 혹은 '하비루'라고 불렀다. 신명기 26장 5절에서 모세는 자신들의 조상을 '방랑하는 아람 사람'이라고 증언하고 있다. 모세의 이 유명한 연설은 결국 아브라함과 요셉의 시대로부터 '히브리', 즉 떠돌이로 살아야만 했던 한 민족이 이제 방랑의 시대를 넘어 그 기업으로서 땅과 신앙의 정체성이 분명한 시대로 나아가야함을 말한다. 결국 하나님께서는 이 땅의 떠돌이 같은 사람들을 불러 하나님의 사람들로 세우셔서 방황하는 이들이 아닌 하나님의 정체성이 확고한 백성들로 살아가게 하신다.

하나님의 부름 받은 백성들은 '히브리' 즉, 나그네라는 공통점을 갖는다. 그들은 이 땅을 유리하고 거류하며 방랑하는 사람들이다. 그들은 이 땅의 어떤 곳에서도 거주할 만한 주거지를 마련하지 못하고 그러면서도 이 땅의 권세자들을 위해 헌신하고 이 땅의 이웃을 위해 수고를 아끼지 않는 사람들이다. 하나님께서는 이 땅에 살면서도 이 땅에서 어떤 정치 경제적인 권리를 누리지 못하고 동시에 이 땅을 위해 의무와 수고를 다하는 이들을 지극히 사랑하셔서 그들을 부르시고 그들을 위해 견고하여 참으로 평안한 처소를 제공하신다.

하나님께서는 이 땅의 부와 권세를 누리는 사람들보다 나그네 되어 겸손한 영혼을 당신의 세상 구원을 향한 사명자로 부르신다. 모세가 그랬다. 그는 애굽에 대하여 범죄자였으며, 미디안 광야의 나그네된 사람이었다. 하나님께서는 이런 그를 불러 이스라엘을 구원하는 일에 사용하셨다. 또 다윗이 그랬다. 그는 누가 보아도 왕이었으나 하나님 앞에서 스스로를 낮추고 겸비하여 나그네로서 하나님의 종된 처신을 보여주었다(대상 29:15). 신약의 많은 사도들도 스스로를 이 땅의 하나님의 나그네된 백성들로 여겼다(벧전 1:17, 엡 2:19). 결국 하나님의 부름 받은 사람들은 이 땅과 세상에 대하여 나그네된 '히브리'들이다. 그들은 종국에 도래할 하나님 나라를 향하여 순례하는 백성들이며 그 나라를 앞당기기 위하여 나그네 됨에도 수고를 아끼지 않는 하나님의 종들이다.

거룩하게 하는 땅, 시내산

홍해를 건넌 이스라엘 백성들이 석 달에 걸친 고단한 광야 행군 끝에 신광야, 즉 시내 광야에 도착했다. 그곳에서 모세는 하나님께로부터 이스라엘을 통하여 앞으로 하시고자 하는 일의 대략을 듣게 된다. 바로 이스라엘을 제사장의 나라로 세워 세상을 하나님께로 인도하는 일이다(출 19:5~6). 이야기를 들은 모세는 이스라엘 백성들에게 의견을 묻는다. 그리고 백성의 지도자들을 비롯한 모든 이들이 모세를 통한 하나님의 제안을 받아들인다. 이제 거룩한 땅에 선 하나님의 백성으로

서 세상을 향한 지도자로 이스라엘을 세우는 언약의 과정이 시
작된다. 지도자 모세는 하나님께 들은 대로 이스라엘 백성들에
게 매우 특별한 지시를 내린다. 옷을 빨고 스스로를, 자신의 삶
주변을 정결하게 하는 것이다(출 19:10). 모세의 말대로 이스
라엘 백성들은 약 3일에 걸친 정결의식을 행했고 이제 하나님
께서 **빽빽**한 구름 가운데 임재하신 시내산 앞에 선다. 그리고
하나님의 임재를 경험한다. 하나님께서는 모세를 통하여 이스
라엘과 계약을 체결하신다. 이것이 출애굽한 이스라엘 백성들
이 하나님께서 구별하여 거룩하게 하신 땅 시내산에서 경험한
소명과 언약의 사건이다.

고대 애굽의 벽돌 제조
원래 애굽은 나일강 상류의 돌을 가져다가 피라밋과 왕궁을 건설했다. 아마도 힉소스의 영향이었을 것으로 보이는 어
느 시점부터 애굽에 메소포타미아식의 벽돌이 유입되기 시작했다. 이스라엘 백성들이 노예생활을 하던 시점에는 메소
포타미아식의 벽돌들이 보편적으로 건축에 활용되었을 것으로 보인다.

시내산은 성경 전체를 통틀어 하나님의 백성들을 위하여 구별된 거룩한 땅의 대표적인 장소이다. 하나님께서는 당신의 부름 받은 사람들이 세상 그 어떤 존재들보다도 거룩하여 구별되기를 바라신다. 그리고 당신의 백성들이 거룩하게 되고 구별될 만한 특별한 장소를 마련하신다. 우리는 그곳을 거룩한 곳, 즉, 성소(a holy place)라고 부른다.

하나님께서는 애굽 땅에서 나그네요 종으로 고통 가운데 살고 있는 히브리인들을 불쌍히 여기셨다. 하나님께서는 모세를 통하여 그들을 구원하셨다. 그러나 하나님께서는 구출해 낸 당신의 백성들을 빠른 해안길(Via Maris) 고속도로를 이용하여 가나안으로 이동시키지 않으셨다. 하나님께서는 그들을 먼저 당신의 거룩하여 구별된 곳으로 부르셨다. 그리고 그곳에서 그들을 거룩하여 구별된 백성들로, 무엇보다 사명을 가진 백성들로 변화시키셨다. 하나님께서는 먼저 이스라엘이 하나님의 거룩한 제사장의 나라로 설 의지가 있는지

시내산 전경
모세의 산으로 알려진 오늘날 시내산은 붉은 돌들로 이루어져 있다. 이 산은 아침에 동틀 무렵 햇빛을 받아 산이 불타는 것과 같은 장관을 이룬다.

물으셨다. 이스라엘이 그렇다고 대답하자 하나님께서 그들을 깨끗하게 하신다. 이전 애굽에서 종살이로 찌들었던 마음과 영혼과 삶의 먼지를 모두 털어버리고 정결하게 될 것을 요구하신 것이다. 마지막으로 하나님께서는 그렇게 정결하게 되어 거룩한 모습으로 과거로부터 단절된 백성들을 거룩한 성소 앞에 세우셔서 새로운 민족과 나라로서 세상을 향한 사명과 과제를 부여하신다.

거룩한 성소로서 시내산은 이런 의미에서 정결하게 하는 곳이자 사명을 부여하는 곳이다. 놀랍게도 성경에는 하나님의 부름 받은 사람들을 위한 거룩한 성소들이 곳곳에 존재한다. 아담을 위해서는 에덴동산이 거룩한 성소였고, 노아를 위해서는 아라랏산 제단이 거룩한 성소가 되었다. 아브라함과 야곱에게는 브엘세바의 제단이 거룩하여 구별된 소명의 삶으로 나아가는 성소였다. 엘리야에게는 호렙산이 그런 곳이었고, 이사야에게는 예루살렘 성전 제단이 그런 곳이었다. 예수님을 만난 많은 이들이 예수님 자신과 그 십자가에서 변화와 사명의 성소를 경험했고, 신약의 사도들과 제자들에게는 마가의 다락방이 거룩한 사명의 장소가 되었다. 우리 신앙의 선진들은 그렇게 신실하게 하나님 앞에 섰고 구별되어 거룩하게 되었으며 세상을 향한 사명으로 설 수 있게 되었다. 오늘날의 성도들에게는 교회와 십자가 제단이 바로 거룩하여 구별된 사명의 성소가 된다.

계명과 율법

하나님의 거룩한 제사장의 나라로 부름 받은 이스라엘 백성들에게 단순하고 명쾌한 계명들이 주어졌다. 하나님께서는 이스라엘 백성들이 오직 하나님께서 주신 계명을 지키고 거룩한 삶을 살기 바라신다. 이스라엘은 이제 그 규례와 법도를 가지고 "들어가 기업으로 차지할 땅에서" "여호와께서 명령하신 그대로" 살아가야할 과제와 사명을 갖는다.

하나님께서는 그들에게 어떻게 하나님께 예배하고 어떻게 하나님과 관계해야 하는지에 대해 말씀하셨다. 나아가 하나님께서는 이스라엘 백성들이 공동체 내의 형제와 자매들과 더불어 어떻게 살아야 하는지에 대해 말씀하셨다. 마지막으로 하나님께서는 이스라엘 사람들이 가나안에 살면서 그 이웃하여 살아가는 세상 사람들과 어떤 관계를 형성해야 하는지, 그들을 향해 어떤 과제와 사명을 가져야 하는지에 대해 말씀하셨다. 결국 이스라엘 백성들이 시내산 앞에서 받은 십계명과 율법은 앞으로 이스라엘 백성들이 가나안에 들어가 살면서 보여주어야 할 영적, 정치적, 경제적 그리고 사회문화적 사명들이 되는 것이다. 하나님께서는 시내산 앞에 선 이스라엘 백성들이 마치 명령을 듣는 군사들처럼 하나님의 말씀을 듣고 따르는 그대로 실천하기를 원하셨다.

실제로 출애굽기 19장 이후 모세 오경의 대부분은 십계명으로부터 파생된 율법의 가르침으로 구성되어 있다. 신명기의 경우, 이스라엘이 세계사의 한복판에 들어가 민족과 국가를 이루어 살아가게 될 때 일구어야할 종교적, 정치적, 경제적,

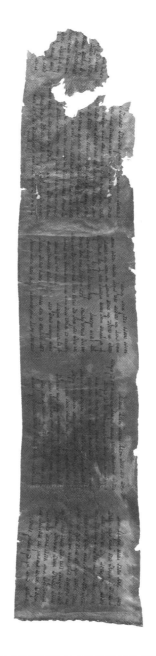

쿰란에서 발견된 십계명이 포함된 신명기서

그리고 문화적 삶의 과제들을 제안한다. 신명기는 전체적으로 모세의 설교 세 편으로 이루어져 있다. 첫 번째 설교(신 1:6~4:49)는 오직 여호와 하나님만을 섬기고 우상을 삼가야 한다는 십계명의 가장 기본적인 내용을 요구하고 있다. 두 번째 설교(신 5:1~28:68)는 율법의 가르침의 중심 이야기들과 하나님 백성들의 신앙고백 및 신학해석으로 구성되어 있다. 특히 6장 4~5절은 '쉐마(shema)' 기도문으로 잘 알려져 있는데, 이것은 하나님의 백성들이 최초로 고백한 신앙고백이라 할 수 있다. 12~25장은 십계명에 대한 해석을 십계명의 순서 그대로 다루고 있는데 사회 정치적, 경제적 문제들과 관련된 일상생활에 관한 규례들이 강조되어 있다. 마지막 세 번째 설교(신29:1~31:29)는 모세의 시대가 아니라 여호수아의 시대가 되어야 한다는 내용을 담고 있다. 모세가 가나안까지 계명을 가져왔다면, 여호수아는 그 땅에 정착하는 세대를 위한 실천 과제를 제안해야 한다는 이야기이다.

우리는 성경과 기독교 역사에서 성소 앞에 바른 자세로 서서 하나님의 말씀을 듣고 삶으로 나아간 사례들을 많이 알고 있다. 하나님께 부름 받은 사람들은 모두 하나님 앞에 서서 하나님의 말씀을 청종한 사람들이다. 아브라함이 소돔을 위해 중보기도 하는 자신의 사명을 위해 '하나님 앞에 섰고'(창 18:22), 모세가 호렙산에서 계명을 받기 전 '하나님 앞에' 섰으며(신 4:10), 모세의 후계자 여호수아가 임명 받을 때 '하나님 앞에 섰다'(민 27:2, 19, 22). 엘리야 역시 마찬가지였다. 엘리야는 지치고 상한 마음으로 호렙산에 가서 그곳에서 역시 하나님 앞에 섰고 세상을 향한 하나님의 계획과 자신의 사명을 들었다. 이사야와 에스겔, 다니엘 역시 마찬가지였다. 그들 모두 하나님의 부르심에 순종했고 하나님 앞에 선 사람들이다. 오늘 우리 역시 마찬가지이다. 우리를 사명의 자리로 부르심을 받았다면 그 부르심의 자리로 나아가 하나님 앞에 바르고 겸손한 자세로 서야 한다. 그리고 사명을 주시는 하나님의 음성을 듣고 순종하여 우리 각자에게 주어진 '땅 끝'으로 나아가야 한다(행 1:8).

Geographical Story
구별된 백성을 위한 섭리의 지명들

나일강 삼각지 고센과 홍해, 그리고 시나이 반도

고센(아바리스, 라암셋) Gosen ──────

　야곱과 요셉의 일가 70여명이 애굽에 와서 정착한 지역은 애굽식으로 라암셋(창 47:11)이라 불리는 곳이었다. 라암셋은 '레(Re) 즉, 애굽의 태양신을 낳았다'라는 뜻을 가진 지명이다. 카이로로부터 북동쪽 120 킬로미터 떨어진 곳에 위치해 있었고 시나이 반도와 가까운 곳에 위치해 있었다. 성경은 나중에 이 지역 이름을 '고센'으로 불렀다(창 47:27). 야곱과 요셉 세대가 살던 시절 애굽에는 다양한 유랑민들이 이주해 들어왔다. 그들은 점차 애굽 전역에 정착했고 마침내 하 애굽(lower Egypt) 전역을 장악한 후 애굽 15~16 왕조인 힉소스 왕조를 열었다(기원전

1675~1552년). 힉소스 왕조는 공교롭게도 야곱 일가족이 정착했던 라암셋, 곧 고센에 도시를 건설하고 아바리스(Avaris)라는 이름의 수도를 열었다. 이렇게 볼 때 야곱과 요셉은 이 힉소스 왕조에서 매우 중요한 인물들이었을 수도 있다는 해석이 가능하다. 어쨌든 힉소스 왕조는 주전 16세기경 애굽 원주민들에게 축출되었다. 힉소스 왕조가 축출된 후 아바리스는 18왕조 내내 버려졌다가 애굽 19왕조에 이르러 람세스 1세가 다시 라암셋이라는 옛 이름을 회복하여 화려하게 재건한 뒤 수도로 삼았다. 힉소스 축출 이후에도 애굽에 남아있던, 히브리라 불리던 야곱의 후예들은 라암셋 즉, 고센에 살면서 람세스의 노예가 되었다. 그들은 그들의 선조부터 살던 주거지에 시작된 신도시 라암셋 건설에 강제로 동원되었다(출 1:11). 이후 라암셋, 즉 고센은 히브리 사람들의 신음소리로 가득했다. 하나님께서는 결국 히브리 사람들에게 당신의 사람 모세를 보내셨고 모세는 매우 극적인 열 가지 사건들을 일으킨 후 동족 히브리 사람들을 이곳 고센에 모여들게 하고 이곳을 이집트 탈출의 집결지로 삼았다(출 12:37; 민 33:5).

홍해 The Red Sea

히브리어 이름은 '얌 수프(Yam Suf)'이다. 얌은 바다라는 의미이고 수프는 갈대를 의미한다. 그래서 얌 수프를 번역하면 홍해, 즉 '붉은 바다'가 아니라 '갈대 바다'가 되어야 한다. 그런데 왜 홍해라고 번역을 했을까? '붉다'의 히브리어는 '아돔(Adom)'이다. '홍해'라는 말은 칠십인 번역으로 알려진 초기 그리스어 번역 성서에서 '에뤼트라 탈라사(Erythra Thalassa)' 즉, '붉은 바다'로 번역한 것에서 유래한다. 칠십인 번역가들이 이 바다를 홍해로 부른 이유는 아마도 홍해에 많이 사는 해조류가 유달리 붉은 빛을 띠었기 때문이거나 주변의 산지가 붉은 색채였기 때문인 것으로 보인다. 최근 번역에서는 이 바다를 홍해가 아닌 원래의 '갈대 바다'로 번역하는 경우가 종종 있다. 물론 지금은 그때의 갈대 가득한 바다가 존재하지 않는다.

홍해

사실 갈대 바다로 번역하는 학자들 중 어떤 이들은 갈대 바다라는 뜻의 히브리어 '얌 수프'를 나름의 상징적인 의미를 갖고 있다고 보기도 한다. 이들은 '얌 수프'를 원래 '얌 소프(Yam Sof)'로 읽어야 한다고 주장한다. '소프(Sof)'는 성경 히브리어에서 '수프'와 동일한 자음으로 쓰이며 '끝' 혹은 '종말'을 의미한다. 즉, '얌 소프'는 '끝의 바다'(Sea of the End)로, 그 의미는 '세상 끝에 있는 바다', 혹은 '저 너머에 있는 바다'가 된다. 그래서 버나드 배토(Bernard Batto)는 '얌 수프' 혹은 '얌 소프'가 때로는 홍해를 가리키기도 하고, 때로는 세상 끝에 있는 신화적 바다를 가리키기도 한다고 주장한다. 이 해석을 따른다면 갈라진 홍해를 건넌 이스라엘 민족은 세상 끝 바다를 넘어 하나님께서 새롭게 허락하신 세상으로 들어간 것이 된다. 반대로 애굽 파라오의 군대는 그 세상 끝에 있는 바다, 홍해에서 멸망했다는 의미로 이해할 수 있다.

광야 Wilderness

광야는 '거친 들판'을 의미한다. 인적이 드물고 황무지이거나 불모지이고, 물이 부족한 곳을 의미한다. 척박한 기후에 강한 들짐승들조차도 살기가 쉽지 않은 지역이다. 애굽과 가나안 사이 시나이 반도 주변에는 광범위한 광야들이 분포하고 있다. 이스라엘 백성들은 출애굽하고 홍해를 건너자마자 이 광야지역을 대면했다. 그들은 이 불모지, 황량한 땅을 통과하여 가나안으로 진출했다. 흥미롭게도 후대에 바빌론의 느부갓네살에 의해 포로로 잡혀간 이스라엘 백성들이 귀환할 때에 거쳐 간 경로에도 시나이 반도 주변 광야와 유사한 척박한 땅들이 있었다. 가나안을 향하는 역사속 하나님의 백성들에게 광야는 매우 특별하고 중요한 의미를 갖는다. 한

시나이 광야

마디로 광야는 사람이 살지 않고 척박하여 먹을 것과 마실 것, 쉴 곳조차 부족한 곳이다. 그곳은 풍요로운 애굽이나 메소포타미아와 매우 대조적인 곳이다. 이스라엘 백성들이 노예로 혹은 포로로 생활한 애굽과 메소포타미아는 그 땅을 푸르게 하는 나일강과 유프라테스 강 그리고 티그리스 강이 흐른다. 그 땅은 강들이 가져다주는 풍성한 유기물들로 농사를 짓기에 적당하다. 하나님께서는 이스라엘 백성들을 풍족한 땅, 애굽이나 메소포타미아가 아닌 광야로 이끌고 나가셨다. 그리고 이 광야 여정을 통해 당신의 백성들을 하나님의 사람들로 변모시키고 성장시키셨다. 이 과정에서 하나님께서는 당신의 백성들을 거룩하게 하셨고, 오직 하나님만을 섬기는 사람들로 세웠으며, 불순종하는 사람들을 당신의 백성 집단에서 축출하셨다. 결정적으로 이 광야 한복판 시내산은 떠돌이 유목민이었던 이스라엘을 오직 여호와만을 신앙하는 하나의 민족으로 만든 여호와의 율법과 언약을 받은 곳이다. 출애굽한 모세와 이스라엘 백성은 마치 연속적인 훈련의 과정을 거치는 군사들처럼 수르 광야, 에담 광야, 신 광야, 시내 광야의 기초 교육과정들을 거쳐 시내산에 도달했고 그곳에서 최종적으로 하나님의 백성으로 변모했다. 그리고 그들은 다시 후속 교육과정과도 같은 바란 광야, 진 광야, 아라바 광야 등의 순서를 거쳐 최종적으로 가나안 땅에 이르렀다.

시내산 Mt. Sinai

시내산은 오늘날 애굽의 수도 카이로에서 약 415 킬로미터 떨어져 있고 척박한 시나이 반도의 중남부, 황량한 땅 한복판에 위치한 검붉은 바위산이다. 하지만 산 높이는 무려 2,285미터에 이른다. 시내산이 위치하고 있는 시나이 반도는 지중해와 홍해 사이에 있는 삼각형 모양의 반도로, 그 크기는 한반도의 1/4 정도이다. 시내산은 오래전부터 거룩하여 구별된 땅으로 여겨졌다. 그래서 사람들은 그 산을 '하나님의 산' 혹은 '호렙산'(출 3:1)으로 불러왔다. '시내(Sinai)'는 히브리어로 '세네/스네(sene)'로 '가시덤불'이라는 뜻을 가지고 있다. 아마도 모세가 이 산에서 불에 타지 않는 떨기나무를 발견하고는 그 앞에서 신발을 벗고 하나님을 만났던 사건에서 유래한 것으로 보인다. 시내산이라는 이름은 결국 모세가 하나님을 만난 사건에서 유래했다고 보아야 한다. 그런데 이 산은 '호렙(Horeb)'이라는 이름도 가지고 있었다. '호렙'이라는 이름은 광야의 특성을 나타내는 이름이다. 호렙의 히브리어 의미가 '메마르고 황량한 땅'을 가리키기 때문이다. 고고학자들 사이에 이 산의 위치에 대한 논쟁은 꾸준하게 있어 왔다. 시내산의 정상이 아랍 사람들 사이에서 '제벨 무사(Jebel Musa)' 즉, 모세의 봉우리로 불려온 탓에 이곳을 시내산으로 보편적으로 인식해 왔지만, 지금의 시내산이 진짜 모세의 시내산이라고 할 만한 결정적인 근거는 아직 나오지 않은 것이다. 이런 면에서 우리는 여전히 시내산의 정확한 위치를 모르고 있다고 보는 것이 맞다. 그러나 지금 시내산이라고 말하는 시나이 반도 중남부의 산이 이스라엘의 출애굽 여정과 어느 정도 일치하고 또 기독교의 오랜 역사에서 그곳을 시내산이라고 인정해온 전통도 있기 때문에 신앙의 의미에서 받아들이기에는 무리가 없다고 본다. 결국은 실제 시내산이 어디냐가 중요한 것이 아니라 하나님이 그곳에서 우리 하나님의 백성들을 거룩하게 구별하셔서 십계명과 사명을 주셨다는 것이 중요한 것이다. 지리적인 물음에 초점을 맞추기보다 신학적이고 신앙적인 의미에 초점을 맞추는 것이 우리에게 더 필요하다.

The Holy Land and The Rise of People of God

하나님의 백성
무너뜨려야 할 땅에 서다

여리고

여리고

하나님의 백성
무너뜨려야 할 땅에 서다

여리고(Jericho)는 여호수아 정복 전쟁의 첫 번째 목표였다. 성경의 독자들은 여리고 하면, 대부분 라합이라든가 성벽이 무너진 이야기 등을 먼저 기억한다. 여리고는 뇌리에서 잊힌 도시이다. 그러나 여리고는 여러 면에서 곱씹어야 할 도시이다. 고고학에서 여리고는 찬란하다. 여리고는 인류가 건설한 가장 오래된 도시로 유명하다. 여리고 지역에 나투피아(Natufia)라고 불리는 중석기 시대 사람들이 처음 정착했다. 이들은 현재의 여리고에서 약 2km정도 떨어져 있는 엔 에스-술탄(Ein-es-Sultan) 샘 주변에서 기원전 10,000년부터 9,000년 사이 거주하기 시작했다. 이들은 그때까지 토기를 사용하지는 않았지만 농사를 지으며 200~300명 수준의 마을을 구성하고 있었다. 이들은 진흙과 짚을 섞어 태양에 말려 만든 벽돌로 지은 작지만 영구적인 주택을 만들어 살았는데, 거주지의 지름이 일반적으로 5m 정도 됐고 집의 중앙에

바닥을 움푹하게 파서 만든 화로가 있었다. 특이하게도 이들은 주택 바닥 아래에 시신을 묻는 습관이 있었다.

기원전 9,400년경부터 8,000년경까지 여리고 마을은 인구가 점차 늘어나 중석기 시대보다 10배 이상의 사람들이 살기 시작했다. 이 시기에 4만 평방미터 규모의 세계 최초 성곽이 건설되었다. 특별히 도시 성벽 한 면에 고고학적인 관심을 집중시키는 거대한 돌탑이 있었는데, 높이가 약 3.6미터에 달했고 탑 아래 기단

고대 여리고성 유적

부분 한 면이 1.8미터 정도 되었다. 탑 내부 22개의 돌계단을 통해 꼭대기로 올라가는 구조인 이 탑에 대한 추측은 다양하다.

여리고성의 돌탑 유적

전통적으로 전망대라는 의견이 지배적이었지만 최근에는 홍수에 대비한 의례가 행해졌던 장소로 보고 있다. 이 탑을 건설하기 위해서 최소한 수백 명의 사람들이 꽤 오랜 기간 동안 노동에 참여해야만 했을 것으로 보인다. 당시 여리고의 중앙 집권층 권력이 얼마나 강했는지 상상할 수 있다.

이유는 정확히 밝혀진바 없으나 여리고는 한동안 사람이 살지 않다가 기원전 6800년경부터 다시 번성했다. 이전 시대가 농사 집중이었던 것에 비해 이 시대 사람들은 목축을 병행했다. 이 시대 유명한 고고학적 발견은 아마도 사람의 두상 유골을 발견한 일일 것이다. 두상 유골은 턱을 제거하고 전체에 회반죽을 입혔고 눈은 조개껍질을 박아 마치 눈을 뜨고 있는 사람처럼 보이게 했다. 몇몇 학자들은 이 풍습을 이전시대 사람을 방바닥에 묻는 풍습과 연결하여 일종의 조상 숭배로 보고 있으나 아직까지 정확한 설명을 얻지 못하고 있다. 이 시대 지층에서 세석기와 방추, 화살촉과 돌칼 등 다양한 도구와 토기가 발견되었는가 하면, 동물이나 사람의 모습을 한 점토 인형, 신을 형상화한 기형학적인 문양의 점토형상과 돌 형상이 함께 발견되었다.

청동기 중기, 즉 기원전 15~13세기까지 고대 도시로 번성했던 여리고는 일단의 재해와 애굽 침공, 이스라엘 민족과의 전투 등의 사건들로 파괴되고 버려졌다. 이 시기 유적이 지금 여리고 한켠에 언덕으로 남아 있다. 이 언덕은 24미터 높이에

4만 제곱미터의 면적으로 고고학자들에게 많은 관심을 받고 있다. 학자들은 이곳에서 여호수아서 6장의 여리고 정복 사건 흔적을 찾고 있다. 그러나 안타깝게도 아직까지 여호수아서와 완벽하게 일치하는 만족할 만한 답을 얻지는 못하고 있다. 단지, 기원전 15세기 혹은 13세기에 여리고가 일단의 침략세력에 의해 파괴되었을 것이라는 파편화된 흔적들만 발견되고 있다. 어쨌든 무너진 도시는 철기 문명 시대인 기원전 10세기경까지 그대로 방치되었다.

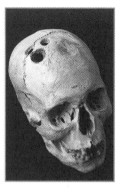
여리고성에서 발견된
두상 유골

여리고는 성경의 왕국 시대에 다시 재건되었다. 예루살렘으로 오가는 길목에 위치해 지리적으로 중요한 역할을 하게 되었다. 다윗은 요단 동편 암몬의 하눈이 왕이 되었을 때 자신이 보낸 사절단이 수염을 잘린 채 돌아오자, 사절들을 수염이 자랄 때까지 예루살렘과 하룻길 정도 떨어져 있는 여리고에 머물도록 하였다(삼하 10:1~5). 이후 여리고는 기원전 약 7세기경까지 꽤 번성한 도시로 북 이스라엘에 속한 성이 되었다. 처음 여리고에 성을 쌓는 것이 쉬운 일은 아니었다. 열왕기상 16장 34절에 의하면 벧엘 사람 히엘이 여리고성을 쌓을 때에 맏아들을 잃었고 성문을 세울 때에는 막내아들을 잃었다. "누구든지 일어나서 이 여리고 성을 건축하는 자는 여호와 앞에서 저주를 받을 것이라 그 기초를 쌓을 때에 그의 맏아들을 잃을 것이요 그 문을 세울 때에 그의 막내아들을 잃으리라"(수 6:26)는 여호수아의 예언이 이루어졌기 때문이었다. 특별히 히엘이 건축한 여리고 성에는 선지자들과 제자들이 살았다(왕하 2:4~8). 학자들은 여리고에 목회자 양성을 위한 신학교같은 선지자 양성 학교가 있었다고 본다.

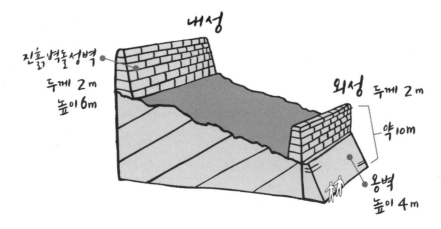

내성

진흙벽돌성벽
두께 2m
높이 6m

외성 두께 2m

약10m

옹벽
높이 4m

요새화된 여리고의 성벽 단면도

이 도시는 엘리야와 엘리사와도 깊은 관련이 있었는데, 엘리야가 하늘로 올라간 후 엘리야의 성령이 엘리사에게 임하는 것을 엘리야의 제자들이 보고 그들이 엘리사를 따르게 되었다 (왕하 2:15). 이후 엘리사가 주로 여리고와 요단 주변에서 활동을 했는데, 그는 여리고에 있는 좋지 않은 물의 근원에 소금을 뿌려 물을 정화하기도 했다(왕하 2:19~22). 사람들은 이후 이곳을 엘리사의 샘이라 불렀다. 오늘날 이곳은 엔 에스-술탄(Ein es-Sultan)이라 불리는데 오늘날도 여리고 시에 물을 공급하고 있다. 이후 여리고는 기원전 6세기 바빌론의 유다 침략으로 다시 한 번 파괴되고 페르시아와 헬레니즘 시대에 걸쳐 폐허로 남는다.

그런데 여리고는 로마시대에 이르러 큰 도시가 되었다. 로마의 안토니우스가 하스모니안 왕조시대까지 소규모의 상업 활동과 군사적 요새로만 활용되던 이 도시를 자신의 연인 클레오파트라에게 선물로 주었다. 곧이어 헤롯이 클레오파트라에게서 이 도시를 임대하여 사용했다. 이후 로마의 2차 삼두정치가 끝나고 클레오파트라가 죽은 뒤 헤롯 왕가가 로마 정부로부터 정식으로 도시의 통치권을 받았다. 그리고 이곳에 겨울궁전을 세웠으며 고대의 뛰어난 도시 건설가 헤롯의 공으로 도시가 다시 비약적인 발전을 이루게 된다. 신약 시대의 여리고는 많은 사람들이 모여들어서 확실히 큰 도시로 발전했다. 예수님이 여리고를 방문하여 맹인 거지 바디매오를 만나 눈을 뜨게 하는 기적을 행했고(막 10:46; 눅 18:35), 세리 삭개오를 만나기도 했다(눅 19장). 예수님의 유명한 예화 중에 선한 사마리아인이 예루살렘에서 여리고로 내려가다가 강도를 만나는 이야기가 있기도 하다(눅 10:30).

Historical & Biblical Story

가나안 정복, 영적 전쟁의 연대기

이스라엘 민족이 오랜 광야생활을 마치고 드디어 가나안을 코앞에 두었다. 이제 요단강을 건너 가나안으로 들어가기만 하면 되는 시점이었다. 이곳에서 모세는 자신의 인도를 따라온 이스라엘 백성들의 몸과 마음, 그리고 삶의 원칙을 다시 한번 바르게 세운다. 이 원칙들을 바르게 하고서야 이스라엘은 가나안 땅에 들어가 정착하여 사는 모든 과정에서 "좌로나 우로 치우치거나" 흔들림이 없을 것이기 때문이다(신 5:32). 결국 이스라엘이 요단을 건넌 이후 여리고를 비롯한 가나안의 도시와 땅에서 벌인 점령 전쟁은 이 원칙에 입각해서 진행된 일종의 영적 싸움으로 보아야 한다. 그들은 적어도 가나안을 건너 들어온 이후부터 흔들림이 없기 위해 영적 전투들을 치렀다. 그것은 그들을 인도했던 모세의 유지였고 여호수아의 결단이었으며 무엇보다 하나님의 뜻이었다(출 23:23~25, 신 7장). 이스라엘 민족은 이 '헤렘(herem)'이라 불리는 영적 전투에 대해 분명히 서원했고(출 22:20, 레 27:28~29, 민 21:1~3, 신 13:1~19), 가나안 정복전쟁에서 이 원리에 입각하여 정복의 여정을 펼쳐갔다.

그런데 여기서 이스라엘의 가나안 점령 초반 발생한 여리고 전투의 역사적 맥락을 한번쯤 정리해 볼 필요가 있다. 여리고의 고대유적인 텔 에스 술탄(Tell-es-Sultan)에 대한 의미 있는 최초의 고고학적 발굴은 1868년 찰스 워렌(Charles Warren)에 의해 이루어졌다. 그는 이곳이 성경에 나오는 여리고라는 사실을 입증한 첫 번째 사람이다. 이후 1930년대에 들어 존 가스탕(John Garstang)이 보다 세밀하게 여리고의 유명한 언덕을 조사했는데, 그는 이때 기원전 1400년경에 성벽이 무너진 흔적이 발견되었음을 보고했다. 이것이 여호수아와 이스라엘의 정복전쟁과 관련된 최초의 고고학적 보고였다. 그는 도시 북동쪽의 후기 청동기 유적들에 대한 일련의 고고학적 발굴을 통하여 인위적으로 도시가 파괴된 흔적을 찾아냈다. 그런데 1950년대 캐슬린 캐년(Kathleen Kanyon)이 여리고 도시 언덕에 대한 대대적인 조사를 통하여 도시 파괴가 기원전 1500년대에 애굽의 침공으로 인해 발생했다고 보고했다. 캐년은 일단의 탄소연대측정을 통해 이 침공이 심지어 기원전 17세기와 16세기까지 올라갈 수 있다는 것을 밝혔

여리고 발굴

여리고 발굴은 여러 가지 이유로 더디게 진행되어 왔고, 아직도 많은 부분이 발굴되지 않은 채 묻혀 있다. 신약시대 헤롯은 이곳에 자신의 겨울궁전을 지었다. 사진은 발굴한 헤롯의 겨울궁전의 모습이다.

다. 그리고 여리고에 다시 사람이 살기 시작한 때는 기원전 15세기이며 이 시기 정착민들은 도시 성곽을 갖고 있지 않았다는 것을 고고학적으로 설명했다. 가스탕의 조사와 발표를 뒤집고 도시가 파괴된 시기를 보다 오래된 것으로 보고한 것이다.

문제는 이러한 고고학적 발굴과 성경의 기록 및 주변 역사의 기록이 서로 엇갈린다는 것이다. 가스탕의 15세기 출애굽설을 뒷받침하는 결정적인 성서적 근거는 열왕기상 6장 1절이다. 솔로몬은 그가 성전을 건축한 시기를 출애굽한지 480년이라고 언급하고 있다. 솔로몬 왕의 진술방식에 근거하면 이스라엘의 출애굽 시기는 기원전 15세기, 즉 1400년대 중반이 된다. 가스탕의 고고학적 발견과 주장이 힘을 얻게 되는 것이다. 그런데 캐년의 후속 연구가 15세기 출애굽 및 여리고 점령설을 뒤집었다. 그는 출애굽의 시기를 약 100년 혹은 200-300년 앞세웠다. 한 가지 더, 문제는 애굽 힉소스 왕조의 몰락과 제18, 19왕조의 등장 그리고 일단의 노예화된 히브리인들의 탈출에 관한 역사적 설명이다. 역사적으로 볼 때 이 시기는 기원전 13세기 즈음으로 보인다. 즉, 이집트의 '하삐루', 즉 히브리인들에 대한 기록에 근거해 보면 출애굽 시기를 기원전 1250년경으로 보아야 한다는 것이다. 이렇게 되면 여리고의 고고학적 발굴과 전혀 일치하지 않는 문제가 발생한다. 여리고 언덕에 대한 고고학적인 발굴에 의하면 이 시기에는 성곽으로 둘러싸인 도시의 흔적이 없기 때문이다. 즉 여호수아와 이스라엘 백성이 무너뜨릴 성벽이 없는 시기인 것이다.

출애굽 시기를 15세기와 13세기 두 가지로 보는 역사학적인 혹은 고고학적인 주장들에도 불구하고 하나님의 백성들이 가나안을 정복해 나갔다는 성경의 기록을 읽는 일은 별다른 어려움이 없다. 성경은 주변 강대국의 연대기적 전개보다 하나님의 백성들의 영적 여정의 연대기를 중요하게 여기는 책이기 때문이다. 이 시기 즉, 기원전 15세기에서 10세기 사이 애굽은 비옥한 초승달 지역의 강력한 나라로서 주변 지역에 대해 막대한 영향력을 갖고 있었다. 중간에 잠시 힉소스인들의 점령이라는 매우 획기적인 사건이 있기는 했지만, 애굽은 여전히 강력한 왕국이었고, 특별히 가나안에 대한 직간접적인 지배 의지가 강력했다. 그렇다 해도 애굽이 가나안의 모든 도시와 마을을 지배했던 것은 아니었다. 그들은 몇몇 주요 도시들만을 확보하고 자신들의 총독들을 그곳에 파견한 뒤 주변 도시

국가나 민족국가에 영향력을 행사하는 수준으로 가나안을 지배했다. 그리고 이 시기 억압받던 사회계층의 탈도시화는 매우 당연했던 것으로 보인다. 애굽으로부터 벗어난 사람들의 유랑은 마치 예전 아브라함이 엘람인과 아모리인이 지배하는 메소포타미아 유역에서 벗어나 가나안으로 들어왔던 일을 연상하게 한다. 그들의 조상처럼 일단의 히브리인들은 강력하면서도 무자비했던 애굽의 직접 통치에서 벗어나 영향을 덜 받는 가나안으로 여정을 떠난 것으로 보인다. 그리고 가나안에 정착하는 과정에서 그들은 아브라함이 겪었던 것보다 훨씬 크고 광범위한 부분에서 영적이고 문화적인 조직적 투쟁을 벌인 것으로 보인다. 따라서 여리고 정복 전쟁은 유랑하던 아브라함의 후예들인 히브리인들의 영적 여정으로 보아야 한다. 객관적인 연구 결과, 시기적으로 약 200~300년의 편차가 발생한다 해도 이 가나안 정착 이야기는 하나님의 백성 입장에서 여전히 신앙적인 교훈의 가치를 가진다.

모세의 마지막 설교와 리더십 교체

출애굽 40년의 세월이 막바지에 이르러 이스라엘 백성은 '여리고 맞은편 요단 가 모압 평지'(민 36:13) 즉, 요단강 동편에 섰다. 모세와 이스라엘 백성이 요단강을 사이에 두고 가나안의 최대 도시들 중 하나였던 여리고 성이 한 눈에 보이는 모압 평지(the plains of Moab)에 진을 친 것이다. 사실 오늘날에도 모압 평지는 불모의 광야(wilderness)이다. 사실 '모압 평지'라는 표현에서 '평지'의 히브리어는 광야의 또 다른 말인 '아라바(Arabah)'이다. 아라바는 전통적으로는 사해북서쪽 유다 광야를 지칭하는 말로 에스겔의 성전 환상(겔 47:8)에서도 나타나는 말이다. 그래서 사해(the Dead Sea)로 알려진 염해 역시 '아라바의 바다'(수 3:16)로 쓰이기도 했다. 그런데 왜 우리말 성경은 광야 대신 '평지'라는 말을 사용했을까? 우리 말 번역의 묘미라고 애써 이해해 보자면, 모압 평지라는 표현은 이스라엘 민족이 요단강을 건너기 전에 이미 아름답고 비옥한 가나안 땅을 느끼고 있었을 것이라고 해석할 수 있겠다. 만일 고지식하게 모압 광야로 표현했다면, 가나안 땅으로 들어가기 전 40년의 광야 생활이 연장된 느낌을 가질 수 있다. 이스라엘 민족은 지금 오랜 유랑을 끝내고 드디어 젖과 꿀이 흐르는 땅을 눈과 마음 모두로 느끼고 있는 것이다.

이스라엘 온 민족이 약속의 땅에서 불어오는 향기를 만끽할 때 즈음, 모세는 그들과 조금 다른 결연한 태로를 갖고 있었다. 이 '모압 광야'에서 한 마지막 설교가 그가 가진 느낌을 그대로 전한다. 모세에게 이 모압 평지는 가나안의 느낌보다는 지난 40년 세월을 한결같이 걸어온 광야자락의 끝단과 같은 곳이었을 것이다. 모세는 지금 이스라엘 백성에게 살기 편한 가나안에 들어가더라도 '계명과 규례', 즉 신명기를 지켜야 한다고 신신당부를 하고 있는 것이다. 신명기의 핵심은 시내산에서 새긴 십계명 중심의 신앙 전승이었다. 이 전승은 광야 40년 생활 동안 히브리 민족을 하나님의 백성으로 만들었고 하나님의 백성으로서 하나님의 뜻을 품고 하나님께서 약속하신 땅에서 살아갈 삶의 지표가 되었다. 모세는 가나안에 정착하

는 하나님의 백성들이 좌로나 우로 치우치지 않고 오직 이 아젠다(agenda), 즉 율법에 순종할 것을 명령했다. "내가 오늘날 너희에게 증언한 모든 말을 너희 마음에 두고 너희 자녀에게 명하여 이 율법의 모든 말씀을 지켜 행하게 하라"(신 32:46).

모압 평지에서 한 모세의 설교는 이스라엘에 새로운 국면의 역사가 펼쳐질 것이라는 전조였다. 모세는 설교를 마친 후 요단강 넘어 가나안 땅을 훤히 내려다 볼 수 있는 느보산에 장사되었다. 이스라엘에게 더 이상 모세는 없었다. 그들은 모세 없이 가나안에 입성해야 했고 그곳에 정착해야 했다. 모세는 자신의 지도자 과업을 여호수아에게 인계했다. 여호수아의 역할은 이스라엘 백성이 가나안에 입성하여 모세의 율법에 순종하는 가운데 하나님의 백성으로서 건강한 삶을 살도록 하는 것이었다.

여호수아의 과업은 한마디로 '모세의 가르침과 율법을 적용'하는 것이었다. 그는 모세가 광야에서 세우고 실험했던 하나님의 율법을 실제 약속의 땅에서 구현하고 실현하는 과업을 갖고 있었다. 이스라엘은 그의 지도를 따라 가나안을 점령하고 가나안에 정착하여 율법에 제시된 대로의 삶을 실제로 살아가야했다. 결국 여호수아는 가장 원칙에 입각하면서도 가장 현실적인 '약속의 땅 정착 프로그램'을 구상해야 했다. 그리고 우리가 아는 이 원칙 가운데 타협없이 수행해야할 한 가지는 바로 이것이었다. "네 하나님 여호와께서 너를 인도하사 네가 가서 차지할 땅으로 들이시고 네 앞에서 여러 민족 헷 족속과 기르가스 족속과 아모리 족속과 가나안 족속과 브리스 족속과 히위 족속과 여부스 족속 곧 너보다 많고 힘이 센 일곱 족속을 쫓아내실 때에 네 하나님 여호와께서 그들을 네게 넘겨 네게 치게 하시리니 그때에 너는 그들을 진멸할 것이라 그들과 어떤 언약도 하지 말 것이요 그들을 불쌍히 여기지도 말 것이며 또 그들과 혼인하지도 말지니 네 딸을 그들의 아들에게 주지 말 것이요 그들의 딸도 네 며느리로 삼지 말 것은 그가 네 아들을 유혹하여 그가 여호와를 떠나고 다른 신들을 섬기게 하므로 여호와께서 너희에게 진노하사 갑자기 너희를 멸하실 것임이니라"(신 7:1~4).

가나안 입성과 첫 예배

여호수아의 첫 번째 과제는 요단강을 건너는 일이었다. 요

단강을 건너기 전 여호수아는 모세가 가데스바네아에서 가나
안 땅으로 정탐꾼을 보냈던 것과 마찬가지로 요단강 건너편 강
력한 도시 여리고성에 정탐꾼 두 사람을 보냈다. 여리고성 사
람들에게 발각되었다가 기생 라합의 도움으로 목숨을 부지한
두 사람은 강 건너 이스라엘의 진영으로 돌아와 다음과 같이
보고한다. "진실로 여호와께서 그 온 땅을 우리 손에 주셨으므
로 그 땅의 모든 주민이 우리 앞에서 간담이 녹더이다"(수
2:24). 어느 정도 상황을 파악한 여호수아는 드디어 요단을
건너가기로 결단한다. 그것이 바로 '요단을 건너'는 역사적인
사건이었다. 모세에게 홍해를 건너 지도력을 확보하는 사건이
있었다면 여호수아에게는 요단강을 건너 지도력을 강화하는
사건이 있었던 것이다. '요단을 건너'라는 표현은 히브리말로
'에베르 야르덴(eber yarden)'이다. 여호수아의 결단으로 시
작된 이 요단강 도하 사건은 이후 이스라엘 역사에서 가장 중
요한 사건 가운데 하나가 되었다. 하나님께서는 이후 이스라
엘 백성이 교만을 드러내고 죄를 지을 때마다 책망하시면서 이스
라엘 백성들이 어떻게 '고통의 땅 애굽을 떠나 광야 40년을 보낸
후 요단을 건너 가나안 땅에 올 수 있었는지'를 가르치셨다.

여호수아는 요단강을 건널 때 언약궤를 멘 제사장들을 선두
에 세웠다. 언약궤를 멘 제사장들이 요단강에 들어서자마자
상류로부터 강물의 흐름이 멈췄다. 우기 철인 겨울 동안 내린
비와 눈 때문에 갈릴리 호수의 수면은 늘 높았다. 자연스럽게
갈릴리 호수에서 시작하는 요단강물이 불어나서 주변의 범람
원을 넘실거렸을 것이고 사람들이 이 시기 요단강을 건너는 것
이 쉽지는 않았을 것이다. 그런데 제사장들이 언약궤를 메고

범람하는 요단강에 발을 딛자마자 강물이 멈췄고, 그 결과 이스라엘 백성 모두 마른 강을 건널 수 있었다. 마치 홍해의 기적을 보는 것 같은 놀라운 사건이 발생한 것이다. 이스라엘 백성은 출애굽하여 가나안 땅에 도착하기까지 홍해와 요단강이라는 두 가지의 놀라운 기적을 만날 수 있었다.

여호수아와 이스라엘 백성 모두가 요단을 건너자 여호와께서 열두 지파에서 한 사람씩을 선출하여 요단에 내려가 각자 돌 하나씩 취하여 가져오게 하셨다. 여호수아는 요단강 한복판에서 가져온 열두 개의 돌들을 가나안 땅에 들어와 처음 진을 친 어느 장소(the place, 수 4:3)에 두었다. 여호수아는 이 돌들을 보면서 이렇게 말했다. "후일에 너희의 자손들이 물어 이르되 이 돌들은 무슨 뜻이냐 하거든 그들에게 이르기를 요단 물이 여호와의 언약궤 앞에서 끊어졌나니 곧 언약궤가 요단을 건널 때에 요단 물이 끊어졌으므로 이 돌들이 이스라엘 자손에게 영원히 기념이 되리라 하라"(수 4:6~7). 여호수아는 하나님께서 자신과 이스라엘을 인도하셔서 무사히 가나안에 들어선 것을 기념하며 제단을 쌓고 예배를 드린 것이다. 여호수아는 이 기념비적 예배 장소를 정확하게 밝히지 않았다. 단지 히브리어 말로 '하-말론(ha-malon)', 즉 '유숙할 곳'(8절)이라고만 기록하였을 뿐이다. 그런데 흥미롭게도 19절에 그들이 묵었던 곳을 '길갈'이라는 장소로 표현한다. 아마도 8절의 '유숙할 곳'과 19절의 '길갈'은 동일한 장소일 것이다. 더욱이 신명기 11장 30절에 "요단 강 저쪽 곧 해지는 쪽으로 가는 길 뒤 길갈 맞은 편"이라는 표현에서 길갈의 위치가 구체적으로 드러나 있다. 길갈은 이후 이스라엘이 가나안 정복 전쟁

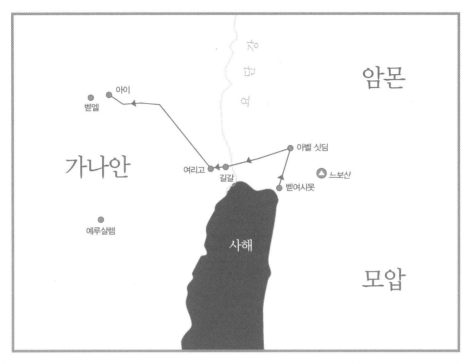

모압 평지에서 여리고까지의 이동경로

모압 평지에서 요단강을 건너 길갈에 1차로 캠프를 친 이스라엘은 이어서 여리고, 그리고 아이성 공략 등으로 숨가쁜 가나안 정복 전쟁을 전개했다. 중요한 것은 이스라엘 백성들이 모압 평지와 요단강, 그리고 길갈을 거치며 광야생활을 정리하고 가나안에서의 삶을 본격적으로 시작했다는 것이다. 그리고 그 모든 각각의 지역과 과정에는 나름의 영적 의미들이 담겨 있다. 하나님의 백성들에게 땅은 그저 주어지지 않는다. 하나님 백성들에게 있어서 그 밟는 땅 한곳 한곳이 모두 의미가 부여되어 있다.

을 벌이는 한동안 이스라엘의 중요한 거점이었다.

그런데 길갈의 기념비와 예배 사건 후 이스라엘 백성에게 특별한 사건이 하나 더 있었다. 바로 할례의식(circumcision)이었다(수 5:3). 할례는 아브라함 때부터 언약 백성의 상징이었다(창 17장). 대부분이 출애굽한 첫 세대의 후손이었던 이스라엘 백성은 광야 40년 동안 할례를 행하지 않았다. 길갈의 할례는 결국 하나님의 말씀에 순종하고 약속의 땅에서 언약백성으로 새로운 삶을 시작할 것이라는 결단을 보여주는 것일 것이다.

여리고 정복

이스라엘 백성이 40년간의 광야생활을 마치고 요단강을 건너와 가나안 정복을 시작했을 때 가장 먼저 정복한 지역이 바로 여리고였다. 여호수아서 6장은 여리고 정복에 관한 이야기를 자세하게 기술하고 있다. 여리고는 이스라엘이 처음으로 정복한 땅으로서 흥미로운 전개 과정을 갖는다. 예를 들면 염탐꾼과 기생 라합의 만남, 그리고 특이한 전술로 성을 함락한 이야기 등이 그렇다.

이야기의 대략은 이렇다. 여리고 성 사람들은 이스라엘 백성이 요단강 동편의 여러 성들과 마을들을 점령하여 빼앗은 사건을 알고 있었다(신 2~3장). 그 소문은 여리고뿐만 아니라 가나안 곳곳 심지어 지중해변의 도시들까지도 공포에 떨게 했다(수 5:1). 아마르나(Amarna)의 문서가 증거하는 대로 이 시기 히브리인들의 가나안 침략은 위정자들에게 매우 골치 아픈 문제였다. 요단강을 건넌 이스라엘 백성들은 그곳 길갈에서 할례를 행한 후 상처가 치유될 때까지 휴식했다. 그리고 난 직후부터 그들은 여리고성 앞 평지에 진을 치고 그곳에서 유월절을 보냈다(수 5:10). 놀랍게도 이 유월절 직후부터 이스라엘에 더 이상 광야의 음식 만나가 내리지 않았다. 이스라엘은 이제부터 하나님께서 약속하신 땅의 소산물을 먹기 시작한 것이다(11

절). 여호수아는 이 시점에서 하나님의 천군 천사를 만난다. 그는 천사의 군대 대장을 만난 자리에서 순종하는 마음으로 자신의 신을 벗었다(15절). 이것은 지금부터 벌어질 여리고성 전투를 자신의 힘과 능력이 아닌 하나님의 힘과 능력으로 치르겠다는 표현이었다.

여리고 정복
장 푸케가 1415년에 그린 그림으로, 일곱 개의 양각 나팔과 언약궤를 앞세운 영적인 전투 행렬을 잘 묘사하고 있다.

여리고성은 우선 철통과 같은 경계를 펼쳤다. 그들은 성 내에 수상한 사람들이 없는지 살폈고 누구도 성 안으로 들이지 않기 위해 최선을 다했다. 성경적인 표현으로 철옹성과 같은 성벽으로 철벽 방어를 하고 있었던 것이다. 그런데 하나님과 여호수아의 여리고 포위 및 공격 방식은 전혀 다른 방식으로 전개되었다. 하나님께서는 이스라엘로 하여금 6일 동안 매일 한 번씩 성을 돌도록 하셨다(수 6:3, 8~11). 그런데 성을 도는 방식과 이후 공성 방식이 특이했다. 그것은 군사적인 행진이기 보다는 종교적인 의식에 가까운 모습이었다. "제사장 일곱은 일곱 양각 나팔을 잡고 언약궤 앞에서 나아갈 것이요"(수 6:4, 12~13). 마지막 날에는 더욱 군사적인 모습이 아니었다. 마지막 일곱 번째 날이 되었을 때에는 제사장과 군사들이 일곱 번 성을 돌았다. 그리고 앞선 제사장들이 양각 나팔을 불 때 뒤에 서 있던 이스라엘 온 백성들이 큰 소리로 함성을 지른 것이다(5절, 15~21절). 이렇게 독특한 방식으로 공성전을 펼치자 과연 여리고 성이 그대로 무너졌다(20절).

여리고 성에 대한 고고학적인 혹은 역사적 진술은 매우 흥미롭다. 우선 캐년의 고고학적인 발굴에 의하면 여리고 성은 이중 성벽 구조로 내벽과 외벽, 두 겹으로 되어 있는데, 외벽은 10미터 높이에 2미터 두께이고, 내벽은 6미터 높이로 건축된 성이었다. 특이하게도 기독교와 유대교 사본 전승에서 여리고 성은 원형의 일곱 겹 미로와 같은 성벽으로 묘사되어 있다. 역사 속에서 원형 건축은 주술적 보호를 상징한다. 게다가 일곱 겹의 미로(Labyrinth) 성채는 난공불락의 마법적 힘에 의한 보호를 의미한다. 실제로 6세기 경 시리아의 기독교 연대기 역사서, 「보물 동굴의 책(The Book of the Cave of Treasure)」에 의하면, 여리고 성은 이삭이 67세 되던 해에 건축되었는데, 히타이트의 왕, 아모리의 왕, 기르가스의 왕, 여부스의 왕, 가나안의 왕, 히위의 왕, 그리고 브리스의 왕 등 모두 일곱 명의 가나안 땅 왕이 각각 성의 일곱 외벽을 둘렀다고 한다. 여리고 성에 대한 일곱 번의 종교 의례적 순회와 온 백성들의 함성은 이스라엘 하나님의 가나안 각 부족들과 그 신들에 대한 영적 전쟁과 그 승리를 의미하는 것이었다.

결국 여호수아와 이스라엘의 여리고 정복 전투는 이스라엘의 가나안 전체 부족에 대한 종교 전쟁의 매우 강렬한 시작점을 의미하는 것으로 보는 것이 가장 정당하다. 구약성경은 이런 식의 전쟁을 '헤렘(herem)'이라 불렀다. 헤렘은 일반적으로 제사의식에서 사용된 단어이나(레 27:21, 28, 민 18:14) 이스라엘의 가나안 정복시대에 대한 기록에서는 일련의 그 정복 전쟁 방식으로 묘사되었다(신 7:2, 20:17, 수 8:2, 삼상 15:3). 말하자면 정복된 가나안의 성읍 주민과 식물 등 살아 있는 모든 것을 죽이고, 우물을 메워버리는 것이다. 특별히 동물과 보물은 여호와를 위한 제사에도 쓰일 수 없어 역시 다 죽이는 것을 원칙으로 한다. 즉, 이스라엘은 가나안의 그 어떤 사람들과도 교류하지 않고 그 어떤 산물도 사용하지 않는다는 원칙을 말하는 것이다. 이 원칙과 그 이유가 가장 극명하게 표현된 것은 신명기 7장으로, 이렇게 기록되어 있다. "네 하나님 여호와께서 네게 넘겨주신 모든 민족을 네 눈이 긍휼히 여기지 말고 진멸하며 그들의 신을 섬기지 말라 그것이 네게 올무가 되리라."(16절) 하나님께서는 이스라엘이 당신의 백성으로서 가나안에 정착하여 살면서 그 땅에 오래전부터 유래하던 그 어떤 것에도 의지하지 않고 오직 하나님의 뜻과 율법에 의하여서만 살기를 원하셨다. 이스라엘 백성들은 이 헤렘에 대해 순종할 것을 서원했다. 그리고 그들이 서원한 헤렘이 최초로 적용된 곳이 바로 여리고였다(수 6:20~21). 여리고는 하나님의 백성이 무너뜨리고 없애버려야 할 곳이었지, 타협하고 교류하며 상생해야할 대상이 아니었다.

아이성 헤렘의 실패

안타깝게도 이스라엘의 헤렘 서원 실천은 두 번째부터 실패로 돌아갔다. 여리고 성에 이은 두 번째 점령 대상 아이(Ai) 공략이 실패한 것이다. 여기서 아이성 전투에 대한 고고학적 실증은 중요하지 않다. 아이성 전투에 대한 여호수아서의 기록에서 독자가 바라보아야 하는 부분은 오직 하나님의 백성들이 왜 그 헤렘에서 실패했는지에 관한 것이다. 어쩌면 헤렘 실패는 여리고에서 이미 발생한 것이었다. 여호수아서는 이 문제를 이렇게 정리했다. "이스라엘 자손들이 온전히 바친 물건으로 말미암아 범죄하였으니 이는 유다 지파 세라의 증손 삽디의 손자 갈미의 아들 아간이 온전히 바친 물건을 가졌음이라 여호와께서 이스라엘 자손들에게 진노하시니라"(수 7:1).

여호수아는 여리고성을 성공적으로 무너뜨리고서 아간의 사건을 꿈에도 모른 채 다음 공략지를 아이로 정했다. 아이성은 여리고에서 유다 산지로 올라서는 입구 안쪽에 있는 작은 성이었다. 그렇다고 지도자 여호수아가 아이성 공략을 소홀히 진행한 것은 아니었다. 그는 여리고와 마찬가지로 정탐꾼을 보냈다. 아이 성에 정탐꾼들은 곧 그에게 아이성이 크지 않으니 소수의 병력만으로도 점령이 가능하리라는 결론을 보고했다(3절). 여호수아와 이스라엘의 삼천 군대는 바로 작전에 들어갔다. 그런데 아이성은 공략할 수 없었다. 이스라엘은 오히려 패퇴하고 말았다. 여호수아는 작금의 상황을 이해할 수 없었다. 그는 통곡했고 하나님께 불평했다(7~9절). 그러자 여호와 하나님께서 여호수아에게 그들이 어떻게 해서 헤렘에 실패했는지를 말씀하셨다(11~12절). 하나님께서는 가나안의 불경스러운 물건들이 이스라엘 진중에 남아 있는 한 이스라엘과 함께하실 수 없었고 그들의 전투 승리를 위하여 앞서 나아가실 수 없었다. 하나님께서는 이스라엘이 헤렘의 서원을 엄숙하게 지키고 거룩한 백성으로 서기를 원하셨다.

결국 여호수아와 이스라엘은 자신들 중에 헤렘에 대해 중대한 범죄를 저지른 사람이 있음을 알게 되었다. 유다지파, 세라 족속, 삽디 집안의 아간(Achan)이 헤렘을 불순종하고 여리고의 노획물들을 범한 것이 문제였던 것이다(16~21절). 여호수아는 아간의 문제를 엄중하게 다뤘다. 그를 아골 골짜기(Valley of Achor)로 데려가 돌로 쳐 죽였고 그가 은밀히 노획한 것들을 모두 불태웠다(25~26절). 아간의 문제를 해결한 뒤 다시 시작된 아이성에 대한 헤렘 전투는 매우 성공적이었다. 이번에는 여호수아 스스로 아이성 전투를 단속했다. 그는 직접 전투를 준비했고 백성들 및 군사들과 함께 행동했으며 헤렘 전투가 끝날 때까지 그의 손에서 무기를 내려놓지 않았다(수 8:26).

아이성 전투가 성공적으로 끝났다고 해도 지도자 여호수아는 긴장의 끈을 놓을 수 없었다. 이스라엘 백성들 사이에서 언제 또 아간과 같은 문제가 발생할 지 알 수 없었던 것이다. 그는 전투에 지쳐있을 법한 이스라엘 백성 전체를 이끌고 북쪽 세겜(Shechem)으로 갔다. 그리고 에발산(Mountaim of Ebal)에 다듬지 않은 돌로 제단을 쌓고 하나님 앞에 화목제물을 드렸다(30~31절). 이 제사는 앞으로 모세의 율법대로 행할 것에 대한 재다짐이자, 하나님과 이스라엘 백성 사이의 언약 관계가 다시 한 번 확고하여졌다는 사실을 선언한 것이다. 이어서 여호

아이성으로 알려진 텔 아이엣(Tel Ai-et) 유적
사진은 아이성으로 추정되는 텔 아이엣(Tel Ai-et)의 작은 유적이다. 아이성의 정확한 위치에 대해서는 고고학자들 사이에 의견이 분분하다. 아이성이 하나의 도시였는지에 대해서도 의견이 분분하다. 학자들은 여호수아가 벧엘을 정복하면서 더불어 벧엘사람들의 마을 아이도 함께 공략했을 것으로 본다.

수아는 매우 상징적인 행동을 시행한다. 하나님의 언약궤를 중심으로 이스라엘 온 회중의 절반을 그리심산 앞에, 나머지 절반을 에발산 앞에 세우고 모세의 율법에 기록한 모든 축복과 저주의 이야기들을 단 한 글자도 빼 놓지 않고 들려준 것이다(33~35절). 이제 이스라엘은 가나안 정복 초기 여리고성과 아이성 사이에서 발생한 헤렘의 실패와 성공을 뼈아픈 교훈으로 삼고 있다. 하나님께서 약속하신 땅을 온전히 점령하는 것은 하나님의 백성 한 명 한 명이 빠짐없이 계명 앞에 바르게 서는 일로 가능한 일이었다. 하나님의 백성들은 여리고를 통해 구별되고 거룩한 삶을 위한 또 하나의 시험대를 넘어섰다.

Didactic Story
하나님의 백성들의 타협하지 않는 신앙

40년 광야생활을 끝낸 이스라엘은 이제 본격적으로 가나안 정착을 준비했다. 가나안은 여러모로 광야와는 달랐다. 가나안에서는 더 이상의 만나와 메추라기가 없었다. 가나안에서는 훨씬 집요하고 계략에 능통하며 영적으로 강력한 거주민들이 있었다. 무엇보다 가나안에서는 이스라엘 백성들이 누리지 못했던 땅 소유권이 있었다. 그리고 땅에 대한 소유는 이전 유랑자로서의 삶과 전혀 다른 방식의 삶과 관계의 패턴을 이스라엘에 형성했다. 결국 하나님께서는 모압 평지를 지나 가나안에 입성하는 이스라엘 백성들과 더불어 마지막 교육과 훈련의 시간을 가지셨다. 모압 평지에서 진행된 모세의 최종 강화와 기적적인 요단강 도하와 길갈에서 있었던 일련의 사건들은 가나안에 정착하는 이스라엘 백성들을 위한 일종의 최종 교육과 훈련 프로그램 같은 것이었다. 물론 이 모든 과정에는 일련의 테스트들이 있었다. 매번 가나안에서 치르게 되는 성스러운 전투들과 관련된 것이다. 이스라엘은 매 전투들을 하나님의 계획과 방식에 근거하여 수행해야 했다. 더불어 그들은 각 전투에서 발생하는 모든 승리의 잉여물들에 대해 사사로운 욕심을 개입하지 말아야 했다. 하나님은 이 규칙에 매우 철저하셨고 이스라엘의 순종과 수행여부에 따라 가나안에서의 삶의 질이 달라질 것에 대해 이야기하셨다. 한 마디로 이스라엘은 여리고를 대표로 하는 가나안에서 타협하지 말고 정복하는 신앙의 승리를 이루어야 했다.

하나님의 백성, 광야를 끝내고 요단을 건너

하나님의 백성들이 드디어 모압 평지에 섰다. '모압 평지'의 원래 히브리말은 '모압의 아라바(Araba of Moab)'이다. '아라바'라는 말은 일반적으로 '비옥한 땅의 평지'를 가리키는 것이 아니라 '메마른 광야로 된 평지'를 뜻하는 말이다. 여기서 아라바는 어떤 특정한 지명을 지칭하는 것이라기보다 평야, 초원, 광야와 같은 일반적인 지리적 특징을 나타내는 것이다. 결국 '아라바'의 히브리어 의미 '황량하다, 척박하다, 메마르다'는 뜻을 연결하여 모압 평지를 해석하면 모압 광야가 맞는 말

느보산에서 바라본 모압 평지와 가나안
모세는 모압 평지에서의 마지막 설교를 마치고 이곳 느보로 올라와 여기서 생을 마쳤다. 그는 이곳 느보산에서 요단강과 그 건너편 가나안을 한눈에 바라보면서 감회에 젖었을 것이다.

이 된다. 물론 모압 아라바가 전혀 사람이 살 수 없는 시나이 반도와 같은 거친 땅이었던 것은 아니었다. 모세가 이스라엘을 이끌어 정착한 모압 평지는 요단 동편 산지에서 요단으로 흘러내리는 작은 강과 샘이 있어서 제법 비옥한 지역이었다. 그러나 민수기의 저자는 굳이 이곳을 비옥한 평지라는 의미가 아닌 척박한 땅으로 묘사했다(민 36:13). 아마도 이제 막 가나안으로 넘어서야 하는 이스라엘 온 백성의 정서를 반영한 표현일 것이다. 즉, 이제 요단강만 건너가면 하나님께서 약속하신 땅에 들어설 것이고 그렇게 되면 이제껏 약 40여 년간 계속된 거칠기 짝이 없는 삶이 끝나게 되리라는 생각의 반영인 것이다. 그러니 이스라엘 백성들이 모압 평지에 섰다는 것은 그냥 평지가 아니라 그들이 그때까지 걸어온 광야의 끝자락에 섰다는 것을 의미한다. 이런 면에서 모압 평지는 모압 광야로 번역하는 편이 적절하지 않을까 생각한다. 이스라엘은 지금 그들의 고난의 끝자락에 서서 새로운 삶, 하나님께서 약속하신

새 땅에서의 축복 받은 삶을 기대하고 있다. 그러니 그들이 딛고 선 모압 평지가 제아무리 비옥한 분위기를 제공한다 할지라도 그곳은 그들이 있을 곳이 아니었다. 그들은 모압 평지에 머무를 것이 아니라 강을 건너 가나안으로 들어가야 한다.

그런데 그들 앞에 도도하게 강이 하나 버티고 섰다. 고대 문명들을 발생시킨 것들과 같은 큰 강은 아니다. 그렇다고 얕볼 만한 강도 아니다. 평소에는 작은 샛강처럼 보이다가도 홍수기가 되면 거의 2킬로미터를 육박하는 큰 강이 되어 버리기 때문이다. 여호수아와 이스라엘 백성들이 도강을 할 즈음은 홍수기였다. 강폭이 매우 넓었을 것은 당연하다. 이제 그들에게는 그저 소홀히 여길 수 없는 이 요단강을 건너는 과제가 놓여 있다. '건너다'라는 말의 히브리어는 '에베르(eber)'인데 여기서 '에베르'는 히브리인이라는 말의 근원인 '이브리(ibri)'라는 말과 동일한 어원적 의미를 갖고 있다. 히브리인의 원조인 아브라함이 오래전 '유브라데 강'을 건넜고, 모세 역시 얼마 전 홍해를 건넜다면, 이제 여호수아와 이스라엘 백성들이 최종 목적지를 향해 '요단강'을 건널 참이다. 그들은 이 강을 건너 가나안으로 들어가야 하나님의 백성으로서 온전히 새로운 삶을 시작할 수 있다. 여호수아와 이스라엘 백성이 요단강을 건너는 장면을 기록한 여호수아 3장을 살펴보면 도강과 관련하여 매우 교훈적인 몇 가지 장면이 있다.

첫 번째 장면은 여호수아 3장 3절에서 여호수아가 "너희는 레위 사람 제사장들이 너희 하나님 여호와의 언약궤 메는 것을 보거든 너희가 있는 곳을 떠나 그 뒤를 따르라"고 말하는 장면이다. 여기서 '따르다'라는 말의 히브리어는 '할라크(halak)'이다. 앞서 언급한 것처럼 일반적으로 구약성경에서 할라크는 '걷다'로 번역되지만 이 말은 단순히 '걷다'라는 의미만으로 쓰이지 않는다. 특히 '여호와의 언약'이라는 표현과 함께 쓰일 때, 할라크는 여호와의 약속을 따라 '행하다'라는 의미를 가진다. 여호수아와 이스라엘 백성이 제사장들을 따라 요단을 건너는 것 자체는 여호와의 언약을 지키고 행한다는 의미를 갖는 것이다. 그들은 실제로 여호수아를 통해 전해진 여호와의 말씀을 따라 요단을 건넜고 가나안에 들어가서도 여호와의 말씀에 순종하며 그 말씀만을 따라 사는 길을 모색했다. 비록 어려운 난관이 많았지만 말이다.

두 번째 장면은 5절에서 여호수아가 "너희는 자신을 성결하게 하라"고 명령하는 장면이다. '성결'의 히브리어는 카도쉬(kadosh), 즉 거룩함이다. 성경에서 거룩함을 말하는 카도쉬

사해 주변 요르단 범람원
이스라엘 백성들이 건넜을 요단강 일대는 도강이 쉽지 않았다. 그들이 건넌 요단강 일대는 소위 범람원이라고 말하는 겨울철 상시 침수 지역이었고 곳곳에 작은 모래언덕과 골짜기들이 있었다.

는 다양한 상황, 다양한 의미로 나타나지만, 여기 5절에 사용된 카도쉬는 동사의 형태로 사용되어 '스스로 자신을 거룩하게 해야 한다'는 독특한 표현으로 남아있다. 즉, 요단강을 건너 가나안 땅에서 하나님의 백성으로 살아가는 삶에는 거룩하여 구별된 삶이 필요한데, 그것을 순종하는 마음으로 신실하게 수행해야 한다는 것을 의미하는 것이다. 여호수아가 이스라엘 백성들에게 성결하게 하라고 명령한 것은 그들이 이제부터 치러야할 거룩한 영적 전쟁 즉, 헤렘 전쟁을 기억하게 한다. 그들은 가나안에 들어가 그 땅의 어떤 것과도 뒤섞이지 말아야 한다. 그들은 그 땅에서 거룩하게 구별된 하나님의 백성으로 살아야 한다.

마지막 세 번째 장면은 8절에서 여호수아가 명령한 "너희가 요단 물가에 이르거든 요단에 들어서라"라는 명령이다. '요단에 들어서라'라는 표현의 정확한 히브리어는 '요단강에 서라'이다. 평소에야 얼마든지 따를 수 있는 명령이다. 그러나 홍수기, 특히 물이 많이 흐르는 시점에는 지키기 쉽지 않은 명령이다. 물결도 거칠었을 것이다. 출애굽해서 홍해를 만난 부모세대들이 경험한 것 만큼의 두려움이 그들의 마음 한구석을 차지하고 있었을 것이다. 그러나 여호수아는 그 모든 현실적 상황을 괘념치 않았다. 그는 오직 하나님의 뜻을 따라 이스라엘에 "강 한복판에 서라"고 명령했다. 정면 돌파를 선택한 것이다. 어찌 보면 믿음이란 앞으로 발걸음을 내딛는 것이다. 하나님만을 의지하면서 불확실한 미래 속으로 자신을 내던지는 것이다. 인간의 한계와 단절 앞에서 하나님께 전적으로 자신을 맡기는 것이다. 믿음으로 발걸음을 내딛고 발을 적시려는 모험을 하지 않는다면, 꿈의 성취를 기대할 수 없다. 제사장들이 순종하는 마음으로 한 걸음 한 걸음 내디뎠을 때, 거세게 흐르던 강물이 사라졌다. 제사장을 비롯한 이스라엘이 "요단에 들어서라."라는 명령에 순종하여 요단강에 서자 "물이 그쳤다"(16절). 그리고 그 마른 땅 위에 "제사장들이 굳게 섰다"(17절). 성경은 "모든 이스라엘은 그 마른 땅으로 건너갔다"고 최종 보고한다. 여호수아와 이스라엘은 드디어 광야 생활을 끝냈다. 하나님의 말씀에 순종하여 그 말씀을 따라 나섰다. 그리고 강을 건너 약속의 땅에 도착했다.

타협과 공존이 아닌 점령의 대상 여리고

여리고라는 이름은 몇 가지 어원을 갖는다. 먼저 냄새라는 뜻을 가진 히브리어 '레아흐(Reah)'에서 유래했다는 설이 있다. 이 설은 고대 여리고가 향료를 만드는 곳으로 유명해서 붙여진 이름이라고 보는 것이다. 그래서인지 아랍 사람들은 여리고를 "향기로운"이라는 뜻을 가진 "아리하(Ariha)"라고 부른다. 또 여리고는 달을 의미하는 "야레아흐(Yareah)"라는 말에서 유래했다고 보는 설도 있다. 고대 여리고가 달 신을 섬기는 중심지였기 때문에 여기에서 유래했다고 보는 것이다. 학자들의 의견에 따르면 실제로 이스라엘 백성들이 가나안 땅에 들어오기 전, 여리고는 가나안과 메소포타미아의 '월신(月神)'을 섬겼다. 결국 가나안의 월신을 숭배한 여리고는 이스라엘의 타협 및 공존의 대상일 수 없었다. 하나님을 섬기는 이스라

여리고의 영적 전쟁

여리고 점령은 하나님의 백성들이 치른 영적 전쟁의 상징이다. 교회사는 여리고를 하나님의 대적들이 영적으로 무장하고 갖가지 영적 방어 장치들을 갖춘 미로와 같은 도시로 묘사했다. 특히 도시 성벽은 일곱겹 미로로 묘사되었다. 이 그림은 고대 시리아 사본에 등장하는 여호수아의 여리고 정복 이야기에 관한 묘사이다. 여호수아 앞에 서 있는 여리고는 사악한 영들에 사로잡힌 미로의 도시로 묘사되어 있다.

엘은 여리고를 무너뜨린 후 여리고의 어떤 것도 살아있게 할 수 없었다. 가나안의 그 어떤 것과도 타협할 수 없고 공존할 수 없다는 것은 이스라엘이 가나안에 들어가 그곳의 주인으로 살아가게되는 중요한 전제조건이었다.

하나님께서는 가나안을 점령하는 이스라엘에 한 가지 분명한 명령을 하셨다. 하나님께서는 이스라엘에 "너는 그들을 진멸할 것이라 그들과 어떤 언약도 하지 말 것이요 그들을 불쌍히 여기지도 말 것이며 또 그들과 혼인하지도 말지니 네 딸을 그들의 아들에게 주지 말 것이요 그들의 딸도 네 며느리로 삼지 말 것은 그가 네 아들을 유혹하여 그가 여호와를 떠나고 다른 신들을 섬기게 하므로 여호와께서 너희에게 진노하사 갑자기 너희를 멸하실 것임이니라"고 말씀하셨다(신 7:2~4). 이스라엘은 이 명령에 따라 여리고를 비롯한 가나안의 모든 도시들을 상대하고 전투하고 점령하여 그 땅을 차지할 터였다.

그뿐이 아니었다. 하나님께서는 가나안의 도시들에 대한 전투 및 점령 명령에서 그 세부적인 방법까지 직접 지시하셨다. 가나안 점령 전쟁을 인간의 방식이 아닌 하나님의 방식대로 치르게 하신 것이다. 가나안 점령 전쟁은 그래서 마치 하나님께서 직접 사령관이 되어 모든 전투를 치르시는 것과 같았다. 그런 면에서 여리고는 하나님께서 직접 전투를 치르신 대표적인 성이었다. 하나님께서는 길갈에 진을 치시고 할례를 치르시고 그리고 유월절을 마친 이스라엘에 하나님의 군대 대장을 보내셨다(수 5:13~15). 그리고 여호수아와 이스라엘을 직접 인도하여 여리고를 무너뜨리셨다. 이 전쟁 승리는 전적으로 하나님의 것이었다. 여호수아와 이스라엘은 하나님께서 명령하신 대로 제사장과 법궤와 나팔을 앞세워 7일 동안 여리고 성을 돌았을 뿐이었다. 그런데 성이 하나님의 능력으로 무너졌다. 그리고 여리고가 온전히 이스라엘의 것이 되었다.

그러나 여리고 점령 전투의 가장 중요한 부분은 바로 여기서 부터였다. 이스라엘은 하나님께서 말씀하신 대로 여리고의 모든 것을 진멸했다. 사람이나 가축이나 물건이나 어느 것 하나도 살려두거나 취하지 않았다. 모든 것을 파괴한 것이다. 그들은 하나님께로부터 이미 들은 명령 그대로 그 성의 어떤 것과도 몸과 마음과 영혼을 섞지 않았다. 타협하지도 않았다. 그들은 온전히 모든 것을 불태웠고 소멸시켰다. 그렇게 소멸된 땅 위에 하나님의 백성들의 거룩한 것들이 다시 세워질 것이기 때문이다. 헤렘의 명령이었다. 이스라엘이 이 헤렘의 명령에 충실하여 하나님 앞에서 온전하고 거룩하며 구별된 백성으로 남으면 하나님께서 가나안에 정착한 이스라엘에 큰 축복을 주실 터였다.

그런데 안타깝게도 이스라엘의 가나안 정착에서 이 헤렘의 명령이 제대로 지켜지지 않았다. 이 명령에 대한 성실한 순종이 빗나간 것은 여리고부터였다. 아간은 여리고의 모든 것을 진멸하라는 하나님의 명령을 따르지 않고 자기가 갖고 싶은 것들을 취했다. 그리고 벌을 받았다. 이스라엘도 이 명령이 제대로 지켜지지 않은 대가를 치렀다. 여리고 다음 아이성 전투에서 다수의 병력을 잃은 것이다. 이외에도 이스라엘이 헤렘을 지키지 않은 증거가 곳곳에 있다. 그들은 기브온 사람들이 찾아와 자신들의 목숨을 연명하기 위해 벌인 거짓 계약 요구를 그대로 받아들였다(수 9:15). 여호수아는 죽기 전 아직 점령하지 않은 곳들을 나열하면서 반드시 그곳을 정복하고 진멸해야 한다고 말했다. 그러나 그의 부탁은 이루어지지 않았다. 사사기 1장에는 이스라엘이 진멸하지도 않고 다 쫓아내지 않았던 족속들과 그들의 성들이 이스라엘 정복전쟁의 결과물로 최종적으로 기록되어 있다. 에브라임은 게셀에 거주하는 가나안 족속을 쫓아내지 못했고 스불론은 기드론 주민과 나할롤 주민을 쫓아내지 못했다. 아셀 지파는 상황이 심각해서 대부분의 페니키아 지역을 정복하지 못한 채 남았다. 그래서 악고와 시돈와 알랍과 악십과 헬바와 아빅과 르홉이 그대로 남았다. 납달리 지파는 벤세메스와 벧아낫을 정리하지 못했고, 단 지파는 블레셋의 괴롭힘을 이기지 못하여 결국 그 땅을 떠나 북쪽 라이스라고 불리는 매우 조용한 곳에 터를 잡았다. 그러나 미가의 집에서 제사장과 에봇과 드라빔을 가지고 잘못된 길을 나선 단 지파는 결국 이스라엘의 역사에서 사라지고 말았다.

하나님께서는 당신의 백성들이 약속의 땅에서 살아갈 때 하나님의 뜻에 순종하는 삶을 살기를 원하신다. 하나님의 뜻은 바로 뒤섞이지 않는 것이다. 순전하고 거룩하여 구별된 삶을 사는 것이다. 출애굽과 광야 준비, 그리고 가나안에서의 실제 삶이 오늘 세속의 한복판을 살아가는 하나님의 백성들에게 동일한 교훈을 전해준다. 하나님께서는 오늘 하나님의 백성들에게도 동일하게, 순전하여 거룩하며 구별되라고 말씀하신다. 하나님의 뜻으로 살아가는 삶의 원칙과 방식이 우리 삶의 터전을 정복하고 지배하기를 바라신다. 하나님께서는 예나 지금이나 이 부분에 대해서 조금의 타협도 원하지 않으신다. 중요한 것은 우리의 자세이다. 우리는 이미 세속을 벗어나 하나님께서 다스리시는 땅으로 들어섰다. 이제 우리는 하나님의 뜻에 따라 순종해야 한다. 그리고 하나님의 법도를 신실하게 지켜야 한다. 작은 것 하나에서도 세상에 틈을 보이지 말아야 한다. 우리 그리스도인의 삶의 지경을 확장해 감에 있어서 원칙을 잃지 말고 하나님의 방식 그대로 실현하기 위해 노력을 기울여야 한다. 거룩하여 구별되는 것, 조금의 타협도 하지 않는 것이야말로 하나님께로부터 땅을 기업으로 받은 이들의 가장 중요한 삶의 원칙이다.

구스타프 도레의 '아골 골짜기'

길갈의 돌과 아골 골짜기의 돌

이스라엘이 아이성에서 패한 후 발견된 아간
의 죄는 이스라엘이 어떤 마음과 생각과 자세로
가나안 점령에 나서야 하는지를 잘 보여주는 예
가 되었다. 그들은 아간의 범죄에 아연질색했고
그 죄를 다시 범하지 않기 위해 그를 돌로 쳐 죽
인 후 그 자리를 마치 기념비와 같은 돌무더기로 쌓아올렸다.
그런데 이즈음에 이스라엘은 아골 골짜기의 돌더미 외에도 또
하나 돌들을 쌓는 경험을 했다. 바로 길갈에 쌓은 기념비다.
하나는 하나님의 놀라우신 일들을 기념하여 쌓아올린 기념비
고 다른 하나는 인간의 죄를 잊지 않기 위해 쌓아올린 돌무더
기다.

고대인들의 돌을 쌓는 행위는 것은 상식적으로 기념이나 제
사를 위한 것이었다. 그런데 길갈의 기념비는 그 의미를 다시
해석해야 한다. 여호수아와 이스라엘은 왜 요단에서 돌을 가
져왔을까? 이스라엘 백성은 모세와 함께 40년 광야생활에 모
세와 함께 마침을 찍고 새로운 리더인 여호수아와 함께 요단을
넘어 가나안 땅으로 들어갔다. 야곱이 벧엘에서 베고 자던 돌
베개를 세워 하나님께 기도했던 것처럼 이스라엘 백성 역시 요
단을 지날 때 요단 가운데 있는 돌들을 취하였고 그것들을 길
갈에서 세운 후 하나님께 예배를 드렸다. 여호수아 4장 5절에

보면 여호수아가 "그들에게 이르되 요단 가운데로 들어가 너희 하나님 여호와의 궤 앞으로 가서 이스라엘 자손들의 지파수대로 각기 돌 한 개씩 가져다가 어깨에 메라"고 했다. 가나안 입성 첫 예배를 길갈에서 드리면서 여호수아는 예배의 상징으로 지파별로 요단에서 가져온 돌들을 상징으로 삼게 하였다. 실제로 6절과 7절에서 여호수아는 왜 요단의 돌들인지에 대해 다음과 같이 대답한다. "이것이 너희 중에 표징이 되리라 후일에 너희의 자손들이 물어 가로되 이 돌들은 무슨 뜻이냐 하거든 그들에게 이르기를 요단 물이 여호와의 언약궤 앞에서 끊어졌나니 곧 언약궤가 요단을 건널 때에 요단 물이 끊어졌으므로 이 돌들이 이스라엘 자손에게 영원히 기념비가 되리라

최근 발견된 길갈 유적

하라 하니라". 그는 6~7절의 이 교훈을 21~24절에서 똑같이 반복하고 있는데 그만큼 요단의 돌들이 상징하는 의미가 컸기 때문이었다. 특히 24절에서 그는 "이는 땅의 모든 백성에게 여호와의 손이 강하신 것을 알게 하며 너희가 너희의 하나님 여호와를 항상 경외하게 하려 하심이라 하라"고 했다.

이에 반하여 아골 골짜기의 돌무더기는 여리고를 점령하던 과정에서 아간이 저지른 범죄를 교훈으로 남기기 위해 아골 골짜기에 아간의 무덤으로 쌓아올린 것이다(수 7:24~26). 아골 골짜기는 여리고에서 아이성으로 올라가는 사이에 위치해 있었다. 오늘날 유다 광야의 어느 어두침침한 골짜기였을 것이라고 추정되는 곳이다. 아골(Achor)이라는 말은 히브리어로 '근심' 혹은 '괴로움'이라는 의미이다. 즉, 아골 골짜기라는 것은 그 골짜기가 이스라엘에 근심이요 괴로움이라는 것이다. 아마도 아간의 이야기에서 흘러온 의미일 것이다. 후대의 에스겔은 골짜기에 뼈들이 가득한 환상을 보게 되는데 아마도 이것이 아골 골짜기를 생각하여 표현한 것으로 보인다. 에스겔이 언급한 바에서도 알 수 있듯 이스라엘 사람들 사이에서 아골 골짜기는 환난과 괴로움의 뜻을 가지고 있다. 이 골짜기는 결국 희망 없이 절망스러운 괴로움을 말하는 것이다. 아골이라는 말과 관련된 성경 사건이 하나 더 있다. 갈멜산 위에서 맞붙었던 엘리야와 아합의 대화이다. 열왕기상 18장 16~18절에 보면 오바댜가 엘리야를 초청하여 아합왕에게 데리고 온다. 이때 엘리야와 아합 사이에 논쟁이 발생하는데, 먼저 아합이 엘리야를 보고 이렇게 말했다. "엘리야를 볼 때에 아합이 그에게 이르되 이스라엘을 괴롭게 하는 자여 너냐"(17절). 그러자 엘리야가 대답한다. "내가 이스라엘을 괴롭게 한 것이 아니라 당신과 당신의 아버지의 집이 괴롭게 하였으니 이는 여호와의 명령을 버렸고 당신이 바알들을 따랐음이라"(18절). 이 대화의 내용에서 공통된 한 단어를 찾을 수 있다. 바로 '괴롭게' 즉, '아골'이다. 성경 전체에서 아골은 결국 근심이자 고통이고 절망이며 좌절이다. 아간의 죄는 가나안을 점령해 나아가던 이스라엘에 큰 절망과 근심이 되었다. 아이성과 두 번째 전투에 나서기에 앞서서 그들은 아간의 시체 위에 돌무더기를 쌓고 희망 없는 근심과 고통, 절망의 근간이었던 그의 죄를 교훈으로 삼았다.

고대인들, 특별히 이스라엘 사람들에게 돌은 중요했다. 그들은 가나안 점령 작전을 시작하는 시점에 두 개의 돌무더기를 상징적으로 쌓아올렸다. 하나는 은혜를 기념하는 돌이고 다른 하나는 죄와 죄로 인한 고통을 떠올리는 돌이다. 돌의 히브리어는 '에벤'이다. 에벤은 '아바(aba)'와 '벤(ben)'의 합성어로 '아버지'와 '아들'이란 뜻을 갖고 있다. 오늘날에도 유대인들은 가족의 묘지를 방문할 때 꽃이 아닌 돌을 가져다 돌관 혹은 비석 위에 올려놓는다. 돌을 얹어 놓은 이유에 대해 유대인들은 아바(aba)이신 하나님께서 당신의 자녀인 고인을 품으시기 때문이라는 것이다. 그렇다면 '에벤'은 하나님과 이스라엘 백성과의 아버지 아들과 같은 관계를 상징하는 것이 된다. 성경의 하나님 백성들이 그들 삶과 역사에서 기념할 만한 곳에 돌무더기를 쌓았다는 것은 결국 그 돌무더기가 은혜를 상징하건 죄와 벌을 상징하건, 아버지 하나님과 자녀들인 백성들 사이에 흔들림 없는 관계를 염원하는 행위가 된다. 그들은 길갈의 돌들과 아골 골짜기의 돌들을 보면서 하나님의 변치 않으시는 사랑과 공의를 기억했다. 오늘 우리 삶 곳곳에 우리가 쌓아올린 신앙 교훈의 돌들을 생각해 보자. 우리는 그 돌들을 바라보며 때로 사랑으로 때로 공의로 우리를 다스리시는 하나님을 기억해야 한다. 주어진 기업과 지경 위에 서서 하루하루를 살아갈 때, 우리는 우리 삶 주변 곳곳에 세워진 은혜와 경고의 돌들을 늘 살펴야 한다. 그리고 우리가 하나님의 백성된 이로서 바른 삶을 살고 있는지 늘 돌이켜 보아야 한다.

Geographical Story
요단강 주변의 주요 지역들

요단 동편에 위치한 모압 평지

모압 평지 Plains of Moab

    모압 평지는 요르단 동쪽 고원 모세가 묻혔다는 느보 산지 아래 요단강 동편에 펼쳐진 넓은 땅이다. 대체로 위쪽의 싯딤(Shittim)과 남쪽의 사해 근처 벧여시못 (Beth-jeshimoth)에 이르는 넓은 영역을 포괄적으로 이르는 것으로 보인다(민 33:48-49). 남서쪽으로 사해가 있다. 아르논 골짜기를 넘어 가나안 바로 건너편 에 들어선 이스라엘은 한편으로 모압과 외교적 안정관계를 유지했다(신 2:9). 그 러나 그 위쪽에 위치한 아모리 사람 시혼왕의 영역, 헤스본을 비롯하여(민 21:21-32), 멀리 길르앗과 심지어 바산에 이르기까지는 가나안에 안정적으로 입성하기 위해서 두루 평정했다(33-35절). 그리고 본격적으로 가나안에 입성하기 위해 이 곳 모압 평지에 집결했다(민 22:1). 이곳에 집결해 있는 이스라엘의 규모를 보고서 모압의 왕 발락은 고민 가운데 발람에게 저주를 내려줄 것을 요청했다(3-6절). 그 러나 발람은 아모리의 시혼까지 무찌른 이스라엘의 위세가 두려운 나머지 오히려 세 번에 걸쳐 이스라엘을 축복해 주었다(민 23:1-24:9). 대외적으로 주변 국가들 이 이스라엘 때문에 어려움을 겪는 중에 이스라엘 백성들이 이곳에서 다시 한 번 우 상숭배와 배교에 빠져든다. 싯딤쪽 진영에 머물던 이스라엘 백성들이 모압의 여자 들과 음행을 하고 바알숭배에 빠져든 것이다(민 25:1-3). 결국 하나님께서 분노 하셔서 다시 이스라엘을 벌하셨다. 그러나 모압 평지에서 발생한 일련의 불순종 사 건이 하나님과 이스라엘의 가나안 입성 약속을 막지는 못했다. 하나님께서는 이곳 모압 평지에서 모세에게 이스라엘이 가나안에 정착하여 살아갈 땅의 사방 지경을 정해 주셨다(민 34:2-12). 이어서 하나님께서는 이스라엘의 사방 지경에서 레위 인들이 살 곳과 그들의 성을 중심으로 하는 여섯 개의 도피성을 지정해 주셨다. 모 압 평지에서 일어난 일 가운데 압권은 아무래도 모세의 마지막 설교일 것이다. 하 나님께서는 이곳에서 이스라엘이 가나안에 들어가 살게 될 경우에 가져야할 삶의 원칙과 자세에 대해 모세에게 말씀하셨다(민 33:50-55). 그리고 모세는 이곳에 서 이스라엘을 향한 마지막 교훈과 설교를 했다(신 1:5). 이후 신명기서에서 이어 지는 이야기는 모세의 모압 평지 설교를 정리한 것이다.

요단강 River of Jordan ───────────

요단강은 헐몬산에서 발원하여 훌레와 갈릴리 호수를 지나 팔레스타인을 수직 으로 흐른 뒤 사해로 흐르는 총 320 킬로미터의 강이다. 헐몬산에서 출발한 요단 강은 해수면보다 낮은 갈릴리 호수(해수면보다 210m 낮음)에서부터 갈릴리보다 더 낮은 위치의 사해(해수면보다 398.5m 낮음) 사이 약 188미터의 고저차를 흐 른다. 강 폭은 그다지 넓지 않고 그다지 깊지도 않지만 중동지역에서 흔치 않게 항 상 물이 흐르는 강이어서 주변 지역을 푸르게 만드는 중요한 강이다. 현대에 이르 러 요단강을 중심으로 왼편에 일종의 비무장지대인 골란고원과 시리아가 자리 잡고 있고 그 아래 트랜스 요르단(Trans Jordan)이라고 부르는 지역에 요르단이 있다. 오른편에는 북쪽에 레바논이 있고 그 아래에는 팔레스타인 사람들의 자치지구와 더

사해로 흘러가는 요단강

요단강은 현재 요르단과 이스라엘 사이의 국경 역할을 하고 있어서 대부분 지역이 사람들이 접근하기 어려운 군사 경계 지역이다.

붙어 이스라엘이 자리 잡고 있다. 성경에서 요단강이 처음 언급된 부분은 창세기 32장이다. 아브라함이 조카 롯과 갈라설 때 롯이 선택한 곳이 이 요단강 근처 '요단들'이었다. 이후 야곱이 고향으로 돌아올 때 강을 건넜고(창 33:18), 기드온이 이곳에서 미디안과 전쟁을 벌여 승리했다(삿 7:24-25). 다윗은 아들 압살롬의 반역을 피해 이 강을 건넜다가 다시 이 강을 건너 예루살렘으로 돌아갔다(삼하 17:22). 엘리야는 사마리아의 아합을 피해 이곳 요단 옆 그릿 시내에 몸을 숨겼고(왕상 17:3), 겉옷으로 치며 강을 건넌 후 강 주변에서 승천하여 하늘로 올라갔다(왕하 2:6-14). 이후 엘리사가 엘리야의 능력을 고스란히 이어 받아 이곳에서 수리아의 나아만 장군의 병을 고쳤다(왕하 5:1-4). 무엇보다 중요한 것은 요한이 요단강에서 세례를 베풀던 중 예수님을 만났고 예수님 역시 이 강물에서 세례를 받으셨다는 것이다(마 3:6, 13, 막 1:5, 9, 요 1:28, 4:1). 요단강은 하나님의 백성들이 약속한 땅으로 들어서서 거주할 때 동편 경계 역할을 했다(민 34:12). 그래서 요단강을 건너서 하나님께서 약속하신 땅으로 들어서는 일은 그저 도강을 하는 이상의 의미를 갖는다. 야곱이 이 강을 건넌 것이나 여호수아와 이스라엘 온 회중이 강을 건넌 것, 그리고 이스라엘 백성이 포로생활을 마치고 이 강을 건너 가나안으로 다시 돌아가는 것 등이 모두 단순한 도강 이상의 의미를 갖는다. 결국 요단강을 건너 하나님께서 약속하신 땅으로 들어가는 것은 죄악을 떠나 의로운 삶으로 나아가는 것, 하나님의 은혜로운 처소로 들어서는 관문(신 3:25, 신 11:31), 죄를 씻고 새로운 삶으로 나아가는 것(요 3:22-23) 등을 의미한다.

여리고 Jericho

여리고는 현재 요단 계곡의 강 서쪽, 사해 북쪽에 위치해 있는 도시로 바다 수면보다 258미터 낮은 곳에 위치해 있다. 세계에서 가장 낮은 고도에 위치한 사해에 접해 있는 여리고는 겨울 우기 내내 싸늘한 예루살렘에 비해 훨씬 따뜻하다. 예루살렘에서 황량한 유대광야의 내리막길을 지나 사해가 멀리 보일 즈음 왼편에 갑자기 푸른색으로 가득한 장소가 눈에 띄는데 그곳이 바로 여리고이다. 사실 여리고의 기후 상태를 보면 이곳이 어떻게 사시사철 푸를 수 있는지 의심스럽다. 여리고는 비가 거의 오지 않는 사해 지역에 위치해 있고 강수량도 일 년에 160밀리미터밖에 되지 않는다. 평균 기온도 15도~31도에 이르는 비교적 더운 지역이다. 그런데 여리고에는 물이 많다. 우선 여리고에는 지하수가 터져 나오는 샘이 많이 있다. 도시 근처에 있는 '엘리사의 샘'(왕하 2:19-25)으로 알려진 엔 에스-술탄 샘에서 솟아나는 샘물은 적어도 10평방킬로미터의 땅에 물을 댈 수 있다. 또 동편에는 사해(염해)로 유입되는 요단강 하구가 위치하고 있는데, 우기가 되면 범람하여 주변 땅을 적신다. 덕분에 보리를 거두는 봄철이 되면 넘쳐흐르는 요단강물 때문에 보리 생산에 유익하다. 여리고 주변은 비교적 풀이 많이 자라고 동시에 아열대성 식물들도 많이 자란다. 그 중에서 가장 잘 알려진 나무가 종려나무이다. 성경에서 여리고를 "종려나무의 성읍"(신 34:3; 삿 3:13)라고 묘사한 것도 바로 그 때문이다. 앗수르에 의해 북이스라엘이 멸망한 뒤에도 여리고는 작은 도시로 명맥을 유지했다. 그러나 남유다가 멸망하면서 이곳도 역시 폐허가 되고 말았다. 이후 기원전 539

여리고의 종려나무
여리고는 지리적 조건상 물이 풍성하고 과일이 잘 자라는 곳으로 유명하다. 그러나 이곳은 팔레스타인 난민들의 캠프와 테러의 위협이 상존하는 곳으로 더 많이 알려져 있다.

년 페르시아의 고레스가 원래 여리고로부터 2킬로미터 떨어진 곳에 새로운 도시를 조성했다. 그리고 도시가 다시 번성했다. 예수님 시절이 되었을 때 헤롯에 의해 도시가 크게 확장되었는데, 헤롯은 새로운 여리고를 건설하면서 예루살렘과 여리고 사이에 위치하여 유다광야를 동서로 가로지르는 와디 켈트(Wadi Qelt)의 동편 끝자락에다 엄청난 겨울 궁전을 건축했다. 여리고의 지리적 위치와 경제적인 가치가 얼마나 중요한 것인지를 헤롯은 알고 있었다. 헤롯이 발전시킨 도시 여리고는 특별히 유대인들이 갈릴리와 예루살렘을 오갈 때 중간 교역지 혹은 여행 기착지로 활용하느라 더욱 부산한 도시가 되었다. 세겜을 통과하는 산지길이 유대인들이 경멸하는 사마리아인들이 거주하는 지역인 탓에 유대인들은 사마리아가 아닌 요단강을 따라 여리고를 지나는 길을 택한 것이다. 여리고는 기원후 70년 로마가 예루살렘을 파괴한 뒤 더 이상 중요도시의 역할을 하지 못했다. 그런데 기원후 324년 이후 비잔틴 교회의 순례객들이 이곳에 정착하면서 수도원들과 교회들이 세워졌고 여리고가 다시 한 번 번성할 수 있었다. 오늘날에도 기원후 5세기 이후 여리고 시험산(Mt. of Temptation)에 세워진 그리스 정교회의 수도원이 존재하고 있다.

아이 Ai

아이(Ai)는 길갈과 여리고 서편, 벧엘보다는 서편에 위치하여 유다산지로 올라가는 길목에 자리 잡은 도시이다. 도시 이름 '아이'는 '폐허(ruins)'라는 뜻이다. 창세기 아브라함이 가나안을 여행하던 중 이 도시와 벧엘 사이에 정착하여 텐트를 쳤다(창 12:8). 이후 여호수아가 이 도시를 점령했고 도시를 완전히 파괴해 버렸다(수 7:2-5, 8:1-29). 성경의 기록으로 이 도시는 이사야 시대에 재건되었고(사 10:28) 앗수르 시대에 다시 폐허가 되었다. 바벨론 포로생활을 마치고 귀환했던 사람들의 계수에서 벧엘 사람들과 더불어 이곳 아이성의 사람들이 등장한다(스 2:28, 느 7:32). 여호수아서의 기록에 근거하면 이스라엘이 가나안을 점령할 때 즈음, 이 도시는 약 10,000명 이상이 살았던 큰 도시였다(수 8:25). 아이성에 대한 고고학적 발견은 1838년 로빈슨(Edward Robinson)에 의해 처음 이루어졌다. 이후 찰스 윌슨(Charles Wilson)이 아이성의 위치를 확정했고 저명한 구약학자 올브라이트(William Foxwell Allbright)가 1924년 아이성의 위치를 최종 확정했다. 한 가지 궁금한 것은 아이성의 이름이다. 고대의 사람들이 폐허라는 뜻을 가진 도시를 세우거나 거기에 거주했을 리가 없다는 것이다. 실제로 아이의 유적으로 여겨지는 엣텔(Et-Tell)에 대한 고고학적 발굴에 의하면, 아이는 기원전 2400년경에 애굽에 의해 파괴된 후 기원전 1000년경까지 도시로 재건된 적이 없었다. 여호수아 점령시기에 이곳에는 도시가 없었다는 말이다. 사실 이에 대한 학자들의 의견은 사실 분분하다. 그리고 그 가운데 올브라이트의 견해가 매우 독특하다. 올브라이트에 의하면 여호수아 시대 이 도시는 도시로서 모양새를 갖추지 않고 있었음이 분명하다. 그리고 여호수아와 이스라엘 백성들이 실제 점령한 곳은 벧엘이었을 것이다. 아마도 아이성에는 도시 수준이 아닌 차원에서 벧엘 사람들이나 다른 사람들이 거주했을 것이다. 결국 여호수아와 이스라엘 백성들은 벧엘을 공격하여 점령했다. 그 과정에서 이곳 아이 주변에서 전투를 치렀을 것이고 그 주변 지역을 평정한 뒤 그들이 점령한 곳이 '아이' 즉, '폐허'라고 보고한 것이다. 사실 사사기에 이 가설에 힘이 될 만한 구절이 등장한다. 여호수아 사후 이스라엘이 각 지파별로 가나안 점령을 지속했는데, 이 때 요셉 가문 사람들이 벧엘을 점령했다(삿 1:22-26).

하나님의 백성, 성경의 땅에 서다

The Holy Land and The Rise of People of God

하나님의 백성
신앙의 중심에 서다

실로

실로

하나님의 백성
신앙의 중심에 서다

  이스라엘이 정복 초기 종교적 중심지로 삼은 실로(Shiloh)
는 기원전 19, 18세기에 이미 도시로 발달했다. 성경은 실로
가 벧엘 북편에서 세겜으로 올라가는 큰 길 동편에 위치한 에
브라임의 한 성읍으로 기록하고 있다(삿 21:19). 1838년 이
지방을 방문했던 고고학자 로빈슨(E. Robinson)은 벧엘 북
동쪽 약 16km 지점 키르벳 세일룬(Khirbet Seilun)을 방문
조사한 후 이곳이 성경에 있는 실로라고 처음 보고했다. 이곳
이 성경시대 실로임을 알리는 정보는 기독교 초기 유세비우스
(Eusebius of Caesarea)나 제롬(Jerome the Martyr)의
글들 및 그밖의 고대 자료들에서도 뒷받침되어 왔다. 최종적
인 고고학적 확인은 1926년 이후 60년대에 이르기까지 몇 번
에 걸친 덴마크 탐사대의 세일룬(Seilun) 탐사에 의해 확인되
었다. 덕분에 최근까지 고고학적으로 의미 있는 발굴이 몇몇
있었는데, 그 한 가지가 기원전 10세기보다 훨씬 전으로 보이

는 동물 문양을 담은 토기 무더기를 발견한 일이다. 이 엄청난
유적은 실로가 오래전부터 동물 제사 행위를 해왔다는 사실과
오래전부터 종교적인 중심지였다는 사실을 증명하고 있다. 또

텔 실로 전경

실로를 지나가는 족장길

한 가지 고고학적 발굴에 의하면 도시는 기원전 11세기 중반 심하게 파괴된 것으로 보인다. 그리고 얼마 지나지 않아 많은 사람들이 다시 거주하기 시작한 것으로 보인다. 이것 역시 이스라엘과 블레셋의 전투 흔적으로, 도시가 파괴되었다가 다시 재건축되었다는 것을 의미한다.

실로는 벧엘과 세겜 사이 이스라엘 사람들이 자주 다니던 산지길 중간 동쪽에 위치해 있다. 여호수아는 가나안의 남북 지역 사람들이 오가기 좋은 이곳 길목 도시에 하나님의 법궤를 가져다 놓고 이스라엘의 새로운 중심지가 되게 했다. '단에서 브엘세바까지'(삿 20:1), 이스라엘이 하나님께로부터 받은 땅 경계의 중앙이 바로 실로인 것이다. 실로는 당대 이스라엘이 느슨하게 지파 동맹을 유지하면서 중심지가 되고 더불어 민족적인 일치를 가능하게 하는 중요한 도시가 되었다. 이스라엘 각 지파는 문제가 있을 때마다 이곳에 모였고, 이곳을 중심으로 정치적인 혹은 군사적인 이행을 시도했다. 종교적으로도 마찬가지였다. 사람들은 하나님의 성막이 있는 이곳 실로를 찾았고 제사를 드리고 기도했다. 실로는 사실상 열두 지파의 종교, 정치, 그리고 군사적인 수도였다.

사실 어떤 국가적 체제를 완성하지 않은 채로 실로가 수도 역할을 할 수 있었던 데에는 나름의 이유가 있었다. 기원전 12세기 지중해와 근동은 격동과 혼란의 시기였다. 지중해 미케네(Mycenae) 문명은 멸망했고, 아나톨리아(Anatolia) 히타이트(Hittite) 민족은 이전부터 유지하던 강력한 영향력이 쇠퇴했다. 애굽 파라오 메르넵타(Merneptah)와 람세스 3세(Ramses III)는 지중해의 에게해 지역으로 여겨지는 곳에서

부터 내려온 해상민족들 즉, '바다 사람들(Sea People)'과 분쟁을 겪느라 바쁜 나날을 보내고 있었으며, 바벨론 일대를 무려 삼백년을 통치했던 카시트 제국(the Kassite Empire)은 멸망과 더불어 큰 혼란을 야기했다. 한 마디로 이스라엘의 사사시대는 그리스, 터키 그리고 메소포타미아를 비롯하여 레반트(Levant)에 이르는 전반에서 동시다발적으로 흥망성쇄가 발생하고 더불어 광범위한 파괴가 자행되던 혼란의 시기였다. 결국 이 시기 혼란스런 국제 상황이 이스라엘이 가나안에 정착하는 데 큰 도움이 되었다.

그런데 실로 시대는 사울의 아벡 전투 패배와 법궤 상실, 그리고 다윗의 예루살렘 점령과 다윗이 자기 성에 법궤를 안치하는 과정에서 점차 막을 내리게 된다. 일단의 실로계 제사장들

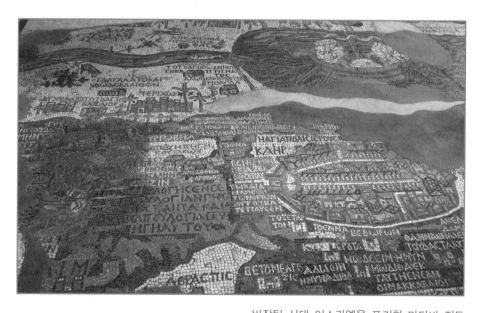

비잔틴 시대 이스라엘을 표기한 마다바 지도
웬만한 성서 유적지들이 다 표시되어 있다. 그런데 실로는 이 지도에조차 표기되어 있지 않을 만큼 이미 오래전에 쇠락했다.

(Shilorite priests)이 예루살렘의 수도화 이후에도 종교적인 중심 역할을 수행했다. 그러나 그들의 역할이 오래가지 못했다. 그들은 일단 사울의 추종자들이자 유다와 벤야민을 제외한 열 개 지파의 종교적 대변자들이었다. 성경 사무엘서의 역사적 전개는 실로가 당대의 정치 지도자들 사이에서 어떻게 지위와 역할을 상실하는지에 대해 이야기한다. 그리고 어떻게 정치와 종교, 군사를 아우르는 중심지에서 쇠락한 읍성으로 전락하는지를 보여준다. 그들은 하나님을 섬기는 이스라엘의 중심지가 된다는 것에 대한 현실적 실험에서 실패했다. 그들은 정치적으로 편리한 타협주의의 길을 쉽게 걸었으며 신앙적으로도, 영적으로도 너무 쉽게 교조주의(Doctrinairism)의 노예가 되어 버렸다. 무엇보다 그들은 당대 이스라엘, 하나님의 백성들이 종교와 신앙생활에서 필요한 것이 무엇인지 진지하게 묻지 못했다. 다윗 왕조에 대한 찬양으로 치우쳐 있다고 보이는 신명기 사가들(Deuteronomic historians)이 제아무리 실로와 실로계 제사장들을 무리하게 저평가 했다 하더라도 역사적인 정황이 그들이 종교적 중심지로서 실로의 의미를 충실하게 부각시키거나 역사적으로 풀어내지 못한 것이 명확해 보인다.

예루살렘 중심의 왕정 체제가 시작된 후 실로는 역사의 뒤안길에 서게 된다. 그렇게 약 300년이 흐른 예레미야 시절 실로는 확연하게 폐허가 되었다. 예레미야는 폐허가 된 실로를 예를 들어 유다와 예루살렘을 경고했다(렘 7:12~15). 기독교 초기에도 이 도시는 확실히 잊혀졌다. 로마시대 예루살렘 교회는 벧엘을 위한 순례 일정은 두었어도 실로에 대해서는 언급하지 않았다. 오히려 사무엘 축제를 위한 미스바(Mizpah)로의 순례 일정이 언급되어 있다. 그러다보니 실로에 대한 위치 표기는 오기(誤記) 투성이가 되었다. 어느 순례 지도에는 실로가 예루살렘과 엠마오 사이 어딘가에 표기하고 있을 정도이다. 실로는 유명한 요르단 마다바의 모자이크 지도에조차도 세겜 동쪽에 표시되었다.

Historical and Biblical Story

실로, 신앙의 중심지에서 쇠락한 폐허로 남다

정치 지도자로서 모세를 이은 여호수아는 이스라엘 민족에 있어서 종교적인 중심지를 설정한다는 것이 얼마나 중요한 일인지를 잘 알고 있었다. 그는 하나님의 명령에 따라 먼저 길갈에 종교적인 의미를 담은 돌들을 쌓았다. 그리고 그곳에서 가나안 첫 제사를 드리고 이스라엘 모든 회중으로 하여금 할례를 받도록 했다. 여호수아는 정복전쟁이 벌어지는 과정 초기에 이곳 길갈을 이스라엘의 정치 군사 및 종교의 중심지로 삼았다(수 4:19~24). 이후 여호수아는 어렵사리 아이성 정복을 마친 뒤 이스라엘을 세겜으로 불러 모아 놓았다. 그는 그곳 에발산에서 하나님께 제사를 드리고 훈육을 함으로써 세겜을 두 번째 종교적인 중심지로 삼았다(수 8:30~35).

그런데 세겜은 항구적인 중심지가 되지 못했다. 여호수아는 그의 지도 기간 중 단 두 번 정도 이스라엘 전체를 세겜으로 나오도록 했고 그곳에서 하나님 앞에 예배를 드렸다(수 24장).

가나안 정착이 이루어지면서 이스라엘의 실질적인 중심지가 된 곳은 오히려 실로였다. 여호수아는 가나안 정복 전쟁이 어느 정도 성과를 올리게 된 시점에 실로에 법궤를 안치하고 회막을 설치했다. 그리고 그곳에서 이스라엘 각 지파에 땅을 분배하는 일을 마무리했다(수 18:1, 19:51). 이후 실로는 명실상부한 이스라엘의 정치와 군사 및 종교의 중심지로서 역할을 하기 시작했다. 실제로 실로는 지파들의 정치적인 문제를 다루는 중심지 역할을 했다(수 21:1~22:12). 아울러 이곳은 길갈을 이어 이스라엘의 가나안 정복전쟁을 마무리하거나 혹은 정착 시기에 발생한 이민족과의 전쟁을 다루는 중요한 군사적 사령부 역할도 감당했다(수 18:9, 삿 21:12). 무엇보다 실로는 출애굽한 이스라엘이 가장 중요시했던 하나님의 법궤와 성막이 설치된 곳이었다(수 18:1, 19:51).

　　구약, 특별히 여호수아서와 사사기에서 실로가 언제 구체적으로 이스라엘의 소유가 되었는지에 관해서는 정확한 증거가 없다. 어쨌든 기원전 11세기 초반 이 도시는 이스라엘이 정복한 땅의 한가운데 있었다. 몇몇 정복에 성공하지 못한 도시들이 있었다 해도 이 도시는 그런 곳과는 다른 곳이 되었다. 여호수아와 이스라엘은 이곳에 하나님의 거룩한 전, 곧 회막을 설치했다(수 18:1). 그리고 그 앞에서 하나님께서 약속하신 땅 분배를 마쳤다(수 19:51). 이제 하나님의 성막이 있고 하나님의 법궤가 있는 이곳이 이스라엘 민족의 영적 중심지가 된 것이다. 도시는 계속해서 번성했다. 특히 제사장의 옷 '에봇'을 소유한 아론 계열의 제사장들이 이곳을 중심으로 활동하면서 도시가 이스라엘에 더욱 더 중요한 곳이 되었다. 그런데 엘리 제사장 시절에 이르러 도시가 심각한 위기에 직면한다. 사울과 엘리 제사장 가문이 블레셋과의 전쟁에서 패배하면서 하나님의 법궤를 빼앗기고 만 것이다(삼상 4:1~11).

이후 실로가 크게 쇠락한 것으로 보인다. 더 이상 도시가 사람들 사이에서 중심지가 되지 못했다. 아벡 전투 이후 도시는 블레셋에 파괴된 것으로 보인다. 결국 엘리 제사장 가문과 소위 실로계 제사장들은 결국 그들의 활동 중심지를 놉(Nob)으로 옮겨 버렸다. 이런 이유로 이스라엘은 언약궤를 되찾아왔을 때 그것을 옛 실로가 아닌 예루살렘 가까운 기럇여아림에 안치했다. 실로가 더 이상 하나님의 법궤를 안치할 만한 거룩한 장소로서 역할을 할 수 없었을 것이다. 실제로 도시는 왕정이 시작되고 발전되면서 이스라엘 민족의 중심 영역으로부터 멀어지게 된다. 사울이 놉에 있던 많은 제사장들을 학살하면서(삼상 21:1~9, 22:11~19) 한때 실로계 제사장들이 위기를 겪기도 했다. 그럼에도 왕정 초기 실로계 제사장들은 여전히 이스라엘 종교 활동에서 중심 위치에 있었다. 그러나 그들은 다윗을 거치고 솔로몬을 거치면서 점차 위축되어 갔다. 그리고

길갈, 세겜, 실로의 지리적 위치

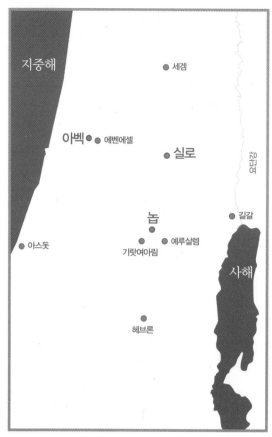

지중해

● 세겜

아벡 ●● 에벤에셀

● 실로

요단강

● 길갈

● 아스돗

● 예루살렘

기럇여아림

놉

사해

● 헤브론

실로와 아벡, 기럇여아림의 지리적 위치

사독(Zadok) 계열의 제사장들이 이들의 지위를 장악했다. 결국 실로는 실로 계통의 제사장들의 쇠퇴와 더불어 역사 속으로 사라지고 말았다. 한편, 다윗과 솔로몬의 남 유다 중심 편중 정책이 북쪽 지파의 소외된 제사장 계층, 특히 실로 계열의 남아있는 제사장들을 자극하여 왕국 분열을 발생하게 하는 원인이 되게 했다.

가나안의 첫 개척지 길갈

이스라엘 백성은 여호와 신앙을 가지고 가나안 땅에 들어섰다. 그들이 요단강을 건넌 사건은 멋진 종교적 프로젝트였다. 먼저 여호수아와 관리들이 요단강을 앞둔 이스라엘 백성들을 성결하게 했다(수 3:5). 하나님께서 이루실 큰일을 앞두고 백성들을 더욱 거룩하게 한 것이다. 그렇게 여호수아는 며칠을 백성들을 단속한 후에 이스라엘 각 지파에서 한 명씩 열두 명의 사람들을 선발했다. 그들은 이 모든 프로젝트의 기록자들과 같은 사람들이었다. 그리고 곧이어 여호수아는 제사장들로 하여금 언약궤를 둘러메고 앞장서 요단강을 건너게 했다. 제사장들은 여호수

성서시대 길갈로 추정되는 유적지

아의 명령대로 언약궤를 두른 채 아직 흐르는 요단강 물에 발을 담갔다. 그러자 곧 놀라운 일이 일어났다. 요단강이 상류에서부터 흐름을 멈춘 것이다(16절). 여호수아는 이 역사적인 장면을 온 이스라엘이 관람하도록 했다. 사실 이 시기는 일반적으로 곡식을 거두는 시기, 즉 요단강의 물이 가장 많이 흐르는 봄철이었다. 여호수아서는 이 사건을 이렇게 기록하고 있다. "위에서부터 흘러내리던 물이 그쳐서 사르단에 가까운 매우 멀리 있는 아담 성읍 변두리에 일어나 한 곳에 쌓이고 아라바의 바다 염해로 향하여 흘러가는 물은 온전히 끊어지매 백성이 여리고 앞으로 바로 건널새 여호와의 언약궤 멘 제사장들은 요단 가운데 마른 땅에 굳게 섰고 그 모든 백성들이 요단을 건너기를 마칠 때까지 모든 이스라엘은 그 마른 땅으로 건너갔더라"(16~17절).

이스라엘 백성들은 언약궤를 멘 제사장들이 마른 땅이 된 요단강 한복판에 서 있는 가운데 차례차례 강을 건넜다. 이때 무장한 르우벤 자손과 갓 자손과 므낫세 반지파 약 4만 명이 다른 사람들보다 먼저 강을 건넜다(수 4:12~13). 혹여 있을지 모르는 가나안 사람들과의 무력충돌을 염두에 둔 것이다. 이스라엘의 도강은 쉽지 않았다. 앞선 무리가 강을 건너 유숙할 곳에 이르렀을 때에도 뒤선 무리는 아직 강 구경도 못하는 식이었다. 사람들이 너무 많은 탓이었다. 그 사이 여호수아는 미리 선발한 열두 명의 각 지파 사람들로 하여금 제사장들이 궤를 메고 선 요단강 중간에서 돌 열두 개를 취하여 가져오도록 했다(수 4:3). 그리고 제사장들이 선 요단강 중심에도 열두 개의 돌을 세우도록 했다(9절). 하나님께서 능력 가운데 이스라엘 온 백성이 무사히 강을 건넜다는 것을 증거하기 위해서였다(6~7절). 이스라엘은 그렇게 철저한 기획 가운데 요단강을 건넜다. 그들은 강을 건너는 내내 여호수아가 열두 명의 각 지파 사람들과 더불어 돌을 옮기고 기념비를 세우는 일을 목격했다. 그리고 마지막으로 제사장들은 모든 이스라엘이 강을 건넌 후 여호수아의 명령에 따라 그 자리에서 최종적으로 철수했다(16~17절).

이 사건은 한편으로 이스라엘의 부모들이 겪었던 홍해 사건을 기억하게 했다. 더불어 이 사건은 그들 부모가 모세에게 가졌던 경외감을 여호수아에게서도 느끼도록 했다(수 4:14). 다른 한편으로 요단강 도강은 가나안의 모든 족속들과 왕들로 하여금 여호와 하나님과 그 하나님을 믿는 이스라엘이 어떤 존재인지를 알게 해주었다. 가나안 족속들이 두려움에 떨었을 것에 대해서는 둘째 치더라도 우선 이스라엘 백성들에게 이 사건은 자신들이 믿는 하나님에 대해 새로운 인식을 가능하게 했다. 여호수아는 마치 그것을 노렸다는 듯 도강 작전을 앞두고, 혹은 도강 작전 내내 이스라엘에 "이리 와서 너희의 하나님 여호와의 말씀을 들으라.......살아 계신 하나님이 너희 가운데에 계시사 가나안 족속과 헷 족속과 히위 족속과 브리스 족속과 기르가스 족속과 아모리 족속과 여부스 족속을 너희 앞에서 반드시 쫓아내실 줄을 이것으로서 너희가 알리라"고 외쳤다(수 3:9~10).

요단강 도하작전을 무사히 마친 후 이스라엘 백성들은 하나님께서 하신 일에 대해 강렬한 인상을 품고 길갈에서 진을 쳤다. 진 구성을 마친 여호수아가 길갈에서 가장 먼저 한 일은 요단강을 건너면서 들고 온 돌 열두 개로 기념비를 세우는 일이었다(수 4:20~24). 이어서 여호수아는 이스라엘 백성들에게 구별된 백성으로서의 표식인 할례를 실시하게 하고(수 5:3), 하나님께서 약속하신 땅에서 치르는 첫 유월절을 지켰다(10~11절). 놀랍게도 이 모든 일을 마치자 지난 40여 년간 이스라엘 백성들의 식생활을 지켜주었던 만나가 그쳤다. 이제 이스라엘 백성들은 가나안에서 거둔 곡식으로 일상의 삶을 시작했다(12절). 가나안에서의 본격적인 삶이 시작된 것이다.

길갈은 이스라엘이 광야에서의 생활을 끝내고 내면과 외면 모두 하나님의 백성으로서 하나님께서 약속하신 땅에서의 삶을 본격적으로 시작한 땅이었다. 길갈은 그런 면에서 정착 초기 정치 군사적으로, 그리고 무엇보다 종교적으로 중요한 중심지였다. 요단강을 넘어온 이스라엘은 길갈에서 그들의 몸과 마음을 다시 한 번 바르게, 그리고 구별되게 세우는 기회를 얻었다. 그들은 하나님께서 자신들을 어떻게 가나안 안으로 이

광야생활 내내 중심이 되었던 성막을 재현한 모습
이스라엘 백성은 길갈과 실로 때 까지 이런 식의 성막을 유지했다.

끌어 들이셨는지에 대해 영원히 기억하기 위해 기념비를 마련
했다. 그리고 끊임없이 이동해야 하는 광야가 아닌 하나님께
서 약속하신 거주할만한 땅에서 과거의 출애굽을 기념하는 첫
번째 유월절을 보내게 되었다. 한마디로 길갈은 광야를 끝내
고 약속의 땅에서의 새 삶을 기획하는 거룩한 첫 성지였던 셈
이다.

　길갈은 이후에도 한동안 종교적으로, 그리고 정치 군사적으
로 중요한 위치를 잃지 않았다. 여호수아는 이곳에서 여리고
와 아이를 비롯한 대부분의 가나안 도시들을 점령하는 작전을
진두지휘했다(수 10:6~7,9,15). 때로 이스라엘 백성들은
이곳에서 가나안 부족들과 협상을 벌이기도 했다. 기브온 족
속이 이스라엘의 강한 면모를 보고 꾀를 내어 자신들을 공격하

지 않도록 하는 거짓 계약을 맺은 것이다(수 9:3~15). 길갈은 사사 시대에도 사사들이 백성들을 재판하거나 치리하는 중심지 역할을 한 것으로 보인다. 이 흔적은 사무엘 시대에도 나타나는데, 사무엘은 사사로서 순회하며 백성들을 다스리는 몇몇 장소 가운데 하나로 길갈을 선택했다(삼상 7:16). 사무엘은 이곳에서 사울을 왕으로 삼았고(삼상 11:14~15), 사울은 사무엘을 기다리지 못하고 이곳 길갈에서 자신만의 번제를 드리는 오류를 범하기도 했다(삼상 13:8~9). 사울은 그의 치세 내내 이곳 길갈에서 여러모로 잘못을 저질렀다. 길갈이 이스라엘 초기 내내 의미 있는 위치와 역할을 가진 장소였다 해도 점차 이스라엘 민족 전체의 종교적 중심지로서의 역할을 상실하기 시작했다. 가나안에 정착한 이스라엘에 새롭게 떠오르는 종교적 중심지가 있었던 것이다.

실로가 새로운 중심지가 되다

여호수아와 이스라엘은 가나안 땅 점령을 완성해가는 시점에서 실로를 새로운 중심지로 삼았다. 여호수아는 정복한 가나안 땅을 열두 지파에 분배한 후, 지파들의 동맹을 효율적으로 이끌기 위해 실로를 중심지로 삼았다. 그때부터 실로는 약속의 땅을 정복한 열두 지파 이스라엘 민족의 정치적, 사회적, 군사적 중심지이면서 무엇보다 신앙적 중심지가 되었다. 열두 지파 이스라엘은 이곳 실로를 중심지 삼아 약 이백년 동안 이곳 매우 결속력 있는 연맹 체제를 지속했다.

실로가 중심지가 된 이유는 여러 가지가 있다. 정착기 지도 자였던 여호수아가 에브라임 지파 출신이었고 실로가 바로 에브라임 지파에 속한 땅이기 때문에 이곳이 중심지가 되었다는 이야기가 있다. 그러나 가장 중요한 이유는 아무래도 이 도시가 가나안 전체의 중앙에 위치하기 때문일 것이다. 이스라엘의 열두 지파는 최소한 일 년에 세 차례 즉, 유월절, 칠칠절, 초막절의 절기들을 지키러 실로를 찾아와야만 했는데, 요단 동편지역을 차지한 므낫세 반쪽 지파, 갓 지파, 르우벤 지파도 쉽게 찾아올 수 있는 지역이 중앙 실로였다. 사실 실로는 북쪽의 세겜이나 남쪽의 벧엘처럼 모세오경에 등장하는 족장들의 유명한 도시가 아니었다. 그러나 실로는 지리적으로 중앙 산지(Hill Country)에 위치하여 중북부의 에브라함 산지

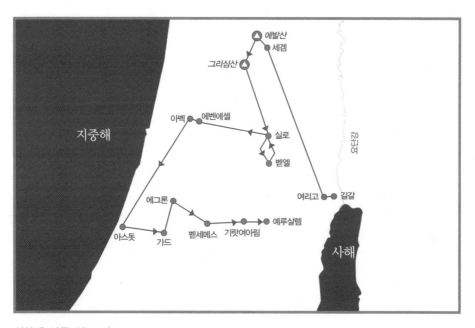

언약궤 이동 경로 지도

와 남쪽 유다 산지 지역을 잇는 교통의 중심지였다. 실로는 이런 식의 지리적 이점을 이용하여 열두 지파의 이스라엘을 하나로 묶는 영적 중심지 역할을 했다. 가나안 정착기, 강력한 왕권과 군사력을 기반으로 한 주변세력의 위협이 상존하는 상황에서 하나의 신앙, 하나의 민족이 되는 일은 중요했다. 실로가 그 중심 역할을 할 수 있었다.

중심지 역할을 한 실로에 있어서 무엇보다 중요한 것은 언약궤였다. 출애굽한 공동체는 광야 내내 귀중하게 여기던 하나님의 언약궤를 실로에 두고 그곳을 중앙 성소(Ohel Ha-Moed)로 선택했다(수 18:1). 이렇게 해서 실로는 명실상부 여호와 하나님이 임재(shekinah)하시는 거룩한 장소가 되었다. 민족의 구성과 체제 자체가 매우 종교적이고 영적이었던 이스라엘의 분위기상 종교적인 중심지가 된 실로가 정치와 군사의 중심지가 된 것은 당연했다. 하나님의 거룩한 임재장소로서 회막이 설치된 후, 실로는 곧 정치적 중심지 역할도 겸하게 되었다(수 21:1-2; 22:12). 적어도 여호수아서의 기록은 이곳 실로가 이스라엘의 중심지였다는 것을 말하고 있다.

그런데 여호수아서와 달리 일단의 사사기는 실로가 중앙 성소, 혹은 정치 군사적인 중심지가 아니었다고 여길 만한 이야기들을 담고 있다. 사사기 20장의 기록에 의하면 하나님의 언약궤는 벧엘에 있었다(삿 20:26~48). 아마도 어떤 이유로 법궤가 성막과 더불어 잠시 옮겨졌던 듯하다. 법궤가 벧엘 같은 곳으로 잠시 옮겨졌다는 것은 실로에 법궤를 안치할 만한 영구적인 건물이 마련되지 않았었다는 것을 의미한다. 실제로 실로에는 출애굽기에 등장했던 것과 동일한 방식의 성막(the

Tabernacle)이 설치되어 있었던 것으로 보인다. 그러나 분명한 것은 사사시대에 이르러 실로가 여타의 다른 도시들보다 중요한 핵심 위치를 차지하기 시작했다는 것이다. 사사기 18장 31절은 성막 성소가 오랫동안 실로에 머물러 있었다는 것을 말하고 있다. 무엇보다 실로는 사사시대 이스라엘 사람들의 정규적인 순례 성지였다(삿 21:19).

실로가 중심지로서의 역할을 상실한 때는 이후 사무엘이 이스라엘 사람들 사이에 이름을 알리기 시작하던 시점, 아직 엘리(Eli)가 사사로서 이스라엘을 통치하던 시절이었다(삼상 4:4). 사무엘서는 이 이야기를 매우 상세하게 전한다. 블레셋 사람들이 아벡에 진을 치고 이스라엘이 에벤에셀에 진을 치고 전쟁을 벌이던 시점이었다(삼상 4:1~2). 이스라엘은 블레셋과의 첫 전투에서 패배하고 말았는데, 이때 이스라엘의 장로들이 실로에 있던 언약궤를 가져다가 진지에 두면 전쟁에서 이길 것이라고 했다(3절). 그리고 실로의 제사장 엘리와 그의 두 아들, 홉니와 비느하스를 통해 하나님의 언약궤를 전쟁터로 옮기는 일을 시행한다(4절). 처음 전세는 이스라엘에 유리했다. 하나님의 언약궤가 함께하고 있었기 때문이다. 블레셋 사람들도 이 사실을 알고 두려움에 빠졌다. 그런데 상황이 다르게 전개되었다. 블레셋이 전투에서 승리한 것이다(9~11절). 블레셋 사람들은 이 전투를 통해 이스라엘 군사 약 삼만 명을 죽였고 하나님의 법궤를 강탈했으며 엘리의 두 아들 홉니와 비느하스마저 죽였다(11절). 실로에서 전투 결과를 기다리던 엘리는 하늘이 무너지는 소리를 들었다. 그리고 그 역시 그 자리에서 죽고 말았다(18절).

하나님의 법궤를 빼앗긴 사건은 실로의 지도자들과 제사장들에게 큰 문제였다. 비느하스의 아내가 아이를 낳으며 외쳤던 말처럼 이미 "하나님의 영광은 이스라엘을 떠났다"(22절). 그러나 전쟁에서 패배한 이스라엘로서는 손을 쓸 도리가 없었다. 이미 블레셋은 언약궤를 가지고 아스돗으로 가버렸다(삼상5:1). 다행히도 블레셋 역시 그곳에서 하나님의 법궤로 인하여 많은 곤란을 겪었다. 그들이 섬기는 다곤 신상이 무너져 버렸고 전염병이 돌았다(6절). 블레셋은 이스라엘 하나님의 법궤를 감당할 수 없다는 것을 알고 이스라엘에 그것을 돌려주기로 했다(11절). 그렇게 해서 하나님의 법궤가 블레셋 땅을 떠나 다시 이스라엘로 돌아올 수 있었다. 그러나 하나님의 법궤는 이후 다시는 실로로 돌아오지 않았다. 하나님의 법궤는 에브라임 지파의 땅이 아닌 유다 지파의 기럇여아림으로 갔다. 그리고 그곳 아비나답의 집에서 20여 년 동안 머물게 된다(삼상 7:3).

참 신앙의 중심지

실로는 하나님의 법궤를 모신 장소로서의 지위를 상실한 후, 곧 지금까지 가지고 있었던 제의적 명성과 권위를 잃게 된다. 사무엘은 엘리가 죽고 나서 즉시 이스라엘의 사사 권위를 가져왔다. 그런데 사무엘이 엘리 가문이 가지고 있던 제사장의 역할까지 이어받았는지에 대해서는 명확하지 않다. 아니 정확하게 말하면 엘리의 실로 제사장직은 이후 여전히 실로 계

실로 계열 제사장들
엘리(Eli)
비느하스(Phinehas)
아히멜렉(Ahimelek)
아히야(Ahijah)
아비아달(Abiathar)

열 제사장들에게 유지된 것으로 보인다. 엘리의 손자이자 비느하스(Phinehas)의 아들인 아히멜렉(Ahimelek)은 라마의 사무엘과는 달리 놉(Nob)이라는 곳에 성막을 짓고는 종교적 중심지로서의 역할을 어느 정도 회복했다(삼상 21장). 성경을 추적해 볼 때 대부분의 실로 계열 제사장들이 이곳 놉을 중심으로 종교적인 역할을 지속한 것으로 보인다.

사실 비느하스에게는 아들인지 손자인지 명확하지 않은 두 자손이 있었다. 그 중 한 명이 아히야(Ahijah)이다. 그는 실로의 몰락 이후에도 계속해서 제사장의 복장과 제사장의 권위를 유지한 것으로 보인다. 그는 사울이 왕이 된 초반부에 사울 왕을 종교적으로 조력한 것으로 보인다. 그는 사울이 블레셋과 전쟁할 때 특별히 사울왕 곁에서 제사장의 옷인 에봇을 입고 서 있었고(삼상14:3), 사울왕의 승리를 위해 또 다시 전쟁터에 하나님의 궤를 가지고 나오기도 했다(18절). 이렇게 볼 때 일단의 실로 계열 제사장들은 사울왕이 집권한 후 사울의 편에 서서 종교적인 역할을 하면서 왕을 도왔던 것으로 보인다. 비느하스의 다른 자손은 앞서 언급한 놉의 아히멜렉이다. 아히멜렉은 사울에게서 도망치던 망명객 다윗을 도왔다. 그는 놉의 성소 안에 있던 떡들을 그에게 주었고 그가 에봇 뒤에 두었던 골리앗의 칼도 주었다(삼상 21:1~9). 그러나 이 이야기가 사울의 목자장이었던 도엑을 통해 사울의 귀에 들어가게 되자 사울이 놉에 있던 아히멜렉을 비롯한 놉의 제사장 85명을 죽이고 만다(삼상 22:18). 결국 실로 계열의 제사장들은 하나님의 법궤를 잃고 나서 당대의 권세자들의 각축 사이에서 갈피를 잡지 못한 채 역사의 뒤안길로 사라지게 된다.

흥미로운 것은 다윗이 나중에 왕으로 등극한 후 놉의 학살에서 살아남은 아히멜렉의 아들 아비아달(Abiathar)을 사독과 더불어 공동제사장으로 삼았다(삼하 15:24~36)는 점이다. 그런데 아비아달은 후에 솔로몬의 왕위 쟁탈전에서 아도니아의 편을 들어 결국 권력과의 유착관계를 최종 상실하게 된다(왕상 2:26~27). 다윗과 솔로몬 부자가 결국 사독 계열의 제사장을 그들의 파트너로 받아들인 것이다. 아비아달의 이야기에서도 볼 수 있듯이 엘리 이후 실로 계열의 제사장들은 역사의 혼란스러운 정황에서 끝끝내 바른 길을 찾지 못했다. 그들은 당대의 권력 지도가 어떻게 지형을 그려나가는지에 대해 민감했고 형제와 가족을 등져가면서까지 자신의 편을 찾아 서로 대립했다. 도대체 엘리의 가문에서는 인간사의 이편저편이 아닌 하나님의 편에 선 사람을 찾기가 어렵다는 것이 정설이다.

반면 실로 법궤 상실 이후 이스라엘은 사무엘을 중심으로 하는 질서 아래 재편되었다. 사무엘은 엘리에게서 넘겨받은 사사직을 바탕으로 혼란스러운 이스라엘을 재정비했다. 그는 법궤가 이스라엘로 다시 돌아와 기럇여아림에 안치되는 것을 확인한 후 이스라엘 온 백성들을 미스바로 집합시켰다(삼상 7:5). 그리고 이스라엘로 하여금 이방신들, 특별히 아스다롯 신에 대한 우상숭배를 근절하고 오직 하나님만을 섬기라고 대해 강권했다(삼상 7:3). 이스라엘은 사무엘의 능력 있는 설파에 즉각감동했다. 그리고 금식하며 회개하는 가운데 제사를 드린 후 블레셋과의 전투에서 크게 승리하게 된다(삼상 7:6~10). 사무엘은 이후 벧엘과 길갈과 미스바를 순회하며 이스라엘을 다스렸으며 주로 라마에 머물렀다(15~17절). 그는 그 모든 곳에서 하나님의 뜻을 이스라엘에 전했고 그가 사는 곳에서 여호와께 제단을 쌓아 예배 드렸다.

사무엘의 지도자로서의 행동은 정치 군사적인 면모와 종교적인 면모 모든 것을 가지고 있었다. 그는 이스라엘의 군사 및 정치 지도자로서 백성들을 바른 길로 인도하기 위해 애썼다. 그와 동시대 실로 계열 제사장들이 놉을 중심으로 어느 정도 종교적인 기능을 재현했지만 사무엘에게는 여전히 제사장 못지않은 역할이 있었고 그 또한 그 역할에 충실했다. 그는 엘리 가문의 제사장들이 존재했음에도 불구하고 종교적인 이유로 이스라엘을 집결시켰고 스스로 예배와 제사를 드리기도 했다. 정치 종교를 아우르는 사무엘의 행동은 당대 종교 및 정치 지도자들의 그것과 많이 달랐다. 그는 실로 이후 와해된 이스라엘의 중심지로서의 역할을 다했다. 실로가 법궤를 상실하고 엘리가 죽은 후, 이스라엘의 중심지는 다름 아닌 사무엘이었다. 적어도 사무엘이 총기를 가지고 이스라엘을 이끄는 동안에는 그가 있는 곳에 하나님이 계셨고 하나님이 계신 곳에 그가 있었으며 그렇게 그가 다니는 곳이 바로 이스라엘 신앙의 중심지였다.

그런데 사무엘이 나이가 든 후, 이스라엘은 다시 그들 신앙과 삶에 있어서 다른 중심을 찾았다. 사무엘의 아들들이 사사 직을 이어받자 그들의 리더십이 부족하다며 불만을 품은 것이다(삼상 8:1~3). 결국 이스라엘의 장로들이 사무엘을 찾아가 이스라엘에 왕을 달라고 요구한다(삼상 8:5). 그들 삶의 구심점이 될 만한 인물의 직에 왕이 어울린다고 생각한 것이다. 사무엘은 하나님의 뜻에 따라 왕이라는 존재가 이스라엘에 구심점이 될 때 나타날 폐해를 백성들에게 가르쳤다. 백성들이 자기들이 세운 왕으로 인하여 고통당하고 절망할 것을 알았기 때문이다(삼상 8:11~18). 백성들의 삶의 중심은 오직 하나님을 경외하는 마음, 그 순종하는 마음이어야 했다. 그러나 백성들은 사무엘의 지혜로운 권면에 귀를 기울이지 않았다. 그리고 기어이 사울을 시작으로 하여 이스라엘에 왕권제도를 수립하게 된다(22절).

신앙의 중심

출애굽한 이스라엘에게 하나님께서는 그들의 삶과 신앙의 중심지로서 성막을 허락하셨다. 이수 성막과 특별히 성막 지성소 부분에 안치한 하나님의 법궤는 이스라엘 신앙과 삶의 중심이며 핵심적인 상징 역할을 가졌다. 그러나 성막은 임시적인 것이었다. 출애굽기의 기록에 의하면 그것은 임의로 지었다가 임의로 철수하기 쉽게 되어 있었다. 성막은 견고한 벽돌 같은 항구적인 구조물이 아니었다. 따라서 하나님께서는 언제든 당신의 의지대로 성막을 지었다가 이동하여 다시 짓기를 명령하실 수 있었다. 그리고 하나님의 의지대로 이동한 그 곳은 하나님께서 임재하시는 곳이었으며 이스라엘의 중심지가 되었다. 광야 내내 이스라엘은 언제든, 어디서든 하나님께서 정주하시는 그 곳에 자신들의 삶을 정착했고 그들 중심에 선 하나님의 장막을 기준으로 그들의 삶을 영위했다. 그런데 그렇게 이동 가능한(mobile) 성막이 어느 순간 가나안 한 곳에 정착했다. 바로 실로였다. 곧 실로는 이스라엘의 종교를 비롯한 정치와 경제 등의 모든 사회적 중심 역할을 했다. 온 이스라엘은 규칙적으로 이곳 실로로 몰려들었고 이곳 실로가 지향하는 바대로 그들의 삶을 세워갔다. 드디어 한 곳, 가나안에 정착한 이스라엘에게 삶의 중심이 생긴 것이다. 그렇게 이스라엘의 중심이 된 실로는 곧 긍정적으로 혹은 부정적으로 이스라엘 백성들과 그들의 역사에 영향을 끼쳤다. 어딘가 삶의 중심이 형성된다는 것은 색다른 의미를 갖는다. 신앙과 삶의 중심지로서 실로에 대한 묵상과 성찰은 다양한 의미와 교훈을 제안한다. 결국 신앙의 중심지에 대한 의미 이해와 교훈 제안은 곧 오늘 우리 시대 신앙과 사역에서도 유사한 패턴으로 의미와 교훈이 될 것이다.

하나님 백성에게는 신앙의 중심이 필요하다

시내산 이후 광야길을 이동하던 이스라엘 백성들의 중심은 성막(the Tabernacle)이었다. 성막은 모세가 하나님의 명령에 의해 지은 하나님의 임재소이다. 하나님께서는 광야길 내내 성막을 통해 이스라엘의 중심에 계셨다. 그렇다고 하나님께서 수동적인 입장에서 성막에 머물러 이스라엘이 하나님을 떠메고 다녔던 것은 아니다. 하나님께서는 성막 위에 당신의 임재를 알리는 표식 즉, 구름기둥과 불기둥을 보이시고 당신이 이동시기 원하실 때에는 언제든지 백성들을 앞서서 광야길을 행하셨다(출 13:22, 신 1:33). 중요한 것은 하나님께서 이 모든 과정에서 중심이 되셨다는 것이다. 하나님께서는 당신이 원하실 때 일어서 움직이셨고 당신이 원하실 때 머물러 쉼을 가지셨다. 그래서 신명기의 모세는 출애굽부터 광야를 넘어온 지난 세월들을 이렇게 고백했다. "너희보다 먼저 가시는 너희의 하나님 여호와께서 애굽에서 너희를 위하여 너희 목전에서 모든 일을 행하신 것 같이 이제도 너희를 위하여 싸우실 것이며 광야에서도 너희가 당하였거니와 사람이 자기의 아들을 안는 것 같이 너희의 하나님 여호와께서 너희가 걸어온 길에서 너희를 안으사 이곳까지 이르게 하셨느니라"(신 1:30~31). 모세를 비롯한 모든 이스라엘의 신앙 고백은 자신들의 출애굽과 광야길이 모두 하나님 중심으로, 하나님께서 선도하셔서 가능하다는 것이었다.

하나님께서 그들의 신앙과 삶의 중심이 되신다는 원칙은 길갈과 실로에서 무엇보다 철저하게 지켜졌다. 하나님의 크신 능

광야의 이스라엘

력으로 요단을 건넌 여호수아와 이스라엘은 하나님을 경외했
다. 그래서 그들 가운데 발생한 아간의 범죄에 대해서도 단호
했다. 여호수아와 이스라엘은 적어도 길갈과 초기 실로 시대
에 이르기까지 이 원칙에 충실했다. 하나님께서도 광야의 성
막에서처럼 당신 주도로 움직이지는 않으셨다 하더라도 이스
라엘이 정하고 세운 신앙의 중심지들에서 여전히 그들의 삶을
다스리고 그들이 신앙하는 모든 행위의 중심으로 계셨다. 그
래서 여호수아 역시 자신의 선배 모세처럼 다음과 같이 은혜
로운 신앙고백을 했다. "너희의 하나님 여호와 그는 너희를 위
하여 싸우신 이시니라"(수 23:3). 이어서 그는 이스라엘 백성
들에게 이렇게 말했다. "그러므로 스스로 조심하여 너희의 하
나님 여호와를 사랑하라"(11절). 그는 실로에 세운 여호와 하
나님의 성막, 그들 신앙의 중심 앞에서 이스라엘이 늘 스스로
채찍질하며 지켜야할 바른 태도의 핵심에 대해 이야기했다.
여호와 하나님과 그분의 행하심이 중심에 서 있어야 한다는 것

이다. 적어도 모세와 여호수아, 그의 장로들은 여호와 하나님
께서 그들의 중심에 계신다는 것의 의미를 바르게 알고 있었던
것 같다. 그들에게는 장소나 어떤 건물이 중요한 것이 아니라
늘 여호와를 경외하고 그 분의 뜻을 따라 살아가는 마음의 중
심이 더 중요했다.

　모세와 여호수아, 그리고 그 세대 이후 이스라엘 백성들은
신앙의 참 중심이 무엇이어야 하는지에 대해 잘 알지 못했다.
출애굽하고 요단강을 건넌 세대, 여호와 하나님께서 어떻게
그 일을 이루셨는지를 잘 아는 세대가 지나간 후, 이스라엘에
마음으로 여호와 하나님을 중심에 두려하는 노력이 사라졌다.
사람들은 점차 자기 의견대로 신앙의 중심지를 형성했다. 그
래서 사사기의 이야기들은 결국 사사들의 영웅적인 행장(行狀)
이라기보다는 어떻게 그들이 하나님 중심에서 인간 중심으로
타락해 갔는지를 보여주는 것이다. 그들의 인간 중심적인 태
도들은 사사기 2장에 등장하는 익명의 하나님의 사자의 외침

하나님의 백성, 신앙의 중심에 서다　175

에서 이미 징조가 나타난다. 그 사자는 보김(Bochim)에서 "너희는 이 땅의 주민과 언약을 맺지 말며 그들의 제단들을 헐라 하였거늘 너희가 내 목소리를 듣지 아니하였으니 어찌하여 그리하였느냐"라고 외쳤다(삿 2:2). 요단강을 건너가게 하신 하나님의 은혜를 아는 세대가 아직 살아있을 때에조차 하나님 중심이 아닌 인간 중심의 신앙적 태도들이 이스라엘에 등장한 것이다. 안타깝게도 이런 식의 인간 중심의 신앙들이 갈수록 그 정도가 심해졌다. 사사기는 그것을 한마디로 이렇게 요약한다. "그 후에 일어난 다른 세대는 여호와를 알지 못하며 여호와께서 이스라엘을 위하여 행하신 일도 알지 못하였더라"(10절). 이제 그들의 조상들이 어떻게 광야에서 길갈에서 혹은 실로에서 하나님 중심의 신앙과 삶을 세워갔는지에 대해 알지 못하는 세대가 등장했다.

이스라엘의 새로운 세대들은 자신들이 가나안에 남겨둔 족속들이 믿는 신들에게 빠져들었다. 또 다른 한편으로 여호와 하나님을 믿는 신앙의 방식을 자기들 편리에 맞는 방식으로 바꾸어 가기에 이르렀다. 가장 대표적인 이야기로 사사기 17장의 미가라는 사람이 그 어머니와 더불어 행동한 것을 들 수 있다. 미가는 자신의 어머니와 더불어 은신상을 만들고 그것을 자기 집에 두었다(삿 17:1~4). 더 나아가 미가는 자기만을 위하여 성소를 만든 뒤 그 성소를 관리할 제사장을 하나 두고 그를 위하여 제사장의 옷인 에봇과 그과 관리할 드라빔(Teraphim), 즉 우상을 만들었다. 미가의 이 대표적인 모습은 결국 당대의 이스라엘 사람들이 어떻게 실로에 있는 하나님의 성막을 중심으로 하는 신앙에서 벗어나 자기 중심적인 신앙생활을 이어갔는지를 보여준다. 사사기는 결국 이 모든 행위들을 한마디로 이렇게 표현한다. "그때에는 이스라엘에 왕이 없었으므로 사람마다 자기 소견에 옳은 대로 행하였더라"(6절).

신앙과 삶의 중심을 추구하면서도 결국 그 중심을 하나님이 아닌 자기와 자기의 소견대로 이어가는 행위들은 오늘 우리 시대의 신앙인들에게서도 얼마든지 발견되는 안타까운 모습이다. 오늘 많은 그리스도인들 역시 믿음의 조상들이 순교와 헌신의 영성으로 세운 교회 공동체가 아닌 자기 마음과 자기 소견대로 신앙생활을 이어간다. 그렇게 자기만의 성소를 추구하는 미가와 같은 자칭 신앙인들은 결국 매관매직하듯 자기 소견에 맞는 성직자를 구한다. 그래서 자기와 자기 가족만 위하는 목회자를 세워서 그들로 하여금 자기 집 성소와 드라빔, 즉 우상을 관리하도록 한다. 신앙의 참 중심이신 하나님과 하나님을 경외하는 마음을 상실한 세대의 안타까운 모습이다.

온전한 신앙의 구심점이 중요하다

이스라엘이 가나안에 정착하던 시기, 실로 성소는 이름 그대로 중앙 성소로서 그 역할을 잘 감당했다. 실로와 실로에 있는 하나님의 회막(會幕)은 이스라엘의 장로들과 회중들이 모여 그 동안 진척된 가나안 점령 프로젝트의 사안들을 논의하고 다음 해야 할 일들을 계획하는 중요한 장소였다. 그들이 가나안 점령이라는 공동의 목표를 수행하는 데 있어서 실로와 회막은 정말 중요했다. 실로와 회막은 이스라엘 전체가 목표를 향하여 하나로 엮일 수 있게 해 주는 역할을 했던 것이다. 그런데 일단의 정복전쟁이 끝나자 이스라엘 온 회중의 중심으로서 실로의 역할이 그 의미를 상실하기 시작했다. 각 지파가 일상의 평범한 삶을 살기 시작한 시점에서 실로가 점점 중심의 외적 표상으로서만 머물게 되면서 그 역할이 축소되기 시작한 것이다. 이스라엘 백성들이 주기적이고 정기적으로 실로를 방문하여 예배하고 제사를 드리기는 했으나 그들의 마음이 그 중심으로부터 서서히 멀어지기 시작했다.

일단 편리함에 근거한 우상숭배 신앙이 실로의 중앙 성소를 대신하여 백성들의 마음을 차지했다. 이스라엘이 우상을 섬기게 된 시작은 다 점령하지 못한 가나안 민족들과 도시들 때문이었다. 이스라엘은 전반적으로 성공적으로 가나안에 정착을 했으나 몇 가지 부분, 특별히 헤렘 전쟁에서는 실패했다. 그들은 가나안에 정착했으나 가나안의 모든 부족들과 도시들을 몰아내지는 못했다. 사사기 서두의 결론이 이스라엘 민족이 그들의 삶에서 가나안을 몰아내지 못했다고 말한다(삿 1:27~36). 여호수아의 마지막 당부에도 불구하고 이스라엘 각 지파가 가나안 부족들과 그들의 도시들을 곳곳에 남겼고 그들이 두고두고 이스라엘의 골칫거리가 된다. 가장 큰 문제는 가나안 사람들이 신들을 섬기는 편리한 방식이 이스라엘에 영향을 끼쳤다는 점이다. 우상숭배라는 것이 한편으로 더욱 강력한 신에 대한 편향적 신앙이라고 말할 수도 있겠으나, 그래서 이스라엘이 가나안의 신들을 이기고 실로를 중심으로 여호와 하나님을 섬기는 신앙을 가나안에 성공적으로 정착시켰다고 말할 수도 있겠으나, 가나안 부족들은 여전히 자신들의 독특한 신앙 방식을 유지하고 있었다. 바로 편리함이었다. 그들은 손에 쥘 만한 크기의 신상들, 즉 드라빔(Teraphim)을 가지고 다녔다. 사실 이런 식의 신앙은 야곱이 아내 라헬을 데리고 가나안으로 돌아가는 길에서도 쉽게 볼 수 있었다. 그녀는 아버지 라반에게서 드라빔 하나를 훔쳐서 깔고 앉아 있었다(창 31:19~20). 그만큼 드라빔은 소지하기 용이할 뿐 아니라 들고 다니면서 신앙에 관련된 간단한 제의를 하거나 점치기가 가능했던 신상(神像)이었다. 편리한 신앙 방식은 곧 신실하게 공을 들여야 하는 실로 중심의 신앙을 대체했다. 사사기 17장에 이런 가나안 식의 편리한 신앙이 이스라엘에 만연해 있었다는 것 보여주는 사건이 기록되어 있다. 미가라는 사람이 자기 어머니와 더불어 자기 집에 은으로 만든 우상을 만들고 또 자기 집만을 위한 제사장을 두고 그에게 에봇과 드라빔을 만들어 주었던 것이다(삿 17:1~5). 이것은 이제 더 이상 그들이 실로의 중앙 성소를 중심으로 신앙생활을 하지 않게 되었다는 것을 의미한다. 실로가 지척에 있는 에브라임 산지의 미가가 이 정도였으니 요단강 건너나 혹은 갈릴리 등의 먼 곳에 있던 이스라엘이 실로를 중심으로 여기는 마음이 어떻게 변했을지는 미루어 짐작이 간다. 실제로 단(Dan) 지파는 원래 그들에게 주어진 블레셋 근처의 땅인 소라와 에스다올을 버리고 갈릴리 위쪽 라이스라는 매우 평온한 지역을 찾아 떠날 때, 미가의 집에 들러 그가 가지고 있던 에봇과 드라빔을 **빼앗아갔다**(삿 18:16~17). 그들은 라이스로 가면 실로 성소에 오지 않을 속셈이었던 것이다. 더 재미있는 쪽은 미가가 세운 한 제사장의 행동이었다. 그는 단 지파 사람들이 자신의 에봇과 드라빔을 가져가자 그들을 따라 나섰다. 그 역시 실로의 중앙 성소가 중요하지 않았던 것이다. 이스라엘은 이렇게 각자 자기 소견대로 편리함을 따라 멋대로 신앙의 중심을 세워나갔다(삿 17:6).

또 실로의 중앙 성소를 대신하여 이스라엘의 중심이 된 것은 사람이었다. 출애굽 이후 이스라엘에는 하나님께서 세우신 지도자들이 늘 있었다. 모세와 여호수아가 이스라엘 지도자의 전형이라고 할 만한 사람들이다. 그들은 늘 신실했고 용감했으며 무엇보다 하나님과 백성들 사이에서 자신의 위치가 어디이고 자신이 무엇을 해야 하는지를 지혜롭게 잘 아는 사람들이었다. 여호수아 이후 이스라엘이 채택한 지도자 운영 방식은 탁월해 보인다. 사사(Judge)라고 불리는 이 지도자 체제는 평소에는 일정한 장소에서 백성들을 가르치고 재판을 하다가 민족이 위기에 봉착했을 때에는 군사지도자로 탈바꿈했다. 그리고 집중력을 가지고 민족이 직면한 총체적인 위기를 이겨

고대의 휴대용 우상 드라빔

나갔다. 기드온(Gideon)이나 드보라(Deborah) 같은 탁월한 사사들이 대표적이다. 문제는 사사들의 지도력이 백성들 사이에 회자되는 중에 때로 그들 스스로 민족의 중심에 서게 된다는 것이었다. 위기의 상황에서 한 사람이 중심에 서는 것의 문제를 말하려는 것이 아니다. 백성들이 사사가 구심점이 지속되기를 원한다는 것이 문제였다. 기드온이 성공적으로 미디안을 물리치자 백성들은 그가 영구적으로 이스라엘의 왕이 되기를 구했다(삿 8:22). 그러나 기드온은 그 말을 듣지 않았다. 그는 하나님께서 세우신 사사직에 머물러 있었다(23절). 기드

제사장의 예복 에봇

온과 그 집안을 이스라엘의 중심, 즉 왕으로 세우려는 시도는 계속되었다. 세겜 사람들은 기드온의 아들 아비멜렉을 실제 자신들의 왕으로 삼았다(삿 9:6). 이런 식의 사람을 중심으로 세우려는 시도가 사사기 곳곳에 등장한다. 이스라엘은 하나님과 하나님의 거룩한 임재소인 실로가 아닌, 자신들의 정치 군사적인 지도자들을 자신들의 중심으로 삼으려고 했다. 이것은 실로를 중심으로 한 종교지도자들에게서 조차 쉽게 나타나는 증세였다. 실로를 지켜온 제사장들과 종교 지도자들 역시 그들이 거주하는 실로의 성소가 아닌 군사적인 혹은 정치적인 인물에게 기대려고 한 것이다. 결국 이스라엘이 하나님의 전이 아닌 사람을 자기들의 중심으로 세우려고 노력하면 할수록 신앙의 중심지라는 실로의 의미가 계속 실추했다.

이런 의미에서 한나와 그의 아들 사무엘의 이야기가 중요하다. 한나는 동시대 이스라엘 사람들이 모두 편리한 우상과 힘을 가진 인간에게 의지하는 동안 자신의 문제를 실로 성소의 하나님께 의뢰했다. 그녀는 자신의 인생에 주어진 극복할 수 없는 문제를 실로의 하나님께 가져왔고 그곳 성소 앞에서 하나님께 기도했다. 그녀가 삶에서 직면한 문제는 오직 실로의 하나님께서만 해결하실 수 있는 것이었다. 결국 사사기의 거의 모든 부분에서 언급하고 있는 이야기, 즉 이스라엘 백성들이 그 신앙의 중심을 잃어가고 있는 현실을 타계하는 방법은 한나의 삶과 자세에서 찾을 수 있다. 이스라엘 역시 자신들의 문제를 해결하는 방법을 가나안의 우상이나 인간 지도자들에게서 찾을 것이 아니라 한나처럼 자신의 신앙의 중심지에 계신 하나님에게서 찾았어야 했다. 뭇 백성들이 눈이 어둡고 귀가 가려져 제대로 찾지 못한 신앙의 중심을 한나는 온전히 회복했다. 그리고 이스라엘이 본받아야 할 신앙의 위인 사무엘이 그 여인에게서 태어났다. 구심점이 없는 신앙, 혹은 임의로 구심점을 변경하는 신앙은 삶이 직면한 문제의 핵심을 알지 못한다. 구심점을 잃은 신앙은 삶이 직면한 문제를 해결하는 과정을 통해 하나님께서 어떤 놀라운 일들을 계획하시는지 볼 수 있는 기회도 놓쳐 버린다. 신앙은 언제나 구심점이 필요하다.

순종하는 마음이 가장 중요하다

가나안에 정착하는 과정에서 사사기와 사무엘상이 이스라엘에 진정으로 필요한 자세와 태도가 무엇인지에 대해 가르친다. 물론 답은 명확하다. 하나님을 경외하고 하나님께 순종하는 마음이다. 사무엘은 그래서 사울에게 말하기를 "여호와께서 번제와 다른 제사를 그의 목소리를 청종하는 것을 좋아하심 같이 좋아하시겠나이까 순종이 제사보다 낫고 듣는 것이 숫양의 기름보다 나으니"라고 했다(삼상 15:22). 진심으로 하나님을 사모하는 마음과 늘 하나님의 뜻과 함께하고자 하는 마음이 중요하다는 것이다.

이런 의미에서 실로는 생각보다 광범위한 역사적 스펙트럼 속에서 각 시대별로 이스라엘의 지도자들이 어떻게 하나님과 관계했는지에 대해 이야기할 수 있는 좋은 기준이 된다. 실로라는 이름의 의미 기원이 명확하지는 않지만, 사마리아 오경(Samaritan Pentateuch)에 의하면 이 도시의 이름은 '평정

(pacification)' 혹은 '평온(tranquility)'을 상징한다. 적어도 사마리아인들의 전통적 해석에 의하면 이 도시는 '평정을 이루는 마을'이라는 뜻을 갖는다. 평정을 이룬다는 것은 결국 실로라는 도시 자체가 갖는 종교적 의미를 부각한다. 즉, 하나님의 성소가 있고 그 가운데 하나님의 임재를 경험하는 곳으로서 그곳에 와서 예배하고 제사 드리는 하나님의 백성들에게 평안이 임하리라는 의미이다. 하나님의 백성들에게 평안은 별다른 것이 아니다. 그 백성들이 하나님의 뜻에 순종하며 살고 하나님께서 그들 가운데 복을 주시며 거하시는 상황이 평안인 것이다. 수백 년에 걸쳐 하나님께서 임재하시는 성소, 이스라엘 백성의 삶의 중심이 되었던 실로는 결국 모세와 여호수아의 유언대로 하나님의 백성들이 그 마음의 중심을 하나님께 향하고 하나님의 뜻에 순종하는 삶을 펼쳐가는 상징의 핵심이 된다. 실로는 그 이름을 통하여 하나님 백성들의 마음 중심에 참으로 하나님이 계셔야 한다고 가르친다. 겉모양만 그럴 듯한 중심으로서의 실로는 의미가 없다.

이런 의미에서 성경, 특별히 사무엘상에서 실로라는 도시명이 제공하는 대로 하나님 중심의 평온한 삶이 무엇인지를 잘 보여주는 두 사람의 사례를 잘 제시한다. 바로 사울과 사무엘이다. 이 둘은 하나님 중심의 평온한 삶을 기준으로 서로 대립하고 갈등했던 전형이다. 사무엘과 사울은 아이러니컬하게도 동일한 히브리어 이름을 갖고 있다. 사무엘(Samuel)의 히브리어와 사울(Saul)의 히브리어가 각각 동일한 히브리어 어근을 가지고 있는 것이다. 둘 다 '드리다' 혹은 제의적인 의미에서 '간구하다'라는 의미를 갖는다. 사무엘상 1장 28절에 기록된 "여호와께 드리나이다"에서 '드리나이다'의 히브리어와 사무엘, 사울 이름의 히브리어가 똑같다. 그런데 성경은 사무엘이 하나님께 온전히 자기의 중심을 드린 사람이라면, 반면 사울은 하나님 앞에 거짓되어 중심을 드리지 않고 스스로 중심이 된 사람이라고 기록하고 있다.

사울은 지혜로워 보이지는 않지만 생각이 많은 젊은이였다. 그는 사무엘이 여러 일들을 통해서 그를 왕으로 삼은 후 그를 왕으로 기름 붓고 나서도 백성들 앞에 쉬이 나서지 않았다. 심지어 그는 사무엘이 미스바에서 공공연하게 자신을 왕으로 세웠을 때에도 나서지 않았다. 몇몇 불량배들이 그에게 의심의 눈초리를 보내는 가운데에서도 그는 여전히 생각이 많았다. 그러나 그는 곧 암몬의 나하스가 이스라엘을 괴롭힐 때만큼은 담대하게 일어나 온 이스라엘과 더불어 그들을 물리치고 자신의 용맹함을 떨쳤다. 그리고 길갈에서 비로소 이스라엘의 왕이 되었다(삼상 11:14~15). 그런데 사울은 그 이름이 의미하는 바와 같이 온전히 하나님께 드린 사람이 되지 못했다. 그는 자신에 대한 염려가 많았고 성급한 생각이 늘 앞서는 사람이었다. 무엇보다 그는 왕으로서 갖게 된 힘을 바르게 사용하는 법을 몰랐다. 결국 사울은 왕이 된 후 곧 그 권력을 지혜롭지 못하게 사용하기 시작했다. 그는 블레셋이 쳐들어 왔을 때 백성들을 모으고 기다리라는 사무엘의 말을 어기고 사무엘이 도착하기 전에 스스로 하나님께 제사를 드렸다(삼상 13:9). 블레셋의 위세에 두려움을 느낀 백성들이 흩어지고 있었기 때문이었다. 그는 성급하게 지도력을 회복하려 했다. 또 그는 아말렉과의 전투에서 아말렉의 왕과 그 땅의 살찌고 좋은 동물들을 살려두었다(삼상 15:8~9). 전리품을 취한 것이다. 그런데 이것은 하나님과 사무엘의 명령을 어기는 행위였다. 하나님께서는 사울시대에도 여전히 헤렘 전투를 명령하셨다. 사울은 그 전투에서 아말렉의 모든 것을 진멸했어야 했다. 하나님을 중심에 두고 하나님께 신실한 것이 전투의 전리품을 취하는 것보다 그를 훨씬 더 많은 축복으로 안내했을 터인데 그는 그런 믿음의 혜안을 갖지 못했다. 이후 그는 꾸준히 자신을 중심으로 세상을 바라보았고 이스라엘을 자기 중심적인 관점으로 통치하려고 했다. 그에게는 하나님이 중심이 아니었다. 그는 언제나 자기가 중심인 사람이었다.

반면 사무엘은 그 이름 그대로 온전히 드려진 사람이었다. 그는 하나님 앞에 선 한 개인으로서 어머니 한나가 서원한 대로 자신의 삶의 모든 것을 드리는 나실인(Nazirite)의 삶을 신실

에벤에셀 전경

하게 살았다. 무엇보다 사무엘은 엘리를 잇는 이스라엘의 지도자로서 하나님을 중심으로 하는 신실한 사명을 다한 사람이었다. 그는 실로가 하나님의 법궤를 잃고 블레셋에 파괴되었을 때, 그래서 백성들이 그 중심을 상실하고 방황하고 있었을 때, 이스라엘 전체를 미스바로 불러 모아놓고 여호와 하나님 앞에서 온전한 신앙을 회복하라고 주문했다(삼상 7:5~6). 이어 블레셋과의 전투를 승리로 이끈 사무엘은 미스바와 센(Shen) 사이에 돌을 세우고 하나님께서 도우셨다는 의미로 '에벤에셀(Ebeneser)이라고 명명했다(12절). 그는 실로 파괴 이후 이스라엘이 하나님을 중심으로 하는 삶을 이어가도록 하기 위해 애쓴 진정한 지도자였다. 그뿐이 아니었다. 그는 이스라엘이 왕권제도를 요구할 때에도 그 제도가 의미하는 바가 무엇인지 그들에게 가르쳤을 뿐 아니라(삼상 8:11~20) 어쩔 수 없이 왕권제도를 도입해야했을 때에도 사울을 세움과 동시에 그들에게 그 제도가 어떠해야 하는지를 일일이 가르친 신실한 지도자였다(삼상 10:25). 그는 사울이 왕이 된 후 나라의 제도를 잘 정리하고 그것을 다름 아닌 여호와 앞에 두었다. 후에 사울에게 전권을 넘기면서 이스라엘에 권면할 때 사무엘은 여전히 하나님을 중심으로 하여 하나님 앞에 섰다. 그는 진심으로 이스라엘을 걱정하며 그들이 모세와 아론의 가르침을 따라 하나님 중심의 삶을 살 것을 권면했다(삼상 12:6~25). 그는 이스라엘이 왕을 요구할 때 스스로 왕이 되지 않았다. 오히려 별도의 사람들을 왕으로 세우고 자신은 항상 하나님과 동행했다. 사무엘은 평생에 하나님을 중심으로 산 사람이었으며 자신의 모든 것을 하나님께 드린 진정한 하나님의 사람이었다.

하나님 백성의 삶의 중심은 하나님이어야 한다. 하나님의 백성들은 하나님을 중심으로 그들의 삶을 세워가야 한다. 쉬운 일은 아닐 것이다. 사람이 땅을 차지하고 일정한 권력과 힘을 누리기 시작하면 여지없이 다가오는 것이 자기 중심적인 생각이기 때문이다. 결국 하나님의 사람들은 자기를 경성해야 한다. 자기가 중심이 되지 않도록 스스로 깨우치고 살펴야 한다. 그 땅과 사람들이 자기의 것이 아니라는 사실을 분명히 알고 하나님께서 그를 청지기로 세우셨다는 것을 알아야 한다. 그래서, 하나님께서 주신 땅의 어느 곳에 신앙의 중심지가 별도로 서 있는 것이 중요한 의미를 가진다. 그런데 시대가 혼란스러워져서 중심지가 중심으로서 그 기능을 상실하게 되면, 하나님의 사람들은 하나님을 중심으로 살아가는 건강함이 무엇인지 스스로 살피고 삶 가운데서 신실하게 그 뜻을 이어가야 한다.

Geographical Story
하나님 백성들의 신앙의 중심지들

길갈 Gilgal

성경적으로 길갈은 사해 북서부 여리고 동편에 위치한 평원지대이다. 여호수아의 지도 아래 요단강을 건넌 이스라엘 백성들이 가나안에 들어와 처음 진을 친 땅이다. 이스라엘 백성들은 무사히 요단강을 건넌 것을 기념하여 이곳에 열두 개의 기념비를 세웠다(수 4:20). 또 광야에서 태어나 모세를 따라온 출애굽 2세대들, 말하자면 가나안 1세대들이 하나님 앞에서 할례를 받고 가나안 첫 유월절을 보낸 곳이기도 하다. 이들이 할례를 받고 유월절을 보내며 가나안에서의 첫 해 시즌을 시작하자, 그동안 하나님께서 보내주시던 광야 만나가 그쳤다. 이후 길갈이 이스라엘에게 중요한 거점이 되었다. 여리고를 시발로 하여 진행된 초기 가나안 정복 전쟁이 모두 이곳을 기점으로 이루어진 것이다. 이후 길갈은 지속적으로 이스라엘에 상징적인 위치를 차지했다. 왼손잡이 에훗은 이곳에서 비둔한 모압왕을 죽였다(삿 3:15~26). 사무엘은 길갈을 자신의 순환 사사 통치 거점으로 사용했다(삼상 7:16). 또 사무엘은 이곳에서 사울을 왕으로 세웠고(삼상 10:24), 사울은 통치 2년에 이곳에서 이스라엘 백성들을 모아 블레셋과의 일전을 준비했다(삼상 13:4). 이후 사울은 아말렉과의 전투에서 얻은 전리품들에 대하여 옳지 못한 자세를 취하고 결국 길갈에서 사무엘에게 책망을 받았다(삼상 15:21~23). 사무엘은 이곳 길갈에서 사울이 더 이상 이스라엘의 왕일 수 없다고 선언한다(26절). 이후 길갈은 한동안 잊혀졌다가 다윗이 압살롬을 피해 요단강을 건너갔다가 다시 귀환하는 길에 등장한다(삼하 19:15). 이후 이스라엘 역사에서 길갈은 여전히 종교적으로 의미 있는 장소였던 것으로 보인다. 약 8세기경 이스라엘에 배교와 우상숭배가 가득하던 때에 아모스 선지자는 길갈이 벧엘과 브엘세바와 같이 우상을 숭배하는 주요한 장소가 된 것 통탄한다(암 5:5). 호세아 역시 길갈이 이미 배교의 깊은 늪에 빠졌다고 경고하고 남 유다 백성들이 그 길로 가지 말 것을 경고한다(호 4:15).

고고학적으로 길갈의 정확한 위치는 아직 밝혀지지 않았다. 다만 현재의 여리고를 기점으로 동쪽 약 3.5킬로미터 떨어진 곳의 텔 엔 니틀라(Tell en-Nitla)이거나 역시 여리고 북동쪽 약 3킬로미터 떨어진 곳의 키르벳 엘 메프지르(Khirbet el-Mefjir) 주변일 것으로 보는 견해가 다수를 이룬다. 그런데 최근 길갈 주변 길갈 아르가만(Gilgal Argaman)에서 철기시대의 것으로 보이는 종교유적지가 발견되었다. 학자들 사이에 명확하게 결론이 이루어진 것은 아니지만 이것이 가나안 정착 초기의 유적일 것이라는 견해가 조심스럽게 제기되고 있다.

최근 발굴된 길갈 아르가만 유적

세겜 Shechem

세겜은 예루살렘에서 북쪽으로 65km 떨어진 곳으로, 동서남북으로 연결되는 주요 도로 선상에 위치해 있다. 오늘날에도 예루살렘에서 출발해서 북쪽 갈릴리로 가려면 팔레스타인의 웨스트뱅크와 이곳 세겜을 통과해야만 한다. 세겜은 에브라임 산지의 곡창지대를 끼고 있으며 남동쪽으로 400m 떨어진 곳에 야곱의 우물이라 불리는 장소가 있어서 수자원 역시 풍부했다. 덕분에 세겜은 수천 년 이전부터 사람이 거주하는 도시로 성경뿐만 아니라 성경 외의 자료에도 자주 등장하는 고대 도시였다. 1903년까지만 해도 세겜의 정확한 위치가 알려지지 않았다. 유대 역사 기록자 요세푸스에 의하면 세겜은 그리심산과 에발산 사이에 위치해 있었다. 기원후 4세기 교회 역사학자 유세비우스는 세겜이 네아폴리스(Neapolis)로 불리는 장소 옆 야곱의 우물에서 멀지 않은 장소에 있다고 했다. 1903년 독일 학자들은 헬라식 네아폴리스의 근대 아랍식 이름 나블루스(Nablus) 옆 야곱의 우물과 요셉의 무덤이라 불리는 장소로부터 탐사를 시작했다. 결국 그들은 나블루스 동쪽에 위치해 있는 텔 발라타(Tell Balatah)에서 고대 유적의 흔적을 발견하였다. 1913년 셀린(E. Sellin)의 첫 발굴은 1차 세계대전으로 인해 중단할 수밖에 없었다. 2차 세계대전 이후 1950-1960년대 초반까지 이루어진 미국의 발굴이 세겜에 대한 풍부한 자료를 우리에게 남겨주었다.

세겜은 가나안 땅에서 가장 오래된 도시 중 하나였다. 기원전 19세기 이집트 쿠세벡 장군의 무덤에 세소스트리스 III세(Sesostris III) 시절 'skmm', 즉 '세겜'이 애굽에 의해 정복되었다는 기록이 있다. 기원전 19세기 중반의 또 다른 점토판에

그리심산에서 바라본 현대 세겜 전경

요셉의 무덤

세겜 옆 수가에 있는 야곱의 우물

현재 팔레스타인 자치지역 안에 있는 세겜(나블루스)은 성경의 유적들을 한눈에 볼 수 있는 멋진 도시이다. 아브라함이 이 도시를 거쳐 갔고 여호수아가 이 도시 옆 그리심산과 에발산에 이스라엘 민족을 세우고 축복과 저주를 내렸으며 요셉의 유해가 이곳에서 최종적으로 묻혔다. 무엇보다 예수님이 사마리아 여인을 만난 야곱의 우물이 있다.

는 세겜이 애굽에 저항하던 주요도시 중 하나라고 쓰여 있다. 유사한 시대에 성서도 세겜에 대해 언급하고 있다. 하란을 떠나 남쪽으로 내려온 아브라함이 세겜 상수리 나무 아래에서 하나님을 만나 약속을 받고 제단을 쌓은 것이다(창 12:6-8). 이외에도 야곱이 밧다아람에서 돌아와 얍복강변에서 형 에서와 화해한 후 세겜에 정착하였다. 그는 세겜의 아들들에게 밭을 사들여 제단을 쌓고 "이스라엘의 하나님"이라는 칭호를 사용했다(창 33:18-20). 적어도 족장들의 전통에 의하면 세겜은 매우 중요한 종교적 장소였다. 과거 선조들의 역사를 알아서인지 여호수아는 이곳 세겜 땅에서 가나안 정복 전쟁을 정리하면서 이스라엘 사람들과 하나님이 계약 백성이라는 것을 다시 한 번 상기시키고 언약의 증표로 돌을 세웠다(수 24장). 이후 세겜이 이스라엘의 종교와 신앙에 있어서 중요한 자리였는지는 확인할 수 없다. 단, 이스라엘이 가나안을 점령해서 정착할 때까지도 세겜은 이스라엘에 있어서 종교적으로 중요한 의미를 갖고 있던 곳으로 보인다.

실로 Shiloh

실로는 이스라엘이 가나안에 정착한 후 사사시대를 거치면서 줄곧 종교적인 중심지였다가 다윗 왕권이 등장한 이후 최종적으로 이스라엘의 종교적 중심지로서의 지위를 상실한 것으로 보인다. 가나안 정착 초기 거룩한 장소는 이후 오랜 세월 동안 잊혀졌다. 예레미야는 유다와 예루살렘이 실로처럼 무너질 것이라고 경고했다(렘 7:12~15, 26:5~9). 예레미야의 이런 표현으로 보아 실로는 오래전부터 역

성경시대 실로로 알려진 키르벳 세일룬의 유적

사의 기억 속으로 사라진 듯하다. 성경의 역사에서도 지워진 탓인지 초기 기독교 역사에서 이루어진 고고학적 탐험에서도 실로가 잘 등장하지 않는다. 단지, 제롬이 파울라와 유스토키우스에게 보낸 순례를 권하는 편지에서 "우리와 함께하시는 그리스도와 더불어 우리는 실로와 벧엘을 지나야 한다"고 언급했다. 초기 기독교 역사에서 예루살렘교회는 당대의 성지 순례객들에게 벧엘을 방문하라고 일정을 조율했지만 실로에 대해 언급하거나 그 위치를 기억하지는 못했다. 기원후 6세기에 만들어진 요단강 건너 마다바교회는 바닥을 장식한 모자이크 지도에 실로를 세겜의 동쪽으로 잘못 표기했다. 성지가 위치한 곳에 대부분 교회의 모습이 있는 것에 반해 실로에는 단지 이름만 보일 뿐이다. 기원후 6세기의 또 다른 기록에는 실로가 예루살렘과 엠마오 사이에 있다고 언급되기도 하였다. 1300~1494년 사이 이탈리아의 플로렌스 영토를 중심으로 한 플로렌틴(Florentine) 지도의 경우에도 실로는 사무엘의 무덤이 있는 것으로 알려진 네비 사무엘(Nebi-Samuel)이라는 곳에 표시되어 있다. 실로의 위치를 최초로 밝혀낸 사람은 1838년 미국의 로빈슨(E. Robinson)이다. 로빈슨은 1800년대 초반, 성경을 들고 이스라엘을 직접 답사하면서 다니며 고대의 흔적들 가운데 '언덕'이란 뜻의 '텔(Tell)'이나 '키르벳(Kirbet)'이라는 호칭이 붙은 지역을 파악했다. 그는 그렇게 선별된 지역의 지형과 위치를 주의 깊게 살펴보고 성서 지역들을 밝혀냈다. 그는 사사기 21장 19절의 "보라 벧엘 북쪽 르보나 남쪽 벧엘에서 세겜으로 올라가는 큰 길 동쪽"에 실로가 위치해 있다는 구절을 통해 벧엘에서 북쪽으로 10km 떨어져 있는 키르벳 세일룬(Kirbet Seilun)을 실로라고 추정했다. 사실 아랍어의 세일룬이 실로라는 명칭에서 기원한 것으로 보인다.

놉 Nob

예루살렘 북쪽, 유다지파의 지경을 넘어서 베냐민 지파에 소속된 작은 마을이다. 아마도 놉은 실로의 성소가 파괴되고 블레셋에 법궤를 탈취 당하고 난 뒤 새롭게 조성된 이스라엘의 주요 성소였을 것이다. 엘리 제사장의 손자쯤 되는 아히멜렉은 비록 법궤는 없을지라도 이곳에 제사장들을 모으고 성막을 갖췄으며 아론계 제사장이 입는 에봇을 구비했다. 다윗이 망명하면서 이곳에 이르러 예의 제사장 아히멜렉을 만났다. 그리고 그의 성소로부터 거룩하게 구별된 떡과 골리앗의 칼을 받았다(삼상 21장). 사울왕은 그의 양들을 담당하는 도엑(Doeg)에게서 아히멜렉이 다윗을 도왔다는 이야기를 듣고 놉의 실로계 제사장들을 모두 죽였다(삼상 22:18). 이후 놉의 종교적 성지로서의 위치가 역사 속에서 사라진 것으로 보인다. 단, 이사야는 앗수르에게 고통 받는 이스라엘에 예언하기를 여호와의 도우시는 손길이 쉼 없이 달려오다가 이곳 놉에서 쉬면서 지척에 있는 예루살렘 시온산을 향하여 반갑게 손을 흔들 것이라고 말했다(사 10:32). 이후 놉은 느헤미야가 포로로부터 돌아오는 이스라엘 백성들과 더불어 정착하게 되는 성 가운데 하나가 되었다(느 11:32).

구약성경 고고학자인 올브라이트는 이사야서 10장 32절의 "그가 놉에서 쉬고 딸 시온 산 곧 예루살렘 산을 향하여 그 손을 흔들리로다"라는 구절을 통해 이 작은 마을이 예루살렘 시온산에서 바라보이는 스코푸스산의 한 사면인 라스 엘 메사리프(Ras el-Mesarif)일 것이라고 추정했다. 그러나 아직은 고고학적 발굴이 따르지 않아 놉의 정확한 위치를 알 수 없다.

미스바 Mizpah

"망대" 혹은 "지켜보다"라는 의미를 가진 미스바는 베냐민 지파의 땅이었다. 아마도 이곳은 모든 백성들이 회집하기에 좋은 장소, 특별히 기도하기에 좋은 장소였던 것 같다. 이 작은 땅은 성경 역사 곳곳 의미 있는 이야기들과 많은 관련이 있다.

미스바로 추정되는 네비 사무엘 유적지

사사기 19장에 의하면 한 레위 사람이 첩과 더불어 베냐민에 속한 기브아에 유숙하러 갔는데 기브아 사람들이 밤에 그가 묵고 있던 집을 에워싸고 그를 협박하여 첩을 넘겨받은 뒤 욕보이고 죽게 했다. 그는 첩의 시체를 거두어 이스라엘 온 땅 지파들에게 보내 기브아 사람들의 죄악을 알렸다. "이에 모든 이스라엘 자손이 단에서부터 브엘세바까지와 길르앗 땅에서 나와서 그 회중이 일제히 미스바에서 여호와 앞에 모였다"(삿 20:1). 그때 미스바에 모인 이스라엘 각 지파 백성들이 그 시점으로부터 베냐민 사람에게 자신들의 딸을 주지 않기로 맹세하였다(삿 21:1). 블레셋 사람들에게 빼앗겼던 여호와의 궤가 이스라엘 기리앗여아림에 돌아왔을 때 사무엘은 온 이스라엘을 이곳 미스바로 모이게 하고 함께 금식하며 여호와께 기도했다. 이 때 블레셋 사람들이 미스바에 모인 이스라엘 사람들을 치려 하자 사무엘이 여호와께 번제를 드리고 부르짖었다. 그러자 여호와 하나님께서 큰 우레를 발하여 블레셋 군대를 어지럽게 하였고 이스라엘 사람들이 블레셋 사람들을 추격하여 죽였다. 사무엘은 돌을 취하여 미스바와 센 사이에 세워 에벤에셀, 즉 '여호와께서 우리를 도우셨다'고 불렀다. 사무엘은 후에 이스라엘을 다스릴 때 해마다 벧엘과 길갈과 미스바로 순회하였다(삼상 7:16). 한편 느헤미야가 돌아와 예루살렘을 다시 건축할 때 미스바 사람들이 기브온 사람들과 함께 예루살렘 프로젝트에 기꺼이 참여하였다(느 3장). 신약 성경에는 등장하지 않지만 신구약 중간시대 마카비서에서 마카비가 예루살렘을 점령, 지배하고 있는 셀류코스 왕조와 접전하기 위해 기도 장소인 미스바에 사람들을 불러 모았다고 말하고 있다.

미스바는 유다의 경계선에 위치한 베냐민 지파의 땅으로, 예루살렘과 그리 멀지 않은 곳에 위치해 있다. 고고학자들은 미스바로 추정되는 유적지로 몇 군데를 설정해 두었다. 특히 네비 사무엘(Nebi Samuel)이라고 불리는 곳이 예루살렘 북쪽으로 6km 떨어져 위치하고 있는데, 기원후 6세기 성지 순례객에 의하면 이곳에 사무엘의 무덤이 있다고 한다. 기원후 1173년 투델라의 랍비 베냐민은 십자군들이 해안가 라블라(Ramla)에서 사무엘의 뼈를 발견해 예루살렘이 내려다보이는 이곳에 묻었다고 기록하고 있다. 그런데 역사적으로 사무엘은 그의 고향 라마에 묻힌 것으로도 알려져 있기 때문에 이 주장에 논란이 많이 있다. 1992~2003년 사이 이자크 마겐(Yitzhak Magen)에 의해 이루어진 네비 사무엘 발굴은 이곳에 기원전 8~7세기경 16,000 평방미터 정도의 도시가 있었다는 것을 발견했다. 그러나 기원전 11세기 말에서 10세기 초, 사무엘 시대에 관해서는 어떤 흔적도 발견할 수 없어서 이곳이 미스바일 확률도, 사무엘의 무덤일 확률도 적어졌다.

The Holy Land and The Rise of People of God

하나님의 백성
정치·경제의 중심에 서다

예루살렘

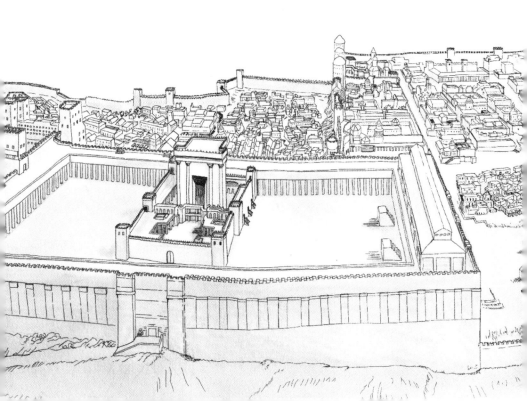

하나님의 백성
정치·경제의 중심에 서다

이스라엘이 가나안에 정착한 후 초기에는 여호수아가 분배
한 지파들의 거점지를 중심으로 분화된 삶을 살았다. 그런데
이스라엘 백성들은 곧 왕 중심의 삶을 원했다. 그들은 사무엘
에게 가서 자기들에게도 왕을 달라고 했다(삼상 8:4~5). 사
무엘은 하나님의 뜻에 따라 사울을 이스라엘의 첫 번째 왕으
로 삼았다. 처음 왕이 되었을 때 사울은 지파별로 분할된 삶을
인정하고 고향 기브아를 중심으로 느슨한 형태의 왕권을 유지
했다. 이때까지 이스라엘의 중심은 라마의 사무엘이었다. 그
는 사무엘에 집중된 이스라엘의 지도력을 넘어서려 하지 않았
다. 그런데 얼마 후 사울을 이어 다윗이 이스라엘의 두 번째
왕이 되었을 때 양상은 달라졌다. 다윗은 오랜 망명 후에 왕이
된 후, 곧 '예루살렘'을 도성으로 삼았다. 그리고 모든 것을 그
도시에 집중시켰다. 심지어 그는 블레셋에서 되찾은 하나님의
법궤까지 그의 도성에 두었다. 하나님의 백성 이스라엘의 삶

하늘에서 본 예루살렘 전경

감람산에서 바라본 예루살렘 전경

에 정치와 경제의 중심지가 생긴 것이다. 인간 역사가 늘 그렇듯 이스라엘은 드디어 나라와 공동체와 사회의 중심지 역할을 할 만한 곳을 설정한 것이다.

예루살렘(Jerusalem)이라는 도시 이름은 기원전 19세기에 만들어진 애굽의 주술서에서 '우루살리뭄(Urushali-mum)' 혹은 '루살리뭄(Rusalimum)'이라는 발음으로 처음 등장한다. 그리고 기원전 14세기경 작성된 애굽 아케나톤 파라오의 외교문서인 '아마르나 편지(Amarna Letter)' 중 하나에서도 등장한다. 이 편지에서 도시는 아카드어로 '우루살림(Urusalim)'이라는 발음으로 등장한다. 이 토판 편지에는 예루살렘의 왕 아브디헤바(Abdi-Heba)가 당대의 유랑 집단인 아피루('Apiru) 즉, 히브리인들 때문에 피곤해 하고 있다고 언급되어 있다. 편지는 히브리인들은 당대 최고의 제국 애굽의 권위에 도전한 무리이며, 예루살렘의 왕 아브디헤바 역

예루살렘과 다윗성 전경

시 이들과 대면하여 갈등하거나 경쟁하고 혹은 전쟁을 해야 할지도 모른다고 말한다. 이렇게 볼 때 이 도시는 이스라엘 백성들이 가나안에 입성하기 전후에 이미 예루살렘이라는 이름을 가지고 있었던 것으로 보인다.

아마르나 편지

사실 예루살렘이라는 이름의 기원은 잘 알려져 있지 않다. 도시의 이름은 가나안 사람들 사이에서 오래전부터 그렇게 불렸던 것으로 여겨진다. 가나안 원주민의 언어로 살렘(Shalem)이라는 신을 위해 지어진 도시쯤으로 이해하는 것이 맞을 것 같다. 그런데 도시의 이름은 도시를 점령한 유대인들에 의해 새롭게 해석되었다. 유대인들은 이 도시의 이름을 조상 아브라함과 연결하여 아브라함이 이곳의 옛 지명 모리아산에서 겪은 여호와 이레(YHWH Yireh)의 '이레', 즉 '여호와께서 준비하시다'라는 뜻과 도시의 원래 이름 '살렘'을 합친 것으로 해석하기도 한다. 성경에서 이 도시에 대한 지칭은 창세기 14장 18절에서 처음 등장한다. 멜기세덱(Melchizedek)을 '살렘

다윗성 오벨로 알려진 현재 예루살렘의 남쪽 지역

(Salem)'의 왕으로 표현했는데 이 살렘을 오늘의 예루살렘으로 보는 것이다. 시편 76편 2절은 이 '살렘'을 하나님께서 거주하는 곳이라는 의미의 '시온(Zion)'과 동일한 맥락으로 표현한다. 역사적 이름 그대로의 예루살렘이 처음 등장하는 성경 구절은 여호수아 10장 1~4절이다. 예루살렘은 오늘날 일반적으로 '평화의 도시(city of peace)'라는 뜻을 가지고 있다. '예루'는 짓다, 혹은 건물이라는 뜻으로, '살렘'이라는 옛 도시의 이름은 평화라는 뜻의 '샬롬(shalom)'과 동일한 자음을 가지고 있다는 해석이다.

예루살렘은 기원전 약 3500년경부터 사람들이 살았던 것으로 보인다. 사람들은 처음 기혼샘 근처, 지금의 성전산과 그 아래 다윗성 중간쯤의 오벨(Ophel, 언덕)이라 이름 붙은 지역에 주거지를 형성했다. 얼마 후 원주민들은 이 도시를 꽤 튼튼한 요새로 만들었는데, 발굴에 의하면 이스라엘 민족의 점령 이전, 여부스 족의 도시일 때에도 성의 규모가 꽤 크고 안정적이었던 것으로 여겨진다. 제대로 된 성곽이 있었고, 망루도 있었을 것으로 추측된다. 후대 사람들은 이 성을 오벨이라고 부른다. 청동기 말기에 이 도시는 애굽에 충성하는 사람들이 다스렸다. 도시는 힉소스 왕조 이후 강력해진 애굽 제 17~19왕조 왕가에게 지위를 하사 받은 봉신 도시 국가였으며, 주변의 애굽 총독들이 직접 다스리는 몇몇 도시들과 긴밀한 유대관계를 가지고 있었다. 친 애굽적인 가나안 사람들의 성은 여호수아의 정복 시대를 지나면서도 이스라엘에 점령당하지 않았다. 당시 도시의 왕이었던 아도니세덱이 여호수아와 이스라엘과 더불어 한 차례 전투를 치러 패하기도 했으나 도시와 여부스

다윗성 밀로

캐년(Kathleen Kenyon)의 발굴에 의하면, 다윗이 예루살렘 기드론 골짜기 경사면에 사방공사를 한 것으로 보인다. 성경에서 다윗성의 밀로(Millo)라고 부르는 부분이다(삼상 5:9). 다윗은 이 밀로를 튼튼하게 한 뒤 그 위쪽 지역 성전산 바로 아래에 자신의 궁전을 지었다. 학자들의 추측에 의하면 아버지 다윗이 완성한 밀로 위에 솔로몬이 일종의 왕궁 테라스를 지은 것으로 보인다(왕상 9:24). 이후 남 유다의 왕들이 이 전망 좋은 별궁을 애용했을 것이다. 기록에 의하면 히스기야가 다윗성 부분의 밀로를 견고하게 했다(대하 32:5). 히스기야는 아마도 다가올 앗수르의 침략에 대비하여 다윗이 했던 사방공사 부분을 중수한 것으로 보인다.

사람들은 온전했다(수 10:1~3). 애굽과의 정치적 역학관계가 작용한 것이 아닌가 여겨진다. 이후 도시가 본격적으로 이스라엘의 영향권 아래 들어간 것은 사사시대로 보인다(삿 1:8). 그러나 예루살렘이 이스라엘에 완전히 복속되어 이스라엘의 도시로 탈바꿈한 때는 아무래도 다윗시대로 보인다. 다윗은 유다지파의 왕이 되면서 드디어 예루살렘을 빼앗아 자신의 왕국의 도읍지로 삼았다(삼하 5:6~7). 다윗은 예루살렘으로 가서 그 곳에 사는 여부스 사람들을 공격했는데, 그의 용사들은 오벨 성벽 아래 기혼샘에서 물을 길어 올리는 양수 시스템을 통해 예루살렘에 들어갔다. 다윗 이후 예루살렘은 그 지경이 꾸준히 넓어졌다. 우선 다윗은 이 성을 자신의 이름을 따라 다윗성이라 명명하고 성전산 방향으로 밀로(Milo)라 불리는 축성을 하여 확장한 후 두로의 왕 히람의 도움으로 그곳에 왕궁을 건축했다. 사실 밀로에 대한 의견은 여전히 분분하다. 이곳이 여부스 사람들이 원래 쌓았던 성터였는지 아니면 다윗이 여부스 사람들의 오벨성을 증축하여 계단식 축성을 하고 그 위에 자기 왕궁을 지은 것을 의미하는지에 대해서는 아직 명료한 결론에 이르지 못했다. 어쨌든 솔로몬 시대에 예루살렘이 더욱 넓어졌다. 솔로몬은 아버지의 염원을 따라 다윗성 바로 위, 옛날 아브라함이 아들 이삭을 바치고 아버지 다윗이 속죄의 제사를 드렸던 아라우나의 타작마당 자리에 성전을 건축했다. 결국 예루살렘은 성전산이라 일컫는 지역까지 확장되었다. 이후 예루살렘은 히스기야 시대에 건너편 시온산 영역까지 도시의 경계를 확장했고 아울러 성 외부에 있던 기혼샘으로부터 터널을 뚫어 예수님 시대에 실로암으로 알려진 성

내부까지 물길을 끌어들이는 큰 사업을 완성했다.

이스라엘이 예루살렘을 차지하고 자신들만의 왕국을 건설하면서 이 도시는 말 그대로 이스라엘 모든 것의 핵심이 된다. 다윗과 그의 아들 솔로몬은 이 도시에 세운 성전을 중심으로 각 지파별로 흩어져있던 종교 활동을 재편했다. 이후 예루살렘은 정치와 종교적 제사의 중심지가 되었다. 모든 것이 예루살렘과 성전을 중심으로 이루어졌다. 적어도 다윗 시절까지만 해도 예루살렘은 하나님 중심의 도시였다. 이곳에서 다윗과 이스라엘은 여호와 하나님의 길을 찾았다. 몇 가지 인간적인 실수가 있었다 해도 다윗의 가장 중요한 인생 화두는 하나님 중심의 삶을 사는 것이었다. 다윗은 그래서 "여호와 외에 누가 하나님이며 우리 하나님 외에 누가 반석이냐 하나님은 나의 견고한 요새시며 나를 안전한 곳으로 인도하시며 나의 발로 암사슴 발 같게 하시며 나를 나의 높은 곳에 세우신다"고 고백했다 (삼하 22:32~34). 반석 위에 세워진 도시의 진정한 기반은 단단한 자연물이 아니요, 인간도 아니며, 오직 하나님이시라고 고백한 것이다. 이렇게 하나님의 길을 알고자 하는 하나님 나라 백성들은 누구나 이 도시 한복판에 서서 그 바른 가르침을 얻었다.

그런데 안타깝게도 하나님의 백성의 역사에서 예루살렘은 하나님의 길을 찾고자 하는 이에게 언제나 바른 가르침만을 주지 않았다. 예루살렘은 하나님의 길을 외면하고 교만하여 패역한 이들의 상징이 되기도 했다. 다윗과 솔로몬 이후 예루살렘은 정치와 종교가 연합된 형태로서 예언활동의 대상이 되기도 했다. 이스라엘이 바른 신앙을 회복해야 한다고 주장하고 비판하는 이들에게 있어서 예루살렘은 꾸준히 갱신과 개혁의 대상이었다. 특별히 예루살렘은 바벨론 유수와 포로기를 거치면서 하나님의 백성들을 위한 새로운 질서와 새로운 세계 비전을 상징하는 중심으로 다루어지기도 했다.

Biblical and Historical Story
하나님 백성의 중심이 된 예루살렘

이스라엘의 초대왕인 사울의 이야기는 예루살렘을 다루는 부분에서 자연스럽게 배제된다. 사울이 다스리던 시절, 이스라엘의 실질적인 수도가 기브아(Gibea)였고 종교적으로는 사무엘이 있던 실로가 큰 역할을 하고 있었기 때문이다. 사울은 직접적으로나 간접적으로나 예루살렘과 아무런 관련이 없었다. 결국 예루살렘이 이스라엘의 정치, 경제 및 종교의 중심지가 된 시기는 다윗이 그 성을 점령한 후 그 도시를 자신의 이름을 딴 도시로 만든 후였다. 다윗이 이 성 이름에 자기 이름을 붙인 데에 별다른 이유가 있었던 것은 아니었던 것으로 보인다. 그와 그의 용감한 용사들이 탁월한 전투 방법을 이용하여 빼앗았기 때문이다.

다윗은 예루살렘을 점령한 후 여부스 시절 원래 면적이 48,000제곱미터 정도였던 것을 6만 제곱미터 정도의 크기로 확장했다. 이후 히스기야나 로마 헤롯시대, 비잔틴 시대나 오스만 투르크 시절에 비하면 형편없이 작은 공간이었겠지만 다윗은 이 도시를 왕국의 수도다운 면모로 탈바꿈시켰다. 다윗이 차지한 여부스 사람들의 수도 예루살렘은 해발 750미터 높은 곳에 위치했다. 서쪽은 유대산지가 완만하지만 만만치 않은 경사로 지중해를 향해 뻗어있고 동쪽은 약 17킬로미터의 거리에 요단강과 사해를 향하여 1,200미터의 고저차를 갖는 매우 가파른 경사면이 있었다. 여부스 사람들의 도시 예루살렘은 오벨이라 이름 붙은 오래된 성채로, 성전산 아래, 기혼샘 옆 언덕에 위치해 있었다. 그런데 여부스인들의 도시 자체도 매우 견고해 보여서 북쪽을 제외하고 남쪽과 동쪽, 그리고 서쪽이 그 아래 가파른 협곡으로 되어 있었다. 성은 매우 견고했다. 기반 자체도가 암반인 데다 높은 곳에 단단한 돌로 벽을 쌓았기 때문에 누가 보아도 탁월한 군사 요충지의 모양새를 하고 있었다. 따라서 요새 역할을 할 수 있는 이 도시의 모양새 때문에 근동의 제국들이 끊임없이 이 도시를 지역의 요충지로 삼았고 가나안의 부족들도 이 도시를 차지하여 정치, 군사적으로 유리한 위치를 차지하기 위해 애썼다.

다윗은 누구보다 이 도시가 갖는 전략적 요충지로서의 의미를 충분히 활용한 것으로 보인다. 그러나 동시에 다윗은 이 도시를 한 왕국의 수도로서 품격을 갖추게 하는 데 관심이 있었다. 그는 예루살렘을 국가적 위상에 맞는 도시로 만들기 위해 도시의 규모를 키웠다. 그는 현재 예루살렘 동쪽 언덕과 성전산 사이 오벨성 안쪽으로만 제한되어 있던 도시를 성전산 바로 아래 영역과 동쪽 언덕 영역으로 확장했다. 특별히 성전산 아래 영역 여부스 족의 원래 예루살렘 성 사이에 일종의 토목 작업을 시행하여 둔덕을 높게 올리는 건축 사업을 시행했다. 성경이 밀로라 부르는 곳이다. 그래서 성전산 아래 영역에 다윗의 왕궁과 몇몇 높은 사람들을 위한 새로운 주거지를 지어 올렸다. 도시 중심으로서 성채(Citadel)를 만든 것이다.

솔로몬 왕에 이르러 예루살렘은 더욱 확장되었다. 먼저 크기로 말하자면 솔로몬 시대에 이르러 예루살렘은 6만 제곱미터 크기였던 다윗 왕대보다 두 배나 넓어져 12만 제곱미터 가량으로 확장되었다. 이것은 아마도 성전산 범위를 모두 예루살렘 성의 영역 안으로 끌어들인 까닭으로 보인다. 솔로몬은 왕이 되자 곧 다윗 성 위쪽 지금 성전산이라 불리는 언덕에 이스라엘의 염원인 성전을 지었다. 그리고 그 아래 다윗의 왕궁 자리에 당대의 어느 왕보다 큰 왕궁을 확장했다(왕상 9:15~24). 이제 솔로몬은 이스라엘의 국가적인 위상이 상향되는 것에 맞추어 도시의 품격도 그만큼 유지되도록 노력했다. 이제 예루살렘은 명실상부 고대의 위대한 도시로 발돋움하게 되었다. 예루살렘은 정치적으로나 경제적으로, 그리고 종교적으로 손색이 없는 위대한 위치를 차지하게 되었다. 이스라엘과 주변 나라의 모든 것이 예루살렘으로 흘러들어왔다. 또, 예루살렘이 끼치는 정치, 경제적 그리고 종교적 영향력이 이스라엘 전역을 넘어 당대의 세계 곳곳으로 퍼져갔다. 왕궁이 있는 곳에 성전이 있고 왕궁과 성전이 있는 곳에 물산과 사람들이 모여드는 것은 당연했다.

예루살렘이 집중시킨 정치 종교적인 산물들은 결국 고스란히 경제적인 부의 축적으로 이어졌다. 예루살렘과 성전과 왕궁에는 각지의 보물이 넘쳐났다. 보물이 너무 많았다는 증거가 이후 역사에서 고스란히 나타난다. 솔로몬 사후 르호보암왕 시절에 애굽의 시삭 왕이 쳐들어왔을 때, 그는 예루살렘을 점령하는 것 보다 도시가 가진 보물을 약탈하고 배상금을 요구했다(왕상 14:25~26). 이런 일이 또 있었다. 북이스라엘의 요아스가 남유다의 아마샤와 전쟁을 벌여 크게 승리했을 때에도 북 이스라엘이 솔로몬 시대까지 쌓아올린 예루살렘의 부에 관심을 기울였다. 그 역시 도시를 약탈했고 성전과 왕궁의 많은 보물을 빼앗아갔다(왕하 14:13~14). 히스기야는 앗수르 왕 산헤립이 쳐들어왔을 때 성전과 왕궁 곳간에 있던 은을 다 내어 주었고 성전의 문에 입혀 넣은 금과 기둥에 입힌 금 등을 벗겨 배상금으로 내어주기도 했다(왕하 18:14~16). 이 모든 역사적 이야기들은 다윗과 솔로몬 시대 왕궁과 성전의 다양하고 화려한 보물과 장식품들이 이후 몇 대에 걸쳐 무기를 만들거나 우상숭배를 위한 도구, 혹은 전쟁의 전리품이 될 만큼 풍성했다는 것을 의미한다. 결국 이 모든 사실은 예루살렘이 하나님을 향한 신앙의 기반이 되고 하나님의 뜻이 중심이 되기보다는 인간과 그 권력의 중심으로서 변질되어 갔다는 것을 의미한다.

다윗성

예루살렘이 정복 초기 다윗성으로 불렸다는 것은 매우 의미 있는 일이다. 사람들은 성의 이름이 다윗성이었던 것이야 말로 왕권 중심의 강력하고 새로운 통일국가의 상징이라고 말한다. 그러나 이스라엘 역사의 신학적 의미와 관련하여 생각해 본다면, 다윗성은 전혀 다른 상징일 수 있다. 즉, 다윗성은 다

다윗시대 예루살렘 상상도

윗처럼 하나님의 진정한 종복으로 통치하는 나라를 소망하는 후대의 염원이라는 것이다.

　다윗은 어린 시절 사무엘로부터 기름부음을 받았다. 하지만 정식으로 왕의 자리에 올라서기 위해서는 시간이 필요했다. 그를 시기한 사울왕에게 쫓겨 오랜 기간 망명생활을 해야 했던 것이다. 그런데 시간이 흐른 뒤 사울이 죽자 이스라엘의 모든 지파가 헤브론의 다윗에게 나아와 충성을 맹세했다. 이스라엘 전체의 왕이 된 다윗은 먼저 여부스족에게서 예루살렘을 빼앗았다. 예루살렘은 땅 분배 당시 베냐민 지파에게 분배되었던 곳인데 주변의 정치상황과 여부스족의 반발 때문에 점령하지 못한 도시였다. 다윗은 왕이 되자 바로 충성스런 용사들과 더불어 요새 예루살렘을 점령했다. 그리고 그곳 이름을 다윗성이라고 했다. 그러나 다윗과 용사들이 자력으로 쟁취한 도시, 그래서 다윗이 자기 것이라고 말할 수 있는 이 도시에서 다윗왕은 권세를 부리지 않았다. 그는 이 성에서 누구보다 신앙적이고, 누구보다 여호와 하나님을 의지하는 삶을 살았다. 몇 가지 실수를 범하기는 했어도 그는 전반적으로 자신의 다윗성에서 정도를 걷기 위해 애썼다.

사무엘하 5장 2절에서 이스라엘 온 지파는 "전에 곧 사울이 우리의 왕이 되었을 때에도 이스라엘을 거느려 출입하게 하신 분은 왕이시었고 여호와께서도 왕에게 말씀하시기를 네가 내 백성 이스라엘의 목자가 되며 네가 이스라엘의 주권자가 되리라 하셨나이다"고 말한다. 이때 이스라엘의 각 지파 수장들이 다윗에게 이스라엘 목자이자 이스라엘의 주권자, 즉 나기드(Nagid)가 되어 달라고 요청했다. 나기드의 의미는 절대 통치자라는 의미의 왕(Melek)의 모습이 아니다. 나기드는 오히려 하나님의 말씀 가운데 서서 하나님의 말씀에 대항하는 세력에 맞서 그 말씀을 전하는 자로 해석해야 한다. 나기드로서 다윗은 모든 백성 위에 군림하는 권력적 통치자의 이미지보다 하나님의 뜻 가운데 백성들을 바르게 인도하는 목자로서의 이미지가 강하다. 그래서 다윗 스스로도 예루살렘의 왕좌에 앉아 이스라엘을 통치하는 사람으로서가 아니라 하나님의 뜻에 순종하여 하나님 여호와의 길을 가기 위해, 그리고 이스라엘을 바른 길로 인도하기 위해 수고하고 애쓰는 인도자가 되기 위해 애썼다. 그래서 이후 성경의 많은 사람들이 다윗의 길로 가야 한다고 말하는 그 삶의 전형, 지도자의 전형을 보여주었다.

타작마당

다윗이 자신의 도읍지 다윗성, 즉 예루살렘에서 바른 길을 걷기 위해 노력한 이야기가 그의 인생 후반부 아라우나의 타작마당에서 잘 나타난다. 왕으로 세움 받아 오랜 기간 나라를 다스린 다윗에게 일종의 매너리즘이 생겼다. 그는 평생에 걸쳐서 자신이 기초를 다진 강력한 국가 이스라엘에서 자신을 보통의 왕으로 생각하지 않고 살았다. 그는 평생에 왕으로 군림(reign)하는 일과 왕으로 섬기는(service) 일 사이에서 조밀한 균형감을 유지하기 위해 애썼다. 그런 그가 인생 후반부에

다윗시대 예루살렘과 아라우나의 타작마당

타작마당은 성경의 역사에서 매우 의미 있는 장소이다. 아라우나의 타작마당은 아브라함의 모리아산과 동일 장소로 알려져 있다. 아브라함이 아들 이삭을 바친 모리아산에 예루살렘이 세워졌고 그곳을 다윗이 점령하여 성 위쪽에 위치한 타작마당에서 하나님께 자신의 죄과를 고백하고 사죄하는 번제를 드렸다. 후일 솔로몬은 이곳 타작마당에 거룩한 하나니의 성전을 지었다.

몇 안 되는 실수를 벌인다. 아라우나의 타작마당은 그런 면에서 유심히 살펴야 하는 지명이다.

예루살렘을 도읍지로 삼고 자신의 이름을 따라 그곳을 다윗성이라 이름 지은 다윗왕은 이후 여러 차례에 걸쳐 주변 나라들에 대해 정복사업을 펼쳐서 국가를 안정시킨다. 그가 차지한 왕권 주변에는 갈등과 다툼이 있었다. 사울의 손자이자 요나단의 아들인 므비보셋에 대한 다윗 왕권 인물들의 경계는 늘 있었다(삼하 16:1~4, 19:24~30). 그러나 다윗은 므비보셋과 관련해서는 품이 넓은 왕으로서 자비로운 모습을 유지한다. 문제는 아히도벨이 충동한 압살롬 반역 사건이었다. 압살롬의 반란은 매우 결정적인 왕권 도전의 사건이었다. 압살롬의 반란은 다윗 왕권에 있어서 왕위에 대하여 다시 생각하게하는 중요한 계기가 된 것 같다. 압살롬 사건 후 왕의 친족 유다와 나머지 지파 사이에 은근한 반목이 발생하기도 했다(삼하 19:40~43). 이 반목이 곧 비그리의 아들 세바의 반역으로 이어졌는데, 이때 다윗은 겉으로 보기에는 세바만 처단하는 유연한 태도를 보였으나 그렇다고 나머지 지파의 이야기를 듣지도 않았다(삼하 20: 16~22). 그는 점차 열두 지파 모두를 위한 공정한 왕이 아닌 유다지파와 그의 용사들만 편애하는 왕의 모습으로 변해갔다. 예루살렘의 정직한 나기드가 흔들리기 시작한 것이다. 그렇게 나이가 들어 늙은 다윗에게 또 한 번의 중대한 사건이 발생한다. 바로 그가 자신이 세우고 확장한 나라의 규모가 얼마나 되는지 알고 싶어 한 사건으로, 이스라엘 전체에서 인구조사를 실시한 것이다(삼하 24장, 대상 21장).

사실 여기에는 약간의 혼선이 있다. 사무엘서와 역대기서

다윗의 회개

다윗은 어려서부터 이미 블레셋의 골리앗을 상대했을 만큼 용맹한 사람이었다. 또한 그는 하프를 잘 뜯고 노래를 잘 불렀으며, 적에게 관대했던 현명한 사람이었다. 그러나 그 역시도 실수가 많았다. 그는 휘하 장수 우리야의 아내 밧세바를 불법으로 취했다. 무엇보다 하나님 앞에서 이스라엘을 자신의 소유물처럼 여겼다. 그러나 다윗은 이런 실수를 참다운 회개로 극복하는 위대함을 보였다. 그는 진정 회개하여 돌이킬줄 아는 하나님의 사람이었다.

사이에 관점의 차이가 있는 것이다. 사무엘하 24장 1절에 따르면 다윗이 인구조사를 한 이유는 하나님이 명령하셨기 때문이다. 그런데 역대기서는 다윗의 인구조사를 아예 사탄이 다윗을 부추긴 것이라 보고 있다. 이와 같은 경우에는 일반적인 원칙을 따라야 한다. 사무엘서가 역대기서보다 저작 시기가 빠르기 때문에 역대기서가 사무엘서에 대한 후대 해석이라고 볼 수 있다. 하나님께서는 점차 하나님 백성의 나라가 아닌 인간 중심의 나라로 변질되어 가고 있는 이스라엘에 대해 진노하셨다. 결국 하나님께서는 이스라엘을 질책하시고자 다윗을 격동하셔서 인구조사를 하게 하셨다. 그런데 요압이 다윗의 인구조사를 반대하고 나섰다. "이 백성이 얼마든지 왕의 하나님 여호와께서 백 배나 더하게 하사 내 주 왕의 눈으로 보게 하시기를 원하나이다 그런데 내 주 왕은 어찌하여 이런 일을 기뻐하시나이까"(삼하 24:3). 요압은 지금 다윗에게 신명기서의 약속을 상기시키고 있다. "너희 조상의 하나님 여호와께서 너희를 현재보다 천 배나 많게 하시며 너희에게 허락하신 것과 같이 너희에게 복 주시기를 원하노라"는 말씀이다(신 1:11). 하지만 다윗은 인구조사를 강행했다.

인구조사를 모두 마친 다윗은 그때서야 자신과 이스라엘의 잘못이 무엇인지를 깨닫게 되었다. 자신과 이스라엘이 하나님 중심이 아닌 인간 중심의 국가를 지향했다는 사실을 깨달은 것이다. 다윗은 이스라엘을 대표하여 하나님께 엎드려 죄를 고백했다. 그러나 하나님은 예언자 갓을 보내 다윗의 죄에 대해 형벌을 내리셨다. 그리고 단에서부터 브엘세바에 이르는 이스라엘 땅에 전염병을 돌게 하셔서 칠만 명의 목숨을 가져가셨다. 다윗이 계수한 숫자의 거의 십분의 일에 육박하는 숫자였다. 하나님께서는 그러나 이스라엘에 벌을 주는 것을 멈추지 않으셨다. 하나님께서는 천사를 보내 예루살렘 자체를 멸망시키려 하셨다. 그러나 곧 그 의지를 거두시고 다윗을 비롯한 이스라엘이 다시 하나님의 백성으로서 온전한 위치를 회복하기를 원하셨다(삼하 24:10~17). 그때 다윗이 예루살렘을 향하여 손을 들어 멸하려 하는 천사가 여부스 사람 아라우나(혹은 오르난)의 타작마당 곁에 있는 것을 보았다. 다윗은 선지자 갓의 조언에 따라 이 타작마당을 은 오십 세겔에 샀고 그곳에 제단을 쌓아 번제와 화목제를 드렸다. 이것은 이 땅의 모든 것은 왕인 자신의 것이 아니라 하나님의 것임을 고백하는 행위였다. 아라우나의 타작마당에서 제사를 드린 후 다윗은 "이는 여호와의 성전이요 이스라엘의 번제단"이라고 말했다(대상 22:1). 후에 솔로몬은 아버지가 회개했던 그 타작마당에 성전을 짓는다.

솔로몬의 성전

솔로몬의 성전은 다윗이 번제와 화목제를 드린 아라우나의 타작마당에 세워졌다. 이곳은 당대의 예루살렘에서 가장 높은 곳이었다. 성전산이라 불리는 이곳은 남쪽 발 아래로 왕궁과 예루살렘 요새를 품고 있고, 다윗과 솔로몬 시대, 혹은 예루살렘이 파괴되기 전까지 예루살렘 어느 면에서 보아도 성전이 가장 높은 곳에 위치한 성스러운 곳이었다. 역사적으로 아브라함은 이곳에서 자신의 외아들 이삭을 바쳤고(창 22:1~14), 다윗은 자신과 이스라엘의 교만했던 죄를 회개했다(삼하 24:16). 이제 솔로몬이 이곳 산 위에 아버지와 자신, 나아가 이스라엘 모두의 소원이었던 성전을 지은 것이다.

사실 성전 건축은 다윗 시절부터 시작된 것이었다. 다윗은 그가 계수하여 파악한 이스라엘의 국가적 규모를 기반으로 하여 이곳에 여호와의 성전을 지을 준비를 하였다(대상 22장).

그가 아라우나의 타작마당에서 얻은 교훈은 이 나라가 하나님 중심의 나라가 되어야 한다는 것이었다. 그는 우선 이스라엘 땅에 거류하는 이방 사람을 모으고 석수를 시켜서 하나님의 성전을 건축할 돌을 다듬게 하였다. 그는 문짝 못과 거멀못에 쓸 철을 많이 준비하였고 또 무게를 달 수 없을 만큼 심히 많은 놋을 준비하였다. 그는 성전 준비에 자신의 외교력을 활용하기도 하였다. 그는 시돈 사람과 두로 사람에게서 백향목을 얻어 준비하였다. 그런데 결정적으로 여호와 하나님께서 다윗이 전쟁에서 흘린 피 때문에 성전을 건축하지 못하게 하셨다(대상 22:8). 하나님은 그의 아들 솔로몬이 성전 건축을 완성하도록 하셨다(왕상 5:5, 대상 22:6). 결국 성전 건축은 솔로몬의 대업이 되었다.

성경은 솔로몬이 건축한 하나님의 집이 얼마나 아름답고 웅장하게 건축되었는지를 상세히 알려주고 있다. 열왕기상이 그에 대해 매우 세밀하게 기록했다(왕상 6:2~8). 대략적으로 성전은 세 영역으로 나뉘는데 현관, 성소, 그리고 지성소이다. 현관은 성전 내부로 통하는 입구이고, 성소는 길이 약 18미터에 폭이 약 9미터 높이가 14미터인 건물이었다. 성소 건물은 다시 안쪽에 지성소 영역과 구분되었다. 지성소에는 출애굽 때 만들어져 요단강을 건널 때 메고 들어온 법궤가 천사들에 의해 가려져 있었고 그 앞 성소에는 금촛대와 열두 개의 진설병상, 그리고 분향제단이 있었다. 이외에도 성소 건물을 둘러 성전 외벽에는 남쪽, 북쪽, 그리고 서쪽에 걸쳐 관리인들의 방과 창고가 마련되어 있었으며 그 외벽, 성전의 안뜰은 제사장들을 위한 공간으로 번제단과 바다가 있었다. 솔로몬이 아버

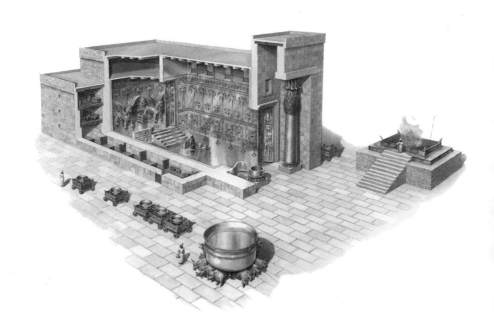

솔로몬 성전 내부 상상도

솔로몬의 성전은 매우 화려하게 지어졌다. 제반 준비와 성전을 지을 재료를 다윗이 준비했다. 성전 규모는 약 18미터 길이에 높이가 14미터였고 지성소만 사방 약 9미터 정도의 크기였다. 성전 뜰에는 제단(altar)과 바다가 있었고 본격적인 성전 건물 안에는 성소와 지성소가 구별되어 지어졌다. 건물의 사면은 금박한 백향목으로 기둥을 둘렀고 건물은 돌로 쌓았다. 성소 내부에는 금으로 만든 촛대와 진설병상, 분향제단이 있었고 언약궤는 지성소 안에 구별되게 두었다. 이외에도 성전 안뜰을 둘러서 관리인들이 창고와 제사장들의 방이 있었다. 이 안뜰에서는 주로 레위인들과 제사장들이 제사를 하기 위한 활동이 이루어졌다. 이외에 바깥뜰도 있었는데, 주로 백성들이 여기에 자리 잡았다.

지의 뜻을 이어 지은 성전은 온통 화려한 모습이었다. 금이나 은, 보석뿐 아니라 귀한 석재와 나무 등 당대의 귀한 재료들이 모두 이 성전에 모여들었다.

솔로몬의 성전은 이스라엘 백성들이 정치와 경제뿐 아니라 종교적인 면에서도 예루살렘으로 집중하게 되는 결정적인 계기가 되었다. 성전 중심의 신앙은 한편으로 일관성 있고 체계적인 여호와 하나님 중심의 신앙을 세우는 데 일조를 했다. 하나님을 신앙하는 일에 관하여 각 지파별로 다른 행태를 보이고 서로 다른 차원으로 분화하여 발전할 가능성이 높았던 시점에서 성전을 중심으로 질서를 세우고 제사와 각종 율례를 체계화한 것이 단일한 여호와 하나님을 섬기는 단일 종교로서의 발전에 중대한 역할을 한 것은 틀림없다. 그러나 예루살렘 성전 중심 신앙은 다른 한편으로 종교의 국가권력과 야합을 하게 되는 결과를 가져오기도 했다. 나아가 지나치게 신앙을 획일화하기도 했다. 결국 솔로몬의 예루살렘 성전은 국가에 의한 종교 통제라는 새로운 이슈를 만들어냈고, 예언자 활동이 성전과 예루살렘과 같은 도시로부터 멀어지게 되는 결정적인 계기가 되었다.

인간 중심의 도시

솔로몬은 이스라엘 최고의 번영을 일군 왕으로 기록되었다. 그러나 그의 치세는 말년에 이르기까지 정도를 가려했던 다윗의 노력과 많이 달랐다. 그는 통치 말년에 하나님을 경외하고 아버지의 도를 따르는 길을 잃어버렸다. 그리고 솔로몬 왕 이후에 이스라엘이 두 왕국으로 갈라서서 나뉘게 되었다. 유다와 베냐민을 제외한 열 개 지파가 동맹하여 여로보암을 왕으로 세운 뒤 독립해 버린 것이다.

솔로몬의 뒤를 이는 남 유다의 왕들은 결국 유다와 베냐민 두 지파만의 지도자였다. 남 유다의 왕들은 전통적으로 다윗과 솔로몬이 세운 전통을 따르려고 노력을 기울이기도 했으나 대부분은 하나님 나라의 백성들을 이끄는 참 지도자로서 그 길을 잃어버리고 말았다. 르호보암과 아비얌은 선대 솔로몬이 구축해 놓은 국가적인 강력함 덕분에 여러 어려움들을 잘 이겨나갈 수 있었다. 그러나 이들 이후 왕들은 이미 두 나라로

유다 기둥 몸통 여인상

갈라진 상황에서 원하는 만큼 국가적인 경영을 안정적으로 유지할 수 없었다. 그럼에도 남 유다 왕국은 북 이스라엘 왕국의 왕들보다는 어느 정도 안정적이고 종교적으로도 무난한 통치를 해왔다. 특별히 아사(Asa), 여호사밧(Jehoshaphat), 웃시야(Uzziah), 요담(Jotham), 그리고 가장 중요한 히스기야(Hezekiah), 요시야(Josiah) 등이 이스라엘을 바르게 통치한 왕들로 기록되어 있다. 그러나 여호람(Jehoram)이나 아하시야(Ahaziah), 아달랴(Athaliah), 아마샤(Amaziah) 등은 불의하여 악한 마음과 불성실한 자세로 남 유다 땅을 다스린 왕들로 기록되어 있다.

남 유다의 예루살렘 통치자들은 대체적으로 바른 길을 지키려 애를 썼던 것으로 보인다. 그러나 그들은 선조 다윗과 솔로몬이 그랬던 것처럼 적극적으로 하나님의 길을 가지는 않았다. 그들은 왕으로서 바른 길을 행하기는 했으나, 성전을 방치하고 성전의 기물들을 함부로 사용하였다. 앞서 언급한 대로 많은 왕들이 성전의 금칠을 벗겨 내거나 기물들을 내어다가 외교적인 공물로 사용하였다. 나아가 그들은 예루살렘과 유다 전역에서 유행하던 우상숭배를 방치하거나 은근히 조장하기까지 했다. 왕들은 성전 외의 산당들에서 우상숭배가 공공연히 자행되는 것을 방치했다. 유다 곳곳에 바알을 위한 제단이 만들어졌고 아세라 신을 숭배하는 목상이 만들어졌으며, 일월성신(日月星辰)을 숭배하는 의식이 많이 행해졌다. 무엇보다 힌놈의 아들 골짜기에는 어린아이들을 제물로 바치는 제단, 도벳(Tophet)이 만들어지기도 했다. 국가적, 문화적으로 이렇다 보니 유다에 급속도로 종교적인 혼란이 나타났는데, 이 당시 유적들에서 많이 발견되는 "유다 기둥 몸통 여인상(Judean Pillar Figurine)"이 대표적이다. 예루살렘을 비롯한 주변의 주택 유적지에서 많이 발굴되는 약 25센티미터의 작은 상(象)을 보면, 큰 가슴을 강조하였고 아래 받침대를 만들어 집안 중심 어딘가에 세워둘 수 있도록 하였다. 이것은 불안한 시대를 하나님이 아닌 우상으로 이기려했던 당시 민간의 모습을 그대로 반영한 것이다.

유다의 왕들은 이외에도 하나님을 의지하기 보다는 당대의 제국들이 명멸하는 과정에서 끊임없이 강자에게 선을 대고 외

솔로몬 이후 예루살렘의 왕들	
르호보암	(Rehoboam, 기원전 930년~913년)
아비얌	(Abijah, 기원전 913년~911년)
아사	(Asa, 기원전 911년~870년)
여호사밧	(Jehoshaphat, 기원전 870년~846년)
여호람	(Jehoram, 기원전 846년~841년)
아하시야	(Ahaziah, 기원전 841년~841년)
아달랴	(Athaliah, 기원전 841년~835년)
요아스	(Joash, 기원전 835년~801년)
아마샤	(Amaziah, 기원전 801년~783년)
웃시야	(아사랴)(Uzziah, 기원전 783년~732년)
요담	(Jotham, 기원전 750년~735년)
아하스	(Ahaz, 기원전 735년~727년)
히스기야	(Hezekiah, 기원전 727년~697년)
므낫세	(Manasseh, 기원전 697년~642년)
아몬	(Amon, 기원전 642년~640년)
요시야	(Josiah, 기원전 640년~609년)
여호아하스	(Jehoahaz, 기원전 609년~609년)
여호야김	(Jehoiakim, 기원전 609년~598년)
여호야긴	(Jehoiachin, 기원전 598년~597년)
시드기야	(Zedekiah, 기원전 597년~586년)

교적으로 위험한 줄타기를 하는 등의 불안정한 행보를 거듭했다. 히스기야왕의 가장 큰 실수는 바벨론 므로닥발라단의 사신에게 후한 대접을 한 것이다. 그가 병들어 죽어간다는 소식을 듣고 바빌론의 사자가 예물과 편지를 들고 찾아오자, 히스기야는 예루살렘의 국고와 금은화 향품, 보배로운 기름과 군기고와 창고를 그에게 보여 주었다(왕하 20:12~15). 이사야는 히스기야가 국가 기밀을 적국에게 보여준 것을 나무라면서 유다가 결국 바벨론의 손에 멸망할 것을 예언하였다(17~18절). 실제로 히스기야가 죽고 난 뒤 남 유다에 정치적 혼란이 찾아왔고 요시야 시대에 급진적인 종교개혁과 더불어 잠시 회복되는 듯했으나 끝내 멸망의 길을 가게 되었다.

결국 솔로몬 이후 예루살렘은 급속도로 신 중심의 도시에서 인간 중심의 도시로 변해 갔다. 특히 왕들은 예루살렘을 다윗의 하나님 중심의 신앙보다는 인간의 조변석개(朝變夕改)하는 식의 자기 중심적인 태도를 중심으로 하는 도시로 바꾸어 갔다. 결국 하나님의 백성들은 뒤바뀐 예루살렘을 통해 하나님을 경험하기 보다는 인간 중심의 이기적이고 쾌락적이며 번영만을 추구하는 잘못된 습관들을 갖게 되었다. 예루살렘은 백성들을 그 신앙의 중심에 세우는 일에 실패하고 말았다.

Didactic Story
예루살렘, 신앙의 균형이 필요한 땅

앞서 언급한 바와 같이 예루살렘이라는 도시의 어원은 모호하다. 보통은 '예루'를 도시로, '살렘'을 '샬롬(shalom)' 즉, '평화'로 번역하기 때문에 예루살렘을 '평화의 도시'라고 주장하곤 한다. 하지만 이것은 유대인 탈무드의 해석이지 히브리어의 어원에 근거한 정확한 뜻은 아니다. 예루살렘은 여전히 어원상 모호하다. 그런데 이러저러한 해석이 난무하는 어느 날 흥미로운 해석이 하나 더해졌다. 몇 해 전 한국의 종교지도자들이 이스라엘을 방문했을 때, 이스라엘의 종교지도자들인 랍비들의 선생님, 즉 '대 랍비'와 만남을 가졌다. 한국의 지도자들이 그 분들과 더불어 예루살렘의 평화에 관한 주제로 담소를 나눌 때, 그 대 랍비가 예루살렘의 의미를 색다르게 가르쳐주었다. 그는 말하기를 '예루'는 '두려워하라'는 히브리어이고, '살렘'은 '샬롬'이라는 것이다. 그런데 다음에 이어진 말이 놀라웠다. "하나님을 두려워하라 그리하면 너희는 샬롬을 얻을 것이다." 바로 이것이 예루살렘이라는 것이다.

　예루살렘을 처음 대면하여 선 하나님의 백성들은 이 도시가 하나님을 향한 그들의 신앙의 중심지로서 역할을 하리라고 기대감을 가졌다. 이후 예루살렘은 유대인뿐 아니라 아브라함의 모든 영적 자손들에게 있어서 신앙의 중심지이자 회복하여 돌아가야 할 고향 같은 곳으로 자리매김하고 있다. 중요한 것은 이 도시에 서서 가져야 하는 자세이다. 하나님의 백성은 이 도시를 대면하여 "하나님을 두려워하는 마음"을 가져야 한다. 하나님께서 허락하신 중심지, 예루살렘에서 살아가는 하나님 백성의 삶이 온전하여 평안하고 샬롬의 상태로 유지되려면 그 핵심에 여호와를 두려워하는 마음이 있어야 한다.

정직한 다스림의 상징, 다윗 성

고대로부터 오늘에 이르기까지 다윗의 이스라엘 통치는 하나님과 백성들 사이에서 늘 바른 정치이기를 노력했던 표본이 되어 왔다. 성경은 다윗을 가리켜 언제나 "여호와의 마음에 맞는 사람"이라고 했고(삼상 13:14), 후대의 많은 지도자들은 그들의 지도와 통치가 다윗의 것과 같은 것이기를 바랐다. 이후 유다의 지도자들과 왕들이 다윗의 통치야말로 자신들이 돌아가야 할 회복과 부흥의 전형이라고 생각했다. 다윗을 원형으로 여기는 생각은 바빌론과 페르시아 포로기에 크게 발전했다. 특히 신명기 사가들(Deuteronomistic historians)은 초대 왕이었던 사울을 평가절하하고 다윗과 솔로몬의 계보를 크게 부각시켰다. 그래서 이후 유대사회와 성경에서의 다윗 왕조에 대한 이미지가 그 정치적 회복의 기준점을 넘어서 메시아 신앙을 위한 근간으로 작용하기 시작했다.

이후 다윗은 유대교의 전통에서 예루살렘을 중심으로 하는 새로운 나라의 중심이자 모델로 작용한다. 유대교 전통은 다윗의 후예에서 한 사람이 일어나 회복된 이스라엘의 통치권을 장악할 것이며 그를 통해서 이스라엘이 새로운 메시아 통치의 시대를 열게 되리라고 믿고 있다. 기독교 전통에서 다윗은 훨씬 더 확장되고 포괄적인 의미를 가진다. 특별히 기독교 신앙에서 메시아는 무엇보다 중요한 신앙적 핵심으로, 다윗의 아들들 즉 다윗의 자손 가운데서 그 메시아가 나오리라는 것이다. 메시아로서 다윗 자손의 역할은 기독교가 발생하기 2세기전에 크게 발흥했다. 결국 예수 그리스도를 중심으로 하는 기독교 초기 신앙은 다윗의 자손이 이루는 메시아적 업적을 예수 그리스도에게 집중시켰고, 다윗의 자손 예수 그리스도가 이룰 종말론적이고 묵시적인 새로운 질서 회복 사역이 기독교 신앙에서 궁극의 핵심이 되었다. 그래서 초기 기독교도들은 다윗의 삶에서 예수 그리스도의 삶을 보았다. 다윗의 고향인 베들레헴을 예수님의 탄생지로, 목자로서의 다윗의 삶을 목자로서의 예수 그리스도의 사역으로, 그리고 아히도벨과 압살롬의 배신과 기드론 시내를 넘어가는 다윗의 여정을 그리스도의 고난의 여정으로 연결 지었다.

다윗의 통치에서 빠질 수 없는 것이 바로 그의 도시 예루살렘이다. 유대교와 기독교, 심지어 이슬람의 전통에 이르기까지 예루살렘이 중요한 성지로 추앙 받는 까닭은 아브라함이 이곳에서 아들 이삭을 바쳤다거나 예언자 무하마드(Muham-mad)가 이곳에서 승천했다는 등의 문제보다는 다윗의 모델이 되는 통치와 그를 통해 빚어지는 메시아에 대한 대망과 관련이 깊다. 이곳 예루살렘이야말로 메시아에 의해 새롭게 건설되는 새로운 도시와 나라의 핵심이 되는 곳이다. 실제로 포로기를 넘어서면서 무수히 많은 지도자들과 선지자들이 이 도시를 중심으로 새로운 하나님의 왕국을 기획했다.

사실 다윗이 그렇게 완벽한 인간이었는지에 대해서는 질문의 여지가 많다. 그는 간음했고, 교만하기도 했으며, 인간적인 실수도 많이 했다. 그럼에도 예루살렘을 중심으로 한 그의 통치는 여전히 신앙의 후예들에게 귀감이 되고 교훈이 된다. 다윗이 이 도시를 중심으로 성숙한 하나님의 사람이 되려고 노력했던 부분이 더욱 그렇다. 그는 통치하는 왕으로서가 아니라 섬기는 지도자로서 이 도시를 근간으로 섰다. 그러나 그 역시 왕이고자 하는 욕망에 시달렸다. 때로는 그 시험과 유혹, 그리고 위기에서 넘어지기도 했다. 그러나 다윗은 예루살렘이 가져다주는 인간적 욕망과 하나님의 뜻 사이에서 끊임없이 균형을 잡으려고 시도했다. 위기와 시험 앞에서 솔직했고 더 나은 지도자가 되기 위해 노력했다. 그는 이 모든 노력의 흔적을 그의 도성 곳곳에 남겼다. 그의 왕좌는 아들 압살롬에 대한 미안함과 그리움으로 얼룩졌고 그의 침상은 밧세바와의 실수와 첫아들을 잃은 슬픔으로 가득했다. 그의 도시 위쪽 타작마당에는 자신의 실수로 인해 죽은 7만 명에게 미안해하며 진심으로 회개했던 다윗의 무릎 꿇은 흔적이 성전으로 남았다. 다윗의 성 예루살렘은 그저 주어진 이름이 아니다. 다윗의 성 예루살렘은 영적 균형감을 잃지 않으려는 다윗의 고뇌의 흔적이다.

예루살렘의 다윗 상

게헨나에 빠져든 도시

예루살렘은 두 개의 골짜기로 유명하다. 하나는 예루살렘의 생명수 기혼샘의 물이 흐르는 기드론 골짜기이고 다른 하나는 어둡고 음침한 이미지의 힌놈의 골짜기이다. 기드론 골짜기와 기혼샘은 예루살렘에, 그리고 하나님의 백성들에게 생명이 부흥하는 이미지를 갖는다. 기드론 골짜기와 기혼샘은 하나님의 백성들을 적셔 먹여 살리고 씻겨 정결하게 하는 생명의 공간이다. 그러나 힌놈의 골짜기는 분위기가 사뭇 다르다. 그곳은 '힌놈의 아들 골짜기'로, 혹은 '게헨나(Gehenna)'라고 불리는 곳이다. 그곳은 불타는 곳이고, 그곳은 깊은 수렁과 같은 곳이며, 그래서 그곳은 지옥과 같은 곳이다.

유대인들의 전통에서는 힌놈의 아들 골짜기를 저주와 죽음의 골짜기라고 부른다. 예레미야서 19장 6절에 이런 말이 있다. "그러므로 보라 다시는 이곳을 도벳이나 힌놈의 아들의 골짜기라 부르지 아니하고 오직 죽임의 골짜기라 부르는 날이 이를 것이라 여호와의 말이니라" 도벳(Tophet)은 사실 일반적인 히브리어 명사이다. 도벳의 사전적인 의미는 '침 뱉다'이다. 우리는 욥기서 17장 6절에서도 이 도벳이라는 말을 만날 수 있다. "하나님이 나를 백성의 속담거리가 되게 하시니 그들이 내 얼굴에 침을 뱉는구나"에서 '침을 뱉는다'는 말이 바로 도벳이다. 그런데 이 도벳이라는 말이 성경의 다른 곳에서는 힌놈의 아들 골짜기의 별칭처럼 사용되었다. 이사야서 30장 33절에 보면 "대저 도벳은 이미 세워졌고 또 왕을 위하여 예비된 것이라 깊고 넓게 하였고 거기에 불과 많은 나무가 있은즉 여호와의 호흡이 유황 개천 같아서 이를 사르시리라"라는 말이 있다. 여기서 도벳은 사람을 제물로 불태우기 위해 만들어 놓은 특별한 구조의 제단을 가리킨다. 왕국 시대 이스라엘 사람들은 힌놈의 아들 골짜기에 이 도벳이라 불리는 제단을 만들고 그 제단 위에서 사람을 제물로 불태웠다. 그래서 구약의 사람들이 이곳을 죽음의 골짜기라 부른 것이다.

흥미롭게도 신약시대로 넘어오면 이곳은 이제 더 이상 힌놈의 골짜기나 힌놈의 아들 골짜기, 혹은 도벳이나 죽음의 골짜기라 불리지 않는다. 이 시대에 이르러 골짜기는 죽음과 절망을 상징하는 장소, 생명을 잃은 이후 벌을 받는 곳을 상징하는 것으로 여겨졌다. 그래서 사람들은 이곳을 특별한 별칭으로 불렀는데, 헬라식 표현으로 '게헨나'가 바로 그것이다. 유대교 랍비 전통이나 신약성경의 전통에 따르면 이 게헨나는 바로 지옥의 별칭이었다.

앞에서도 언급한 바와 같이 고대에는 사람을 제물로 삼는 일이 매우 공공연한 일이었다. 페니키아의 바알과 아세라 종교는 이렇게 사람을 제물로 삼는 일을 중요한 신앙 전통으로 여겼는데, 실제로 페키니아의 식민지였던 카르타고에서는 국가의 중요한 대사를 앞두고 타니트(Tanit), 즉 아세라 여신에게

카르타고의 도벳 터전과 그 주변에 제물로 바쳐진 어린아이들의 무덤
아이들과 사람을 제물로 바치는 도벳이 바알과 아세라를 섬기는 곳곳에 있었다. 사진은 튀니지 카르타고 유적에서 발견된 도벳 터전과 그 주변에 제물로 바쳐진 어린아이들의 무덤이다.

우상에게 어린아이를 바치는 제사

고대 가나안과 지중해 문명권에서 어린아이를 제물로 바치는 제사가 유행했다. 힌놈의 아들 골짜기에서도 어린 아이를 바치는 제사가 곧잘 이루어졌다.

제사를 드릴 때 사람을 제물로 바쳤다. 고고학적 발굴에 의하면 카르타고의 유적에서 사람을 제물로 바친 흔적이 남은 제단, 즉 도벳이 발견되었다. 살람보의 도벳(Tophet of Salammbo)라고 불리는 이 제단은 다니트 여신의 신전 바로 옆에 있었으며 제단 주변과 아래에서 동물들의 뼈와 더불어 어린아이들의 뼈가 발견되었다. 사람을 제물로 바치는 타니트 여신 숭배의 핵심은 바로 어린아이를 제물로 바치는 풍습이었던 것이다. 어린아이를 제물로 바치는 풍습은 이후 남북 이스라엘에도 전해진 것으로 보인다. 힌놈의 아들 골짜기에 설치된 도벳 제단이 바로 그 증거이다. 실제로 이곳에서 어린아이들이 제물로 바쳐졌다고 성경이 증언하는데 심지어 남유다의 왕이었던 아하스와 므낫세마저도 이 풍습을 따랐다. 열왕기하 23장 10~23절을 찾아보면 이와 같은 저주스런 일들을 훼파하기 위해 요시야가 종교개혁을 일으켰고 모든 도벳을 헐어버렸을 뿐만 아니라 그 제사장들을 단 위에서 죽여 그 시체와 해골을 불살라버렸다.

기드론과 대비되는 곳으로서 게헨나는 예루살렘이 신앙적인 차원에서 하나님의 백성들에게 주는 교훈이 무엇인지를 명료하게 한다. 게헨나는 이스라엘 백성들이 어떻게 하나님 중심의 삶에서 인간 중심적인 삶으로, 더 나아가 우상 중심적인 자신들의 삶을 타락시켰는지를 보여주는 예이다. 예루살렘은 역사 속에서 하나님의 백성들에게 그 삶의 중심지로 위치한다. 하나님의 백성들은 다윗이 처음 정복한 이래 이곳을 기반으로 하여 하나님을 신앙하는 삶의 질서와 제도와 방식을 세워갔다. 그러나 하나님의 백성들이 하나님을 신앙하는 질서 어린 삶을 유지한 것은 얼마 되지 않는다. 예루살렘을 중심으로 나라를 세운 이래로 하나님의 백성들은 끊임없이 시험당하고 갈등하는 가운데 인간적인 욕망과 잘못된 신앙의 유혹 아래 형편없이 무너져갔다. 힌놈의 아들 골짜기는 그 타락이 발생한 진원지이자 상징이다.

그런데 놀랍게도 하나님을 신앙하는 삶의 질서가 무너지는 진원지가 하나님 백성들의 도성 멀지 않은 곳에 자리를 잡고 있다. 우상숭배의 상징, 무엇보다 사람과 자녀를 제물로 바치는 무도함의 상징 힌놈의 아들 골짜기는 지금 시온이라 불리는 예루살렘 성 남서쪽 바로 아래에 위치해 있었다. 예수님께서 지옥으로 묘사하신 게헨나, 즉 힌놈의 아들 골짜기가 하나님의 백성들이 중심으로 삼은 도시 예루살렘의 지척에 위치해 있다는 것은 영적으로 깊은 의미를 가진다. 하나님을 경외하는 삶의 핵심으로서 예루살렘에 생명과 부활을 상징하는 기드론 골짜기와 죽음과 고통, 징계를 상징하는 게헨나가 서로 지척에 위치해 있었던 것이다. 하나님의 백성들이 정착하여 살아가는 영적 삶의 주거지 역시 마찬가지일지 모른다. 그곳의 한편에 그들을 살리고 회복시키는 생수의 강이 흐르고, 또 그 다른 편에 그들을 끊임없이 유혹하고 멸망시키는 지옥의 불이 타오르고 있다.

전혀 새로운 방식의 도시, 새 예루살렘

하나님께서는 예루살렘을 중심으로 하는 새로운 국가적 질서에 대해 깊고 풍성한 계획을 가지고 계신다. 예루살렘 중심의 하나님 나라 건설은 포로기에 심각하게 파괴되었던 예루살렘이 다시 회복되는 일련의 사건들과 그리고 신약시대로 이어지는 성경의 이야기들에서 매우 일관되게 발견되는 중요한 포인트다.

에스겔이 새로운 예루살렘과 성전에 대한 환상을 본 후, 이스라엘 백성들이 고레스왕의 칙령과 더불어 예루살렘으로 돌아왔다. 먼저 스룹바벨은 하나님의 성전을 다시 짓고 느헤미야는 예루살렘을 다시 지었다. 또 에스라는 토라(Torah)를 통

헤롯의 성전

예루살렘의 성전은 두 번 지어지고 두 번 파괴되었다. 각 성전들은 당대 지도자들의 강력한 의지 아래 새로운 시대에 대한 희망을 안고 예루살렘에 세워졌다. 그러나 더 이상 이곳에 지어질 성전들에서 새 예루살렘에 대한 희망을 찾을 수 없을 것 같다. 이제 새 희망은 다시 오실 예수 그리스도와 하나님 나라로부터 주어질 것이다.

해 사람들을 영적으로 새롭게 계몽했다. 포로로 잡혀간 지 약 70년의 시간이 지난 후 이스라엘은 새로운 예루살렘을 중심으로 새로운 하나님의 백성으로서 다시 삶을 시작했다. 그러나 안타깝게도 예루살렘과 그 성의 사람들은 옛날 다윗 시절의 모습일 수 없었다. 느헤미야 총독이 임무를 완수하고 다시 페르시아의 왕궁으로 돌아간 뒤, 예루살렘은 다시 심각한 위기에 직면했다. 예루살렘의 사람들은 다시 겉모습만의 신앙으로 빠져들고 하나님의 백성으로서 에스라와 함께 고백하고 결단했던 순결함이 다시 오염되기 시작했다. 이제 예루살렘이 에스겔의 환상대로 다시 아름다운 모습으로 세워지기 위해서는 전혀 새로운 방식의 메시아가 필요했다. 그래서 신약성경은 새로운 예루살렘의 질서정연하고 화려한 모습은 오직 예수 그리스도를 통해서만 가능하다는 것을 증명한다.

예수님의 새 예루살렘은 이스라엘의 다윗왕조 부활이나 모세의 율법 토라의 문자적 부활이 아닌 전혀 새로운 방식의 십자가 중심 신앙과 삶을 통해 세상에 그 모습을 드러냈다. 예수님과 제자들이 사역하던 시절 예루살렘 역시 인간적 욕망의 혼탁함이 자욱한 안개처럼 도시에 드리우고 있었다. 당대 예루살렘은 셀류코스(Seluicid)와 로마(Rome)에 의해 강압적으로 자리 잡은 헬라 문화와 헤롯 가문의 더러운 욕망, 지배자의 폭력을 앞세운 로마 식민 정부, 도대체 희망의 문이 되어줄 것 같지 않은 타협적인 사두개인들(the Sadducees)과 비판적인 바리새인들(the Parishes)의 가식적인 권력적 종교 태도가 판을 치는 혼잡한 분위기가 주류를 이루고 있었다. 그러나 이들 가운데 누구도 하나님의 백성들이 꿈꾸는 새 예루살렘의 주축일 수 없었다. 예루살렘을 벗어나 유대 광야로 나가버린 쿰란 공동체 역시 주체가 아니었다. 그러한 것들로는 새 예루살렘을 이룰 수 없었다.

그렇게 어디에서도 희망을 찾을 수 없던 시절, 하나님의 도성 예루살렘에 완전히 새로운 신앙방식과 삶의 방식을 지향하는 십자가 신앙이 싹트기 시작했다. 방황하던 하나님의 백성들을 모아 오직 하나님만을 예배하는 새 예루살렘의 비전을 실현하려는 예수 그리스도의 메시아 운동이 시작된 것이다. 이 운동은 오늘날 교조화된 교회주의자들이 주장하는 율법적 가식이나 정치적 술수와 거리가 먼 것이었다. 이 운동은 십자군처럼 군사적이거나 공산주의처럼 폭력적인 사회변혁운동과도 거리가 먼 것이었다. 이 운동은 하나님의 나라를 소망하는 이들을 위한 운동이었으며 옛날 출애굽 때와 같이 그들을 참 평안의 안온한 삶으로 인도하는 운동이었다. 다윗의 자손이면서 동시에 예언의 정수이며 율법의 완성자이신 예수 그리스도께서 그 제자들과 더불어 십자가를 통해 이 새로운 예루살렘 운동을 선포했다.

사실 유대인들에게 있어서 예루살렘의 회복은 오늘날까지도 예루살렘 성전의 자리를 되찾는 것을 의미한다. 2천 년간의 디아스포라 생활을 회복하여 유대인의 정체성을 되찾을 수 있는 것은 아브라함이 이삭을 바치려 했던 모리아산, 솔로몬의 성전이 있었던 곳, 그리고 스룹바벨과 느헤미야와 에스라 등등이 성전을 세웠던 시온성, 바로 그 물리적 공간의 회복이다. 예수님 역시 무너뜨리고 다시 세우시려 예언하셨던 "예루살렘 성전" 바로 그 성전을 되찾는 것이 유대인들의 예루살렘 회복을 의미한다. 결국 오늘도 황금사원 옆 통곡의 벽에서 스물네 시간동안 기도하는 정통파 유대인들의 간절함은 이슬람의 사원 바로 그 자리에 성전이 세워지는 것이다.

아마도 예수 그리스도를 따르는 그리스도인들의 새 예루살렘을 위한 기도는 이슬람 사람들과 유대인들 사이 어딘가에 있을 것이다. 그럼에도 한 가지 분명한 것은 예루살렘이 회복되는 것은 예수 그리스도의 십자에서만 가능하다. 지난 세월 기독교는 군사적으로, 정치적으로 기독교의 예루살렘 회복을 꿈꿔 왔다. 그러나 이제 그런 방식의 역사적인 실수가 반복되지 말아야 한다. 중요한 것은 십자가 진리 가운데 서서 사랑과 믿음으로 그 나라, 새 예루살렘의 도래를 기다리는 일이다. "또 내가 보매 거룩한 성 새 예루살렘이 하나님께로부터 하늘에서 내려오니 그 준비한 것이 신부가 남편을 위하여 단장한 것 같더라"(계 21:2).

남쪽에서 본 현재의 예루살렘

예루살렘을 남쪽에서 바라보면 옛 다윗성의 위치와 기드론 골짜기를 확연하게 볼 수 있다. 옛 다윗성은 예수님 시절까지 예루사렘성내에 포함되어 있었으나 오스만투르크의 지배하에서 이 지역은 예루살렘성 밖으로 밀려나게 되었다.

Geographical Story
예루살렘의 오래된 지명들

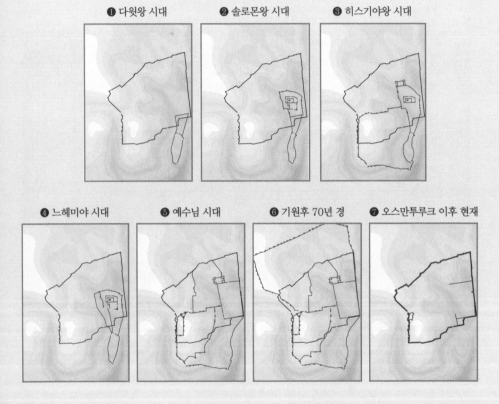

❶ 다윗왕 시대 ❷ 솔로몬왕 시대 ❸ 히스기야왕 시대

❹ 느헤미야 시대 ❺ 예수님 시대 ❻ 기원후 70년 경 ❼ 오스만투루크 이후 현재

예루살렘의 변천

예루살렘은 오래된 요새 도시이다. 도시 왼편으로 기혼샘이 있는 기드론 골짜기가 있고 오른편 아래에 게헨나라 불리는 힌 놈의 아들 골짜기가 있다.

예루살렘 Jerusalem ─────────

도시로서 예루살렘의 시작은 여부스 사람들이 정착한 오벨성에서 기인한다. 여 부스 사람들은 오벨성에 정착해 있었는데 그들은 성 바깥에 있던 예루살렘 유일의 수원지, 기혼샘으로부터 물을 얻기 위해 탑을 쌓아 물을 끌어올리는 시스템을 가지고 있었다. 이후 다윗이 이 수로를 통하여 예루살렘을 침략했다. 다윗은 성을 차지한 후 성의 이름을 다윗성, 혹은 예루살렘으로 완전히 바꾸고 이 도시를 한 국가의 수도에 어울리는 규모로 확장시키려고 왕궁과 시타델 등을 갖춘 규모 있는 성으로 확장하였다. 특별히 다윗 시대에 이르러 성이 성전산과 동편 언덕까지 확장되었는데, 이때 지어올린 성의 이름을 밀로라고 부르기도 한다. 솔로몬 시대 예루살렘은 확연히 넓어지게 되었다. 특별히 솔로몬은 밀로성과 왕궁 위쪽 타작마당에 성전을 지었고 그야말로 군사적 요새로서의 면모와 국제적인 면모를 갖춘 화려한 도시로 만들었다.

솔로몬 이후 도시는 국가 분열과 더불어 별다른 변화를 갖지 못했다. 예루살렘이 솔로몬 시대 때보다 오히려 쇠퇴했고 여러 전쟁과 외교적 문제, 종교적인 문제들로 인하여 화려한 면모를 잃어갔다. 그러나 이런 분위기 속에서도 예루살렘은 꾸준히 중수되고 개축되었으며 확장되었다. 웃시야가 예루살렘을 더욱 요새화 하였다(대하 26:9). 요담은 성전의 윗문을 건축하였고 예루살렘 성 가운데 가장 오래된 오벨성 영역을 많이 개축하였다(대하 27:3~4). 안타깝게도 아하스는 그가 다메섹에서 본 제단을 성전 내에 건축함으로써 하나님 보시기에 옳지 못한 행동을 하였다(왕하 16:11).

히스기야 대에 이르러 예루살렘은 여러모로 다시 의미가 부각되었다. 북 이스라엘이 멸망한 후 예루살렘이 남북의 모든 이스라엘 사람들에게 다시 종교적이고 영적인 통합의 상징적 의미를 갖게 된 것이다. 히스기야는 먼저 성전의 일부를 바르게 복구하고 도시의 성벽과 특별히 밀로성 부분을 중건하였다. 또 도시의 중요한 시설인 지하 수로를 기혼샘으로부터 성 안쪽으로 끌어들였다. 무엇보다 히스기야 왕은 예루살렘 서쪽 언덕 부분, 이후 시온산이라 불리는 곳에까지 성곽을 연결하여 윗도시(upper city)를 확장 건축하였다(대하 32:5). 이 부분은 솔로몬 이후 최초의 도시 영역 확대로, 나중에 하스모니안 왕조 시절 예루살렘이 다시 확장 수축될 때 왕조가 옛날 히스기야 시절 새로 건설된 성의 규모를 그대로 이어받았다. 이외에도 므낫세는 도시의 요새화에 더욱 매진하여 망루를 세우고 성의 바깥벽을 만들기도 했다(대하 33:14). 그러나 도시는 기원전 597년부터 538년 최종적인 바벨론 유수가 발생하는 시점까지 바벨론 사람들에 의해 지속적으로 파괴되었다.

기드론 골짜기와 힌놈의 아들 골짜기
Kidron Vally and Hinnom Valley ————

예루살렘의 동쪽에 유명한 기드론 골짜기가 위치해 있다. 고대로부터 이곳은 도시의 동쪽 경계였는데 그 중간 지점 동쪽 언덕과 오벨성 사이에 유명한 기혼샘이 흐르고 있었다. 기드론(Kidron)은 탁류, 혹은 어두움이라는 뜻을 가지고 있으며, 물이 풍성한 겨울과 봄에는 물이 흘렀으나 건기인 여름에는 물이 흐르지 않는 골짜기였다.

기드론 골짜기

여호사밧 골짜기라고도 불리는 이 골짜기는 성경에 약 12회 정도 등장하는데 다윗이 압살롬의 반란을 피해 이동할 때 이 시내를 건넜다고 되어 있다(삼하 15:23). 무엇보다 남 유다의 아사와 요시야가 이곳에서 우상들을 불살랐다(왕상 15:13, 왕하 23:6). 예수님 시대에 이르러 이곳은 베다니와 벳바게, 그리고 감람산을 지나 도시 동편 입구를 통해 예루살렘으로 들어가는 주요 통로였으며, 이곳 골짜기에서 감람산으로 올라가는 입구에 겟세마네가 있었다(요 18:1). 이 골짜기는 한 때 '브라가 골짜기' 혹은 '판결의 골짜기' 등으로 불렸는데, 유대교와 기독교, 그리고 이슬람 모두에게 이곳이 마지막 심판의 장소로 여겨졌기 때문이다. 그래서인지 고대로부터 기드론 골짜기에 많은 무덤이 존재했다. 기드론 골짜기를 끼고 있는 감람산지역에는 고대로부터 유대인 공동묘지가 넓게 자리 잡고 있었다. 여호사밧의 무덤(대하 21:1)과 압살롬의 기념비(삼하 18:18), 그리고 헤실의 아들 무덤(대상 24:15)과 스가랴의 무덤(대하 24:21) 등이 모두 이곳에 있었다. 이곳을 최후의 심판지로 여기는 생각은 지금도 여전해서 예루살렘의 동편 기드론 골짜기에 많은 이들의 무덤이 즐비하다. 주로 감람산 서편에는 유대인들의 무덤이 있고 감람산 동편, 즉 예루살렘 성벽 아래쪽에는 이슬람인들의 무덤이 있으며 기드론 골짜기 아래 지역에는 기독교인들의 무덤이 있다. 이들 무덤의 주인들은 한결같이 마지막 종말의 때를 기다리고 있는데, 그들은 그때가 되면 메시아가 도래하여 예루살렘 동편 성벽 한가운데 있는 황금문이 열리게 될 것이고 이곳에 잠든 자들이 가장 먼저 들림을 받을 것이라고 믿고 있다.

힌놈의 아들 골짜기

한편, 기드론 골짜기와 더불어 예루살렘에서 명성을 얻는 골짜기가 있다. 바로 힌놈의 골짜기(Hinnom Valley)이다. 전통적으로 '힌놈의 아들 골짜기(Valley of the Son of Hinnom)'라 불리던 이곳은 예루살렘 성 남서편, 즉 시온산 아래 골짜기를 의미한다. 예루살렘 남쪽에서 기드론 골짜기와 만나도록 되어 있다. 기드론과 더불어 이 골짜기가 유명한 이유는 이곳이 남유다 왕국 시절 대표적으로 배교와 우

상을 숭배하던 장소였기 때문이다. 이곳에서는 바알신과 가나안 신들, 특별히 몰록
(Moloch)신을 숭배했는데 특히 악명이 높았던 것은 사람들이 자신의 자녀를 이 골
짜기에 던져 죽이는 제사를 드렸다는 것이다. 남 유다의 왕 아하스가 대표적이었는
데 그는 비록 이교도 여자 혹은 첩으로부터 얻은 것이라도 그의 자녀들을 직접 여기
골짜기에 던져 제물로 바쳤다(대하 28:3). 므낫세 왕도 이곳에서 배교적인 활동을
했다. 그도 자신의 아들들을 이곳에서 제물로 바쳤다(대하 33:6). 이사야는 이곳
을 게헨나, 혹은 힌놈의 아들 골짜기라고 표현하지 않았다. 대신에 '유황개천'이라
는 표현을 써서 아이들이 아닌 앗수르의 왕이 이곳에서 심판을 받을 것이라고 예언
했다(사 30:33). 예레미야는 이곳의 이름을 직접적으로 사용했다. 그는 "힌놈의
아들 골짜기에 도벳 사당을 건축하고 그들의 자녀들을 불에 살랐나니 내가 명령하
지 아니하였고 내 마음에 생각하지도 아니한 일이니라"고 말했다(렘 7:31). 요시야
시대에 이곳에서의 잔인한 제사가 금지되었음에도(왕하 23:10), 예레미야는 예루
살렘이 마치 이 골짜기의 처참함과 같게 될 것이라고 예언하기도 했다(렘 19:2~6,
11-13).

기혼샘 Gihon Spring

기혼샘은 예루살렘 동편 기드론 골짜기에 있는 암반에서 물이 솟아오르는 샘이
다. 이 샘은 고대로부터 예루살렘에 정착했던 원주민들이 주 식수원으로 사용했으
며, 이후에도 역사적으로, 그리고 종교적으로 의미 있는 샘이었다. '넘쳐흐르는 샘'
혹은 '처녀의 샘'이라는 의미를 가지고 있고, 다윗은 이 샘을 도시까지 끌어들이는
일종의 급수탑을 통하여 예루살렘을 침공하였다(삼하 5:6-8). 솔로몬은 우여곡절
끝에 이곳에서 대지사장 사독과 예언자 나단, 그리고 브나야와 더불어 서서 기름부
음을 받아 왕에 올랐다(왕상 1:44). 히스기야는 이곳 샘물을 성벽 바깥쪽에서 찾지
못하도록 묻어버리고 안쪽으로 수로를 뚫어 옛 다윗성 영역으로 끌어들이는 대 공
사를 감행했다(대하 32:30). 히스기야의 아들 므낫세 역시 이 샘을 중요하게 여겨
이 기혼샘 아래쪽부터 시작하여 옛 오벨 언덕과 다윗성 부분의 동쪽 영역 모두를 더
높이 쌓아 올리고 이중으로 축성하는 작업을 진행하기도 했다(대하 33:14).

고대로부터 수자원이 항상 부족했던 이스라엘의 경우, 도시가 발달하는 곳에 어
김없이 샘이나 물저장고 시설이 갖추어져 있다. 예루살렘에는 기혼샘이라 불리는
사철 물이 솟는 샘이 기드론 골짜기에 있어 이미 기원전 2000년경 가나안 도시때

부터 샘을 지키는 탑이 있었을 정도였다. 히스기야의 물 관리는 역사적으로 유명하다. 그는 이 샘이 예루살렘 성 바깥에 위치해 있는 것이 전략적으로 좋지 못하다고 판단하여 우선 성벽을 이중으로 지은 뒤 그 사이에 저수지를 만들었다(대하 32:30). 그리고 물의 일부를 다윗성 서쪽 끝 낮은 지역으로 보내는 암반 수로를 만들었다(왕하 20:20). 1838년 이스라엘을 탐사했던 미국 성서학자 로빈슨(Edward Robinson)은 처음으로 예루살렘의 기혼샘에서 시작되는 지하 암반 터널을 걸어 다윗 성 끝 실로암 연못이라 불리는 장소까지 나올 수 있었다. 현재 이 터널은 히스기야 터널이라 불리고 있으며 533m 길이에 S자 모양으로 굽은 모양으로 되어 있다. 최근 터널과 기혼샘 주변을 재발굴한 하이파대학의 라이히(Roni Reich) 교수에 의하면 기원전 9-8세기 경 기혼샘부터 시작하여 다윗성의 경사면을 따라 원수로가 만들어져 있었는데, 이 수로는 기원전 8세기말 이후 더 이상 사용하지 않게 되었다고 한다. 이 수로는 외부에서도 확연히 보였기에 분명 적들에게 도시 내부의 수자원이 어디서 어떻게 흐르고 있는지를 알려줄 여지가 있었기 때문이다. 결국 히스기야 시대에 이르러 지하에 새로운 수로가 건설된 것으로 보인다.

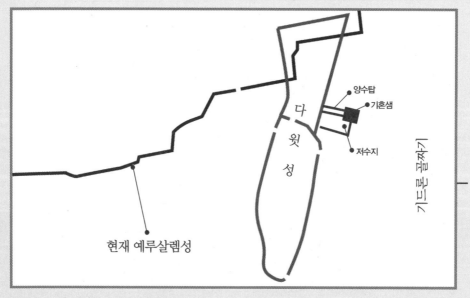

다윗왕 시대 기혼샘 양수 시스템
여부스 사람들 시절부터 이미 만들어져 있었던 기혼샘의 양수 시스템은 예루살렘의 중요한 시설이었다. 다윗은 이 양수 시스템을 통해 자신의 용사들을 성 내로 침투시켜 예루살렘을 빼앗았다.

이 수로가 건설된 시기를 히스기야 시대로 짐작할 수 있었던 요인은 수로의 벽면에서 발견된 글귀 덕분이었다. 기원전 8세기 히브리어 글자로 새겨진 이 명문의 내용은 수로를 완성하기 위해 양쪽 끝에서 굴을 파고 들어갔던 장인들이 서로 1.5m 정도를 남겨두고 상대방의 소리를 들은 것을 기념하는 것이다.

시온산 Mountain Zion

시온산은 현재 예루살렘 성을 구성하는 몇 개 언덕 중에 하나로, 현재 예루살렘 남서 영역 해발 765미터의 언덕을 가리킨다. 시온의 정확한 위치는 예루살렘 동남쪽 고대로부터 다윗성이라 불리는 언덕, 즉 동쪽 언덕과 지금은 도시 한복판이 되어 메워진 두로베온(Tyrepeon Valley) 골짜기 서편의 언덕을 가리킨다. 원래는 서편 언덕(Western Hill)이라고 불렸으며 이후 히스기야 시절 이곳에 성벽이 연결되어 도시가 확장되면서 예루살렘의 일부분이 되었다. 시온이라는 이름의 어원은 사실 불확실하다. 셈족어에 의하면 이 말의 어원은 아마도 요새(castle)이었을 것이다. 아랍어로는 윗도시, 즉 성채(citadel)을 의미하는 것으로 보인다. 일반적으로 높은 곳에 위치한 성이라는 뜻의 이 산은 점차 예루살렘 전체를 일컫는 대명사가 되었다(사 1:26). 이후 성경에서 이 산은 '거룩한 산'(시 2:6), '여호와의 산'(미 4:2), '거룩한 자의 시온'(사 60:14), '왕의 성'(시 48:2) 등의 의미와 같은 것으로

시온산

사용되었다. 동시에 이곳은 이스라엘이 다시 회복될 때 하나님께서 통치하실 곳으로 불려졌으며(사 24:23), 이스라엘의 영적 회복의 상징처럼 여겨졌다. 신약에서도 이 산의 이름과 의미를 많이 강조했는데, 특별히 종말에 새로이 세워질 '하나님의 도성'으로 불리기도 했다(히 12:22).

다윗이 처음 법궤를 자기의 다윗 성으로 가져왔을 때 법궤를 안치한 곳이 바로 이곳 시온산이라고 알려져 있다(삼하 6:10~12). 비록 그 진위 여부가 여전히 논쟁거리이긴 하지만 시온산은 다윗의 영묘가 있던 곳이라고 알려져 있기도 하다. 역사적으로 히스기야가 시온산이라 불리는 이 서쪽 언덕 영역을 예루살렘에 편입시킨 후 이 지역은 일종의 신도시와 같은 곳이 되었다. 물론 히스기야와 후대 유다왕들의 시기에 이곳이 도시 문화적으로 발달했을 것으로 여겨지지는 않는다. 이 지역은 바벨론 포로기를 지나고 헬라시대를 지난 뒤 하스모니안 시대에 이르러 예루살렘 성이 규모 있는 제 모습을 갖추기 시작했을 때에 주거지와 여러 시설들이 들어서기 시작했다. 예수님 시절 이곳은 윗도시(Upper City)라고 불렸다. 도시학적 표현으로 하자면 이곳은 주요 관공서와 지위 높은 사람들의 주거지, 즉 성채(citadel)였다. 실제로 이곳에는 헤롯의 왕궁과 종교와 정치 지도자들의 집이 있었으며, 예루살렘 동쪽 다윗성 부분의 아랫도시와 경계를 이루는 곳에는 반원형극장(theater)도 있었다. 마가의 집과 그 다락방이 있었던 곳도 이곳이었다. 이러한 사실에 비추어 마가를 예루살렘에서 꽤 높은 지위에 있던 집안 출신으로 여기기도 한다.

하나님의 백성
분열의 땅에 서다

사마리아

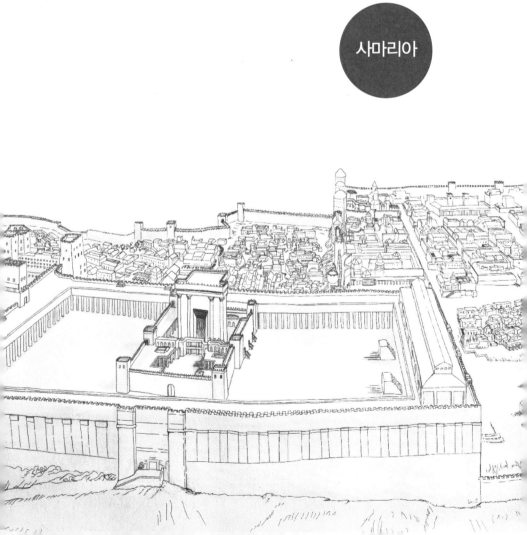

사마리아

하나님의 백성
분열의 땅에 서다

사마리아는 역사 속에서, 그리고 사전적으로 두 가지의 의미를 갖는다. 하나는 북이스라엘이 멸망한 이래 예수님 시절에 이르기까지 팔레스타인 중앙 산지 지역의 북부 전반을 가리키는 지역 명칭이다. 이 명칭은 북이스라엘이 멸망한 후 그 지역에 이주하여 들어와 이스라엘 사람들과 혼혈을 이루었던 사람들의 후예를 일컫는 통칭과 관련이 있다. 다른 하나는 중앙 산지 지역 한복판에 위치한 특정 도시의 이름이다. 이 도시는 북쪽의 이스르엘 계곡(Jezreel Valley)과 동쪽의 요단 계곡 언저리, 그리고 서쪽의 갈멜산 산지(Carmel Mountains)와 샤론 평야(Sharon plain)와 남쪽 아얄론 골짜기 넘어 예루살렘 산지(Jerusalem mountains) 사이 세겜과 매우 가까운 산지 지역에 위치한 고대의 도시를 일컫는 명칭이다. 도시 사마리아는 앞서 소개한 도시들이 갖는 고고학적 위치와 지층 분석을 굳이 앞세우지 않아도 되는 도시이다. 사마리아는 이제까지의 도시들이 갖는 유래의 모호함을 전혀 품지 않고 있다. 사마리아는 도시의 기원이 명확하고 도시의 이름도 분명하다.

도시 사마리아는 분열한 북쪽 이스라엘의 두 번째 왕조 시조인 오므리가 건설한 북이스라엘의 신흥 계획 도읍지였다. 도시 이름은 산지의 원래 소유주였던 가나안 사람 세멜(Shemer)의 이름에서 왔다. 그런데 보다 깊은 연구를 즐기는 사람들은 도시 이름 사마리아가 경계산(watch mountain)이라는 의미를 갖고 있었다고 본다. 히브리어의 '샤마르'(shamar)가 '경계하다' 혹은 '지키다'는 의미를 갖고 있는데, 사마리아가 그 이름의 의미를 갖고 있었으리라는

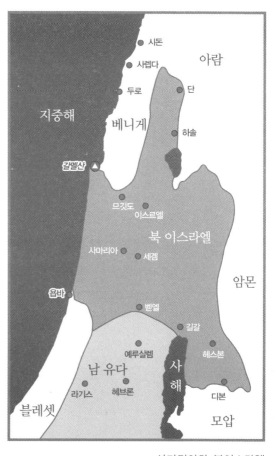

사마리아와 북이스라엘

것이다. 지형학적으로 볼 때 이 도시는 실제로 이스르엘 골짜기와 므깃도(Megiddo), 요단 계곡을 잇는 길과 갈릴리로부터 세겜과 예루살렘으로 이어지는 주요 산지길의 교차로가 잘 보이는 곳에 건설되었다. 이 교차로는 당대의 주요 도로인 해변길(Via Maris)과 왕의 대로(King's Highway)로까지 이어지는 주요 국제 연결망에 용이하게 접근할 수 있다는 이점이 있었다. 한마디로 사마리아는 군사적으로는 요충지였고 경제

그리심산과 에발산

사마리아 산지   사마리아로 올라가는 옛 로마길

그리심산 주변 세겜 사람들의 마을

성경의 사마리아 사람들은 지금도 세겜 옆 그리심산 주변에 그들만의 타운을 만들어 살고 있다. 지금껏 사마리아인이라 불리는 이들은 그리심 산에 그들만의 성전을 짓고 그들만의 성경, 제사, 그리고 절기를 지키면서 독특한 종교적 게토 문화를 형성하고 있다.

적으로는 번영할 만한 요소를 잘 갖춘 곳이라고 할 수 있는 곳에 지어진 계획도시였던 것이다.

도시로서의 사마리아와 지역명칭으로서의 사마리아는 기원전 8세기 이후 예수님이 사시던 로마시대에 이르기까지 이스라엘 백성이 겪어온 부침의 세월, 그 현실을 잘 반영한다. 그리고 그 모든 세월 속에서 사마리아라는 이름이 갖는 역사적이고 신앙적인 의미는 매우 중요하다. 사마리아는 인간적인 판단에 의한 분열로 시작해서, 그 거듭되는 분열로 고통 받았으며, 결과적으로도 여전히 분열의 한 축을 상징하는 도시이면서, 지역의 이름이다. 따라서 사마리아는 하나님의 백성들이 역사의 한 순간, 하나님께서 허락하신 땅에 거주하여 살아가는 동안, 그 땅에 대하여 어떤 바른 자세를 가져야 하고, 어떤 것이 바르지 못한 자세인지를 잘 알려주는 역사적인 교훈을 주고 있다.

Biblical & Historical Story
갈라선 마음과 갈라선 땅

다윗의 아들 솔로몬은 지혜로운 왕으로 명성이 높았다. 그러나 동시에 그는 지나친 왕권 강화와 자만함으로 폐해를 일으키기도 했다. 그는 성전 공사에 있어서 과도하게 화려한 왕궁을 건축하려고 했다(왕상 9:10). 그는 삼만 명의 역군과 칠만 명의 짐꾼, 그리고 그들을 감독하는 관리 삼천 명 등에게 나라의 모든 노역을 부역하도록 했다(왕상 5:13~16). 솔로문은 예루살렘을 기본적으로 세팅한 후에 이어서 국가의 군사력과 경제력의 바탕이 될 만한 주요 요새들을 예루살렘 성과 하솔(Hazor)과 므깃도(Megiddo)와 게셀(Gezer)에 지었다. 이 도시들은 매우 견고한 성들이었으며 솔로몬 대에 최대로 늘어난 영토를 지키기에 좋은 위치에 포진하고 있었다(15절). 그 외에도 솔로몬은 자신의 군사력이 영향력을 발휘하고 경제적인 이득을 취할 수 있는 도시와 요새들을 추가로 건설했다(19절). 솔로몬은 이스라엘이 가나안에 정착한 이래 가장 강력한 국가를 건설했다.

그런데 문제는 어느 시점부터 솔로몬이 국가 경영의 지혜와 형평성을 상실하기 시작했다는 것이다. 그는 다윗 시대부터 이어져온 그대로 유다 지파에 편향적인 정책을 펼쳤다. 그래서 베냐민을 제외한 나머지 열 지파가 솔로몬과 다윗 가문의 편향적인 국가운영을 불만스러워했다. 또한 그는 지속적으로 국민들과 거주민들에게 과도한 세금과 부역을 요구했다. 솔로몬 살아생전 국민들은 이 문제를 제기하지 않았으나 그의 아들 르호보암(Rehoboam)에 이르러서 이 문제가

솔로몬의 이스라엘과 철병거성

솔로몬은 매우 강력한 나라를 건설했다. 이스라엘에 본격적인 철기문화를 가져온 솔로몬은 견고하게 만든 요새들에 철로 만든 병장기로 무장한 군사들을 배치함으로써 강력한 국가를 실현했다.

국가 존립의 중대한 원인이 되었다(왕상 12:4). 또 솔로몬은 주변 나라들과의 외교 관계에서도 실패를 거듭했다. 그래서 아버지 다윗이 어렵게 정복한 모압과 에돔이 공개적으로 그를 대적했고 결국 그것이 고통스런 전쟁으로 이어졌다(왕상 11:14~40). 무엇보다 결정적으로 요셉 가문 출신의 여로보암(Jeroboam)이 이스라엘의 분열된 지파들의 수장이 되리라는 이야기를 듣게 되고 솔로몬은 이 분열의 씨앗을 제거하지 못한 채 애굽으로 망명을 가도록 만들고 말았다(40절).

위대했으나 실정도 많았던 솔로몬이 죽자 이스라엘의 각 지파가 세겜에 모여 솔로몬의 아들 르호보암을 공개적으로 압박했다(왕상 12:4). 그러나 르호보암은 그들의 이야기를 귀담아 듣지 않았다. 그는 어린 시절을 자신과 함께 보냈으며 대부분 유다지파였던 신흥 관료들의 말만 들었다(10~11절). 그리고 자기 주변을 둘러싼 경험 없는 귀족들과 더불어 더 많은 부귀와 권력을 누리려는 생각에 백성들에게 아버지 솔로몬보다 더 과도한 세금과 부역을 부과하기로 결정했다(14절). 결국 르호보암이 기반으로 가지

분열된 두 왕국

다윗과 솔로몬의 영도 아래 강력한 지파 연합을 이루었던 이스라엘이 르호보암 시절에 두 나라로 갈라졌다. 남유다 왕국은 솔로몬의 아들 르호보암을 중심으로 유다와 벤야민 지파가 참여했고 북이스라엘에는 여로보암을 중심으로 열 개 지파가 참여했다.

고 있던 유다와 베냐민 지파를 제외한 열 개 지파가 독립을 결정하게 된다. 열 개 지파는 르호보암이 자신들을 감독하기 위해 보낸 아도람(Adoram)을 죽이고 오래전 애굽으로 망명을 떠났던 용사이자 건축가인 여로보암을 불러들여 그들만의 북쪽 나라를 열었다(20절). 두 개 왕국의 시대가 시작된 것이다.

땅이라는 실질적인 기반을 갖게 된 후 이스라엘은 누가 어디서 어떻게 그 땅과 백성들을 통치할 것인지를 중요하게 여기기 시작했다. 그리고 이 문제가 당대 사람들 사이에 핵심적인 이슈가 되자, 곧 하나님의 거룩한 땅, 가나안에 두 개의 나라, 두 개의 중심지가 생겨났다. 이전 모세와 여호수아의 시절은 물론이거니와 사사들의 시대에도 이런 일은 없었다. 그들 모두가 잠시 권력과 주도권을 가지기는 했으나 자기와 자기 가문 중심의 영원한 중심지를 형성하기 위해 애를 쓰지는 않았다. 대표적으로 다윗이 이런 고민이 많았다. 그는 한편으로 왕으로서 누리는 권세를 잘 알고 있었다. 그러나 다른 한편으로 그는 하나님께서 허락하신 땅과 그 땅 백성들의 삶이 자기 것이 아니라는 것도 알았다. 그는 그 땅의 통치자였지만 스스로 중심이 되지 않는 방식에 대해 늘 고민했다. 안타깝게도 이 건강한 고민은 그의 아들을 넘어서지 못했다. 그의 아들에 이르러 하나님의 가나안과 이스라엘 백성들은 인간 통치자의 전유물이 되고 말았다.

하나님 나라 백성들 분열하다

아스다롯 여신

그모스신

여로보암은 요셉 가문의 에브라임 지파 사람으로, 그의 아버지 느밧의 시절부터 예루살렘 솔로몬 밑에서 왕의 충직한 신하로 일했던 것으로 보인다(왕상 11:26~27). 여로보암은 탁월한 사람이었던 듯하다. 그는 한편으로 군대를 지휘하기도 했고, 다른 한편으로 왕의 궁전을 중건하고 보수하는 등의 행정 운영 면에서도 탁월한 능력을 보였다(27절). 솔로몬은 그를 높이 평가했다. 그래서 그를 그의 출신지인 요셉 가문의 땅 관리로 세워 여러 행정과 정치적 일들을 담당하게 했다. 그의 인생 초반부는 이렇게 탄탄했다. 그런데 곧 상상하기조차 어려운 일이 그의 앞에 나타났다. 성경에 의하면 여로보암은 임지인 북쪽 에브라임 방향으로 가는 길에서 "실로 사람 선지자 아히야"와 만났다(29절). 진정 하나님의 사람인지 의심스러운 이 아히야(Ahijah)가 여로보암에게 말했다. "솔로몬이 아스다롯과 그모스와 밀곰 등의 가나안 신들을 우상으로 숭배하였기 때문에 북쪽의 열 개 지파가 그에게 돌아서서 그에게 갈 것이다"(31~33절). 이야기는 즉시 솔로몬의 귀에 들어갔고 여로보암은 애굽으로 망명을 떠났다. 그리고 애굽의 왕궁에서 오랫동안 빈객으로 지내다 솔로몬이 죽었다는 소식을 듣고 다시 고국으로 돌아와 북이스라엘을 세웠다.

여로보암의 결정적인 역할이 있었다고는 하나 이스라엘이 두 왕국으로 분열된 사건은 여로보암 한 사람에 의한 일이 아니었다. 이스라엘에는 정치적으로나 종교적으로 이미 분열의 징조가 있었다. 한 예로, 압살롬 반란이 진압되고 다윗과 왕

밀곰(몰록)신

가나안에는 매우 강력한 토속 신들이 존재했다. 이 신들은 내내 가나안에 정착하여 새로운 나라를 건설한 이스라엘을 괴롭혔다. 아스다롯(Ash-toreth)은 대표적인 가나안의

실이 다시 귀환했을 때, 유다 지파가 과도하게 앞장서서 왕실의 요단강 도하와 예루살렘 귀환을 엄호한 것을 두고 베냐민을 제외한 이스라엘의 열 지파가 그들을 비난했다(삼하 19:41~42). 유다지파는 왕실의 종친으로서 그렇게 하는 것이 당연하다고 강하게 말했다. 왕의 종친으로서 유다지파의 발언과 위세는 대단했다(43절). 흥미롭게도 열 지파는 유다지파의 위세 앞에서 별 수를 내지 못하다가 불량배 세바의 여론몰이에 이끌려 왕족 엄호하는 일을 그만두고 모두 자기 고향으로 돌아가 버렸다(삼하 20:1~2). 결국 이 사건은 르호보암 시대에 왕국이 두 개로 분열하게 되는 전조 가운데 하나가 되었다. 이렇게 다윗 시절부터 쌓인 유다 지파와 나머지 지파 간의 앙금이 솔로몬의 과도한 세금 징수와 군역과 부역에 대한 불만으로 더 심해졌다. 결국 르호보암이 각 지파의 요청을 강압적으로 거부한 일이 두 진영이 갈라서게 되는 일로까지 비화되어 버렸다.

이뿐이 아니었다. 이스라엘의 국가 분열은 정치적인 상황만으로 전개된 것이 아니었다. 종교적인 양극화가 사무엘과 사울 시절부터 더욱 살벌하게 벌어지고 있었다. 가나안 정착 이후 성소가 실로에서 예루살렘으로 이동되고 그곳에 왕권과 더불어 종교적 중심지로서의 역할과 책무가 집중되자 누가 에봇을 입은 대제사장의 직무를 수행해야 하는지에 대한 문제가 대두되었다. 사무엘서와 열왕기서는 이 사안이 엘리와 홉니, 그리고 비느하스로 이어지는 계보와 아론의 직계로 등장하는 엘르아살의 계보 사이의 갈등이라고 보았다. 사사시대를 이어가면서 실로의 중앙 성소는 엘리 집안이 지켜왔다. 그런데 하나

신으로 주로 바알(Baal)과 쌍을 이루었다. 주로 풍요를 상징하며 신전에 창기들을 두어 난잡한 제사의식을 하는 것으로 유명했다. 페니키아를 통해 지중해에 널리 퍼졌고 바벨론에서도 이 신을 섬겼는데, 이쉬타르(Ishtar)라고 불렸다. 그모스(Chemosh)신은 모압과 암몬이 주로 섬겼다. 자식을 불에 바치는 등의 인신 의식으로 유명했다. 밀곰(Milcom)은 암몬 사람들의 신으로, 왕을 뜻하는 멜레크(Melek)와 동일한 음을 가지고 있다. 몸은 인간인데 머리가 소의 형상을 하고 있으며 몰록(Moloch 혹은 말콤(Malcom)으로 불리기도 했다.

님의 법궤를 잃고 엘리와 두 아들이 모두 죽게 되자 엘리 계열 제사장들이 영적인 중심으로서 지위를 상실하고 말았다. 이후 실로를 중심으로 하는 엘리 계열 제사장들이 놉(Nob)으로 성소를 옮기고 중앙 성소의 제사장직 부활을 꾀했으나, 얼마 지나지 않아 도망자 다윗을 도왔다는 이유로 사울에 의해 그 대부분이 학살당하고 말았다. 그렇다고 실로의 엘리 계열 제사장들과 지도자들의 명맥이 완전히 끊어진 것은 아니었다. 비느하스의 아들, 혹은 손자인 아히멜렉 등 일단의 제사장들이 다윗을 지지했고 새로 등장한 엘르아살 계열의 사독(Zadok)과 더불어 다윗 시대 예루살렘 성소의 공동 대제사장 지위를 가졌다. 그런데 아히멜렉의 아들인 아비아달이 다윗의 아들 가운데 아도니아의 편에 서서 그의 즉위를 지지한 결과 예루살렘 성소의 지위에서 실각하게 된다(왕상 2:26~27). 엘르아살의 계보인 사독이 예루살렘 성전의 단독 제사장이 된 것이다. 이렇게 솔로몬이 왕으로 등극하면서 종교적인 갈등은 일단 갈무리가 된 듯 보였다. 이후 한동안 실로 계열 엘리 집안의 제사장들은 역사와 성경에 등장하지 않았다. 그러다가 열왕기상 11장에서 여로보암 앞에 갑자기 실로 출신 아히야가 나타난 것이다. 일단의 학자들은 이것을 북쪽 열 지파에 여전히 영향력을 가지고 있던 실로 계열의 지도자들이 여로보암을 부추긴 것으로 본다. 아히야와 실로 계열 지도자들의 전략은 통했다. 르호보암의 지도력이 한계에 부딪히자 북쪽 열 지파가 여로보암을 앞세워 나라를 분할하는 데 성공한 것이다.

북쪽 왕이 된 여로보암은 보다 더 견고하게 땅과 지파들의 분열을 가속화했다. 그는 우선 세겜을 나라의 도읍지로 정했다. 세겜은 아브라함 이후 이스라엘에 종교적으로 중요한 지위를 가지고 있었는데, 이제 나라의 도읍지가 된 것이다. 여로보암은 이 세겜을 새로 건축했다. 세겜뿐만이 아니었다. 그는 부느엘이라는 도시를 새로이 건축하여 그곳으로 도읍을 옮겼다(왕상 12:25). 예루살렘으로부터 독립하여 자기만의 독자적인 통치의 장을 연 것이다. 열 지파의 백성들은 여로보암의 뜻밖의 행동에 놀랐다. 그 역시 솔로몬이나 르호보암과 다르지 않았던 것이다. 여로보암 역시 자신을 위해 도시를 건설했으며 도시를 건설하기 위해 또다시 북쪽의 백성들을 노역으로 끌어들였다.

그뿐이 아니었다. 여로보암은 종교적으로도 독자적인 행보를 시작했다. 그는 왕이 되자 자신의 백성들이 종교적으로 예루살렘에 예속되는 것을 원하지 않았다. 그는 스스로 "나라가 이제 다윗의 집으로 돌아가리로다 만일 이 백성이 예루살렘에 있는 여호와의 성전에 제사를 드리고자 하여 올라가면 이 백성의 마음이 유다 왕 된 그들의 주 르호보암에게로 돌아가서 나를 죽이고 유다의 왕 르호보암에게로 돌아갈 것"(왕상 12:26~27)이라고 말했다. 결국 그는 금송아지 상 두 개를 만들어서 백성들에게 보이며 "다시는 예루살렘으로 갈 필요가 없다 이것이 너희를 애굽에서 인도하여낸 너희의 신들이라"고 말했다(28절). 그는 그 두 금송아지 상을 북쪽의 단(Dan)과 남쪽 벧엘(Bethel)에 두고 더불어 예루살렘 성전의 제단을 본뜬 거짓 제단을 만들어 두었다(29절). 그는 멀리 예루살렘까지 가지 않아도 이 나라의 경계 안에서 얼마든지 편리하게 종교적인 업무를 볼 수 있다고 하면서 북쪽 백성들이 남쪽을 통행하는 것을 사실상 통제한 것이다. 재미있는 것은 여로보암이 자신에게 지지를 보낸 실로 계열의 종교지도자들을 이 제단을 위한 제사장으로 삼은 것이 아니라 일반 평범한 백성 중에서 임의로 제사장을 선임했다는 점이다(31절). 더불어 그는 종교적인 체제도 자기 마음대로 정했다. 여로보암은 자기가 정한 여덟째 달 열 다섯째 날을 이스라엘을 위한 절기로 삼고 그날이 되면 백성들로 하여금 벧엘로 와서 제단을 쌓고 제사를 드리도록 했다(33절).

이제 이스라엘은 완전하게 두 개의 나라로 분열했다. 그들은 이제 정치와 경제적인 체제가 다른 나라에서 살게 되었다. 더 나아가 그들은 종교적으로 완전히 다른 나라에서 살게 되었다. 하나님의 백성들은 그 약속하신 땅 가나안, 북쪽의 단에서부터 남쪽의 브엘세바에 이르는 하나님의 거룩한 땅에서 분열의 시대를 살게 되었다.

분열의 상징, 사마리아가 등장하다

여로보암은 정치와 종교적인 분열(schism)을 마치고, 이제 자기만을 위한 왕조를 완성했다. 열왕기상서는 여로보암을 평가하기를, 그가 "그의 악한 길에서 돌이키지 않고 일반 백성 가운데 자기의 마음에 드는 사람을 제사장으로 삼았으며 벧엘과 단 등의 산당(High Place)에서 불의한 종교 행위를 거듭했다"고 한다(왕상 13:33~34). 여로보암이 정치적, 종교적으로 실천한 분열 행위들은 이후 북 이스라엘 왕들이 충실하게 답습한 일종의 국가 기조와 같은 것이 되어 버렸다.

어쨌든 여로보암 왕조는 그의 증손을 채 넘지 못하고 끝나고 말았다. 북 이스라엘 주요 군대의 지휘관 시므리(Zimri)가 여로보암 왕조의 마지막 왕인 엘라(Ella)를 죽이고 스스로 왕이 된 것이다(왕상 16:10). 그러나 시므리 역시 오래가지 못했다. 변방의 장군 오므리(Omri)가 곧이어 그를 축출하고 새로운 왕조를 연 것이다. 오므리는 원래 블레셋과 접경을 이룬 깁브돈에서 상당수의 북 이스라엘 군사들과 더불어 대치중이었다(15절). 그러던 어느 날 디르사(Tirzah)로부터 왕이 바뀌었다는 전갈을 받았다. 북 이스라엘의 사람들은 시므리를 왕으로 받아들이지 않고 변방의 명망 있는 장수 오므리에게 달려갔다. 그리고 그를 왕으로 세웠다(16절). 그러나 오므리는 자신의 파트너로 디브니(Tibni)를 세웠다. 그리고 디르사로 가서 시므리를 무너뜨린 뒤 공동 통치를 시작했다. 오므리는 치밀했다. 오래지 않아 디브니를 죽이고 단독 왕이 된 것이다(22절).

오늘의 도시 사마리아가 이즈음 역사에 등장한다. 우여곡절 끝에 북쪽의 왕이 된 오므리는 한동안 이전 왕들의 도시였던 디르사에서 나라를 다스렸다. 그러다 즉위 7년째 되던 해에 갑자기 세겜보다 서쪽에 위치한 조금 높고 큰 산 하나를 구입했다. 그리고 그 언덕 위에 새로운 도시를 건축했다. 이것이 도시 사마리아의 시작이었다(왕상 16:24). 그런데 사마리아 산지를 구입한 오므리의 방식은 다분히 가나안식(the Canaanites way)이었다. 그는 이스라엘 사람이 아닌 가나안 사람에게 은 두 달란트를 주고 땅을 샀고, 그 땅 위에 역시 가나안 방식으로 도시를 건설하고 거주민 구성을 마쳤다. 이런 식으로 땅을 구입하려던 시도는 사실 아합이 이스르엘의 나봇(Naboth)이라는 사람의 포도원을 사들이려 했던 때에도 나타났다. 아합의 경우에는 상대가 이스라엘 사람이었던 관계로 그가 조상에게 받은 땅을 팔 수 없다는 입장을 취하는 바람에 정상적인 방식이 아닌 불법으로 땅을 편취했다(왕상 21:1~16). 연구에 의하면 오므리가 사마리아를 건축한 데에는 다윗을 따르고자 하는 의도가 있었다. 그는 다윗이 예루살렘을 건축하고 다윗 성이라 이름 지었던 것을 기억했던 것 같다. 그래서 다윗처럼 언덕 위 도시 하나를 열었다. 그러나 사마리아는 태생 자체가 다윗의 도시 예루살렘과 달랐다. 다윗은 마치 가나안을 정복하는 하나님의 군대와 같은 모습으로 이방 여부스 사람들의 도시를 점령하고 그 도시와 자신의 지도자(Nagid)로서 선한 통치를 하나님께 바쳤다. 그는 하나님의 전을 도시의 중심으로 삼으려 힘썼던 것이다. 반면, 오므리는 가나안 방식으로 부지를 사들여서 가나안 방식으로 도시를 건축하고 가나안과 주변 여러 나라 사람들을 위한 거주 공간을 마련하는 데 열중했다. 그리고 그 국제적이지만 혼합적이며 이질적인 도시 위에 자신과 자신의 대를 잇는 왕조가 중심이 되는 국가의 틀을 세워갔다.

사마리아는 정치 경제적으로 풍족했고 종교적으로도 국제 정치의 차원에서 여러 민족에게 매력적인 지역이었다. 사마리아는 오므리 왕조 내내 지중해와 메소포타미아 문화가 절묘하게 융합을 이룬 도시였으며, 그래서 고대 근동의 제국들이 끊임없이 탐내는 도시였다. 사마리아는 경제적으로 요충지에 위

여로보암 왕조	여로보암 1세	(Jeroboam I, 기원전 930년~908년)
	나답	(Nadab, 기원전 908년~907년)
바아사 왕조	바아사	(Baasha, 기원전 907년~884년)
	엘라	(Elah, 기원전 884년~883년)
	시므리	(Zimri, 기원전 883년~883년) 7일간 통치
오므리 왕조	오므리	(Omri, 기원전 883년~872년)
	아합	(Ahab, 기원전 872년~851년)
	아하시야	(Ahaziah, 기원전 851년~850년)
	요람	(Joram, 기원전 841년~835년)–아달랴(남유다의 여왕)
예후 왕조	예후	(Jehu, 기원전 841년~818년)
	여호아히스	(Jehoahaz, 기원전 818년~802년)
	요아스	(Joash, 기원전 802년~787년)
	여로보암 2세	(Jeroboam II, 기원전 787년~748년)
	스가랴	(Zechariah, 기원전 748년~747년)
예후 이후	살룸	(Shallum, 기원전 747년)
	므나헴	(Menahem, 기원전 747년~738년)
	브가히야	(Pekahiah, 기원전 738년~737년)
	베가	(Pekah, 기원전 737년~732년)
	호세아	(Hosea, 기원전 732년~724년)

치해 있었고, 국제 군사 관계에서도 나름 중심의 지위를 갖고 있었다. 오므리와 아합은 주변 페니키아(Phoenicia)와 정치 경제적으로 긴밀했으며 아람 수리아와도 군사적으로 동맹하는 관계를 형성했다. 오므리와 아합 왕은 자신들이 세운 도시가 이스라엘 백성들을 넘어 국제적으로 여러 나라와 민족들에게 호감이 가는 도시이기를 바랐던 것 같다. 또 그 도시가 군사적인 동맹의 핵심체이기를 바랐다. 그래서 학자들은 북이스라엘 지파들이 민족적 거점으로 삼았던 곳을 이스르엘(Jezreel)로 보고 있다. 북 이스라엘은 국제적인 거점으로서의 사마리아와 민족적 거점으로서의 이스르엘 두 곳이 병립했

던 것이다. 사마리아는 북 이스라엘 국내 정치와 문화에서도 분열을 상징하는 도시였다.

사마리아는 또한 종교적으로 페니키아의 바알과 가나안의 맘몬을 주로 숭배하는 도시였다. 오므리의 아들 아합(Ahab)은 시돈의 이세벨(Jezebel)과 결혼하면서 결국 페니키아의 대표신인 바알과 아세라(Ashera)에 대한 신앙을 받아들였다. 그는 아버지 오므리와 자신이 세우고 견고하게 한 도시 사마리아에 황소상으로 만든 바알 신전을 만들었다(왕상 16:32). 국제적인 도시 사마리아의 위상에 걸맞는 종교적인 체계를 세운 것이다. 황소 형상은 전쟁의 신이자 풍요의 신을 상징하는 상으로 고대 종교와 신앙 문화에 자주 등장한다. 그 황소가 바알의 형상이 된 것이다. 결국 북이스라엘 지도자들과 백성들은 땅의 풍요와 전쟁을 다스리는 신은 야훼가 아니라 바알이라고 받아들였고 이 전능한 바알을 위하여 황소 형상을 만들어 제사했다.

북쪽 이스라엘 사람들뿐 아니라 남쪽의 이스라엘도 끝없는 분열의 근원지 사마리아에 대해 좋지 않은 감정을 갖고 있었다. 기원전 9~8세기 예루살렘의 경건한 유대인들이 이미 사마리아 사람들을 이방인이라고 불렀고 그들은 사마리아 지역을 방문하는 것을 꺼렸다. 남북, 심지어 북쪽 나라 내부에서도 사람들의 삶이 정신적으로 종교적으로 다른 모습을 갖기 시작했다. 확실히 사마리아는 이 모든 분열의 핵심 근원지였다. 결국 하나님께서는 분열을 거듭하는 사마리아에 경고하셨다. 그리고 하나님의 신실한 사람들로 하여금 갈라서게 하는 상징으로서 사마리아를 향한 영적 사역을 명령하셨다.

분열의 땅을 향한 거룩한 외침

북 이스라엘은 영적으로 심각한 부패에 빠져 들었다. 남왕국 유다의 수도였던 예루살렘은 그 위치가 단 한 번도 바뀐 적이 없었지만, 북왕국 이스라엘의 수도는 세겜, 부느엘, 디르사, 사마리아 등 다양한 변화를 겪어야만 했다. 이렇게 수도가 자주 바뀌게 된 데에는 종교적인 예배 처소 문제가 그 원인이었다. 남 유다에는 예루살렘에 성전이 늘 변함없이 있었지만 이스라엘은 달랐다. 여로보암 1세가 세겜이나 부느엘이 아닌 벧엘과 단에 우상숭배를 위한 신전들을 만들었고 아합은 자신의 도시 사마리아에 바알 신전과 아세라 산당을 세웠다. 그러다 보니 북 이스라엘은 국가의 중심지가 꾸준히 이동했고 결국 국가의 중심지가 이방의 신전이 있는 곳으로 결정되게 되었다. 통치자의 마음과 가치관에 따라 국가와 백성의 신앙생활 방식을 결정하고 다시 수정하기를 거듭한 것이다.

결국 성경은 이런 식의 악행을 저지른 북이스라엘 지도자들을 혹독하게 평가했다. 여로보암을 '사악한 왕'으로 평가하고 아합에 대해서는 "그의 이전의 모든 사람보다 여호와 보시기에 악을 더욱 행했다"고 평가했다(왕상 16:30). 특별히 북 이스라엘이 바알과 아세라 등 페니키아의 신들에게 지배당하게 된 것은 아합이 시돈의 이세벨과 정략적으로 결혼을 한 것이 원인이었다. 아합의 아내 이세벨은 시돈 왕이었던 엣바알(Ethbaal)의 딸이다(왕상 16:31). 사실 시돈은 두로(Tyre)와 함께 페니키아(베니게) 지역 주요 도시들 중 하나로 이스라엘과 오랫동안 밀접한 관계를 맺은 도시였다. 시돈의 왕은 다

바알신

아세라신

북이스라엘의 오므리 왕조가 국가종교로 발전시킨 바알 (Baal)과 아세라(Aserah) 숭배는 주로 페니키아의 두로와 시돈에서 온 것이다. 아합은 이 두 신을 주신으로 하는 국가 종교를 정립하고 여호와 하나님에 대한 신앙을 탄압했다. 이에 디셉 사람 엘리야가 아합과 바알, 아세라 숭배를 반대하여 종교적인 전쟁을 선포했다. 그리고 갈멜산에서 승리했다.

윗이 하나님의 성전을 건축하는 일을 준비하고자 했을 때(대상 22:4), 다윗의 궁궐을 지었을 때(대하 2:3), 솔로몬이 하나님의 성전을 건축하고 궁전을 지었을 때(왕상 5, 7장, 대하 2장) 백향목과 물자, 기술자 등을 보내어 도움을 주었다. 특별히 솔로몬은 이 시돈 출신 여인과 결혼관계를 형성함으로 돈독한 유대관계를 형성하기도 했다(왕상 11:1). 아무래도 이 돈독한 관계는 북이스라엘과 굳건하게 형성된 듯하다. 북 이스라엘의 아합은 결국 시돈의 딸 이세벨과 결혼하고서 시돈과 페니키아의 모든 것을 자기 나라로 가져왔다(왕상 16:31). 아합 시대 사마리아는 최소 7,000명 이상이 거주할 수 있는 비교적 큰 도시였다. 아합은 이 도시를 최종 완성하면서 페니키아 건축 방식으로 모든 것을 마무리했다(왕상 22:39). 도시 곳곳을 백향목과 상아로 화려하게 장식한 것이다. 도시를 방문한 국제적인 손님들이 아마도 그 화려함에 충분히 매료되었을 것으로 보인다. 그러나 사마리아 상아궁전이 상징하는 것은 그 화려함과 웅장함이 아니었다. 사마리아는 아합의 타락한 마음과 그로 인한 억압적 통치와 고통을 상징한다.

가장 중요한 문제는 아마도 사마리아 지도자들의 신앙의 타락이었을 것이다. 정치적·종교적·경제적 발전은 사마리아 발전상의 아이콘이 될 수 있었겠지만 바알과 아세라 신전으로 장식된 사마리아는 예루살렘과 공존할 수 없는 이방의 땅이었다. 성경은 사마리아를 하나님이 아닌 다른 신을 섬긴 산당이 있었던 장소로 부르고 있다(왕상 13:32, 암 8:14). 이사야는 사마리아에 조각한 신상이 있었는데 그들이 그 우상을 섬겼다고 말하고 있다(사 10:10~11). 사마리아의 선지자들은 바알을 의지하고 이스라엘을 헛된 길로 인도하는 우매함을 보였으며(렘 23:13), 사마리아는 가증한 일을 하는 자들의 비교 대상이 됐다(겔 16장). 호세아 역시 사마리아의 우상숭배가 극심했다고 말하면서 북왕국 이스라엘의 멸망의 날에 사마리아의 송아지, 즉 바알 신상이 산산조각 날 것이고(호 8:6), 사마리아의 왕은 물 위에 있는 거품 같이 멸망할 것이라고 말하고 있다(호 10:7).

사마리아에 대한 종교적 저항의 상징은 아무래도 엘리야에게 돌아가야 할 것 같다. 엘리야는 당대의 시골 마을 디셉(Tishbite) 출신이었다. 그는 북 이스라엘의 아합왕 시절에 주로 사역했으며 아합의 나라가 어떤 죄가 있고 어떤 문제에 직면할 것이며, 어떻게 멸망할 것인지를 예언한 사람이다. 예언자로서 그가 가장 열정적으로 일했던 부분이 바로 사마리아의 바알신 숭배였다. 오므리 왕조는 의도적으로 예루살렘의 야훼 신앙과 모세의 법을 배격했다. 그들은 이방, 특별히 가나안 베니게의 신인 바알과 아세라 신상을 만들고 그 제단과 신전을 지었을 뿐 아니라 그 신앙을 국교로 만들기까지 했다(왕상 16:31~33). 그러자 하나님께서 이스라엘의 어떤 왕에 대해서보다 심히 노하셨다. 그리고 한 사람, 엘리야를 세워 북 사마리아와 아합의 문제를 처리하기로 하셨다(왕상 17:1). 엘리야라는 이름은 "나의 신은 야훼시다(My God is Yahweh)"라는 뜻이다. 그는 담대하게 사마리아의 부당함과 악을 외쳤다. 그리고 바알과 아합에 도전했다. 아합과 이세벨은 당연히 이런 엘리야를 핍박했다. 그는 엘리야를 일컬어 말하기를 "이스라엘을 괴롭게 하는 자"라고 했다(왕상 18:17). 하지만 엘리

갈멜산
전면에 이스르엘 평원과 므깃도가 펼쳐져 있다

야는 굽히지 않았다. 그는 바알과 이세벨에게 도전하는 동시에 이스라엘의 백성들에게 어느 편에 설 것인지를 분명하게 하라고 호통했다(21절). 이어서 그는 갈멜산(Mountain of Carmel)에서 아합과 이세벨, 바알 선지자 450명과 더불어 영적인 전쟁을 벌였고 승리했다(22~46절).

바알을 섬기는 선지자와의 영적 전쟁에 승리했다고 해서 아합과 이세벨의 위세가 무너진 것은 아니었다. 엘리야는 다시 도망자가 되었다. 그리고 옛날 모세의 산이라고 일컬어지던 호렙산으로 도망쳤다. 그는 그곳에서 아합의 가문이 무너지고 예후가 일어날 것과, 하사엘이 아람의 왕이 될 것, 그리고 그의 뒤를 이어 새로운 선지자 엘리사가 등장할 것을 신탁으로 받고 다시 이스라엘로 돌아가 담대하게 활동했다(왕상

19:15~18). 이때 엘리야는 함께 사역할 동료 선지자들을 얻는다. 아마도 그들은 바알의 선지자 무리가 크게 무너지고 나서 북 이스라엘에 일어난 하나님의 신실한 사람들이었을 것이다. 결국 엘리야는 이들과 더불어 사마리아의 아합과 이세벨을 향하여 두려움 없이 이 사역할 수 있었다. 그는 특히 아합과 이세벨이 나봇의 포도원을 불법적으로 빼앗았을 때 두려움 없이 그들을 크게 책망했다(왕상21:17~26). 이세벨에 기댔던 아합의 위세가 이 때 크게 꺾인 듯 보인다. 그는 특히 영적으로 신앙적으로 하나님의 선지자 그룹들을 두려워하는 마음을 가졌다(27절).

이제 하나님 나라 백성들의 땅에 선지자들의 고단한 외침의 소리가 자주 들리게 되었다. 그 가운데 엘리야는 놀라운 사역자였다. 사마리아와 북 이스라엘을 향한 예언이 여러 곳에서 등장하지만, 엘리야와 같은 사람은 없었다. 알려지지 않은 시골 디셉 사람이었던 엘리야는 출신 성분이 한미함에도 불구하고 담대했다. 그는 사마리아가 어떻게 하나님의 백성들을 그리고 그들의 땅을 유린하는지를 직시했다. 그리고 하나님의 뜻이 어디에 있는지를 분별했다. 분별이 끝나자 그는 두려움 없이 사마리아 한복판으로 갔다. 그리고 불의에 저항하는 공의의 소리를 외쳤다.

분열의 이름으로 역사를 지속하다

사마리아는 외부로부터 자주 공격을 받았지만 잘 견뎠다.

아합 때 아람(Aram)의 벤하닷 2세(Ben-Hadad II)가 주변 32명의 왕들과 연합하여 사마리아를 공격했다(왕상 20:1). 그러나 산꼭대기에 위치한 사마리아 성은 난공불락이었음이 분명하다. 벤하닷은 결국 사마리아를 점령하지 못했고 오히려 사로잡히고 말았다. 그는 그의 아버지가 빼앗은 북왕국 이스라엘의 성읍들을 돌려주고 다메섹에는 아합의 거리(a street of Ahab)를 만들겠다고 약속하였다. 그런데 아합이 죽자 벤하닷은 다시 사마리아를 에워쌌다(왕하 6:25). 이번 전쟁 중에 사마리아는 굶주림이 극에 달했다. 그러나 사마리아는 다시 살아남았다. 하나님께서 은혜를 베푸신 것이다. 엘리사(Elisha)의 예언처럼 "사마리아 성문에서 보리 두 스아를 한 세겔로 매매하고 고운 밀가루 한 스아를 한 세겔로 매매"하는 기적이 일어났다(왕하 7:18). 하지만 사마리아 성의 견고함은 아주 오래가지 못했다. 앗수르의 공성퇴와 용병들은 삼 년 동안 사마리아 성을 에워쌌고 결국 성을 함락시켰다(왕하 17:5~6). 기원전 722년 앗수르의 살만에셀 5세(Shal-maneser V, 기원전 727~722년)와 사르곤 2세(Sargon II, 기원전 722~705년)가 북왕국 이스라엘을 멸망시켰고 사마리아는 앗수르의 지배 영역에 들어가게 되었다. 님루드(Nimrud)의 앗수르 궁전 벽 부조에는 사르곤이 사마리아를 공격하는 장면을 볼 수 있다. 또 사마리아의 동쪽 경사면에서는 사르곤의 공적을 기념하여 바친 앗수르의 비문이 발견되기도 했다.

앗수르의 점령국에 대한 정책은 잔인했다. 그들은 사마리아 도시 주변 전반을 사메리나(Samerina)로 부르기로 했다.

그리고 북 이스라엘의 사람들을 사로잡아 끌고 가서 그들이 점령한 다른 지역에 두고 그곳에서 살게 했다. 그렇게 이스라엘 사람들은 앗수르 시대를 거치면서 고산 강가에 있는 할라(Hala)와 하볼(Habol) 및 메대(Medes) 사람의 여러 고을에 흩어져 살았다(왕하 17:6). 사마리아에는 반대의 정책이 이루어졌다. 그 땅에는 바벨론(Babylon)과 구다(Cuthah)와 아화(Avva)와 하맛(Hamath)과 스발와임(Sephar-vaim) 사람들이 와서 살게 되었다(왕하 17:24). 후일 타향에서 돌아온 사람들과 이스라엘 원주민들은 이 이주민들과 섞여 살았고 이 혼혈 관습으로 결국 신약시대 사마리아 출신 사람들(the Samaritans)이 민족의 정통성이 없는 사람으로 천대당했다. 이후 사마리아는 철저하게 이방의 땅, 이방 신의 땅이 되었다. 여러 곳에서 온 민족들이 각자 자기 신들을 섬기기 시작했다. 여호와 하나님은 그 많은 신들 가운데 하나가 되었다(26~41절). 이렇게 이방의 뿌리가 깊었던 도시 사마리아는 역사 속 새로운 분열의 장을 열게 된다.

성경의 저자들은 사마리아 사람들과의 갈등 및 적대감의 원인이 그 땅 사람들의 인종 혼합과 우상화된 야훼 숭배 때문이라고 설명한다. 그러나 유대와 사마리아 사이 긴장 관계에는 이 지역을 통치해 온 제국들의 정치적 목적이 쉽게 발견된다. 페르시아의 고레스(Kyrus, 기원전 539~530년)로부터 다리우스 1세(Darius I, 기원전 522~486년), 그리고 후대의 아하수에로(Xerxes, 기원전 486~465년)와 아닥사스다 1세(Artaxerxes I, 기원전 465~424년)의 시대에 걸쳐 왕들은 "그 땅 백성이 유다 백성의 손을 약하게" 하는 데 집중했다

							아하시야				
남 유다		아비얌(아비야)					여호람	아달랴			
		르호보암	아사		여호사밧				여호아스		아마샤
	기원전	900				850				800	
북 이스라엘		여로보암 1세	바아사	오므리	아합	요람	예후		여호아하스	요아스	
		나답	엘라 시므리			아하시야					
정복제국				아수르-나시르팔 2세	살만에셀 3세						
		앗수르제국									

(스 4:4~22). 페르시아는 제도적으로 남쪽 유다와 북쪽 사마리아 모두에 총독을 두었다. 일종의 이이제이(以夷制夷)의 방식으로 서로 경계하고 서로 멀리하도록 한 것이다. 귀한 1세대 스룹바벨(Zerubbabel) 시절에도 이후 느헤미야(Nehemiah) 시절에도 그들이 모두 페르시아가 보낸 총독들이었음에도 불구하고 사마리아에는 페르시아 중앙 정부에서 보낸 별도의 총독들이 있었다(느 4:1~2). 덕분에 유대인들이 포로로부터 돌아와 예루살렘과 성전을 재건하는 과정이 쉽지 않았다. 사마리아 사람들이 오랜 세월 폐허로 방치되어 있던 예루살렘을 재건하는데 온갖 노력을 다 기울이려는 남쪽 유대인들을 지속적으로 방해한 것이다. 성경은 그래서 방해하는 사마리아인들을 가리켜 "유다와 베냐민의 대적"(스 4;1)이라고 기록했다. 비록 스룹바벨과 세스바살(Shezhbazzar)에 의해 예루살렘과 성전 건축이 완성되지만 사마리아는 끝내 분열의 상징을 버리지 못했다.

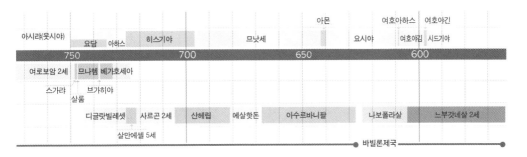

사람의 분열과 하나님의 일치

　하나님께서 거룩하게 구별하시고 당신이 친히 구원하신 백성들에게 주신 땅에 균열이 일었다. 인간 지도자들이 자신의 명예와 자신의 잇속을 앞세워 그 땅을 갈라버린 것이다. 하나님의 부름 받은 사람들이 자기만 생각하고 보다 더 큰 하나님의 뜻을 분별하지 못할 때 그 땅과 백성들은 분열했다. 사마리아는 인간 지도자가 하나님의 거룩한 땅에서 올바르지 못한 마음을 품게 될 때 벌어지게 되는 절망스러운 현실을 그대로 담은 도시이다. 사마리아를 묵상하는 하나님의 백성들은 그 각자의 부름 받은 땅에서 어떤 마음과 자세로 서야 하는지 생각해야 한다. 특별히 그가 지도자라면 그 부름 받은 자리가 요구하는 고통스러운 균형감을 잘 알아야 한다.

신앙의 편리와 그릇된 우상숭배

이스라엘 백성들이 출애굽 과정에서 받은 십계명(the Decalogue)에서 중요한 포인트는 아무래도 앞의 세 가지 계명일 것이다. 다른 신을 두지 말 것이 첫 번째이고 두 번째는 우상을 두지 말 것이며 하나님의 이름을 망령되게 하지 말 것 등이 그 대략이다. 그 가운데 두 번째는 당대의 애굽과 메소포타미아, 그리고 가나안의 종교들에 비견하여 매우 독특하다. 네 앞에 어떤 다듬은 이미지 우상을 만들지 말라는 것(Thou shalt not make unto thee any graven image)이다. 출애굽기의 정확한 표현은 이렇다. "너를 위하여 새긴 우상을 만들지 말고 또 위로 하늘에 있는 것이나 아래로 땅에 있는 것이나 땅 아래 물속에 있는 것의 어떤 형상도 만들지 말며 그것들에게 절하지 말며 그것들을 섬기지 말라"(출 20:4~5). 그런데 이 두 번째 계명은 첫 번째 계명과 다른 부분이 있다. 첫 번째 계명인 다른 신을 두지 말라는 것은 말 그대로 야훼 하나님 외에 다른 신을 섬기지 말라는 명령이다. 이스라엘은 애굽에서, 그리고 가나안에서 하나님외 다른 신을 섬기도록 종용하는 유혹에 시달렸다. 하나님께서는 그래서 하나님 외에 다른 신성(deity)을 신앙의 대상으로 삼아서는 안 된다고 말씀하시고 이스라엘이 가나안에서 만나는 이방신들을 그 삶에서 제거할 것을 명령하셨다(민 33:51~53).

그런데 두 번째 계명, 즉 우상을 만들지 말라는 명령이 이스라엘 사이에서 조금 다르게 해석될 수 있다. 이스라엘은 출애굽과 가나안을 지나면서 끊임없이 야훼 하나님의 형상 만드는 일에 관한 유혹에 시달렸다. 즉 그들의 구미에 맞는 신을 두고 그것을 섬기려 했던 것이다. 그 첫 사례가 출애굽기에 있다. 모세가 십계명을 받으러 하나님의 시내산에 올라간 후 그의 형 아론이 예배의 대상으로서 하나님의 형상을 만들어 주기를 바라는 백성들의 요청을 거부할 수 없었다(출 32:1~4). 아론은 곧 백성들의 금을 모아 그것으로 송아지 상을 새겨 만들고 이렇게 말했다. "이스라엘아 이는 너희를 애굽 땅에서 인도하여 낸 너희의 신이로다"(4절). 이스라엘을 구원하시고 광야길을 인도하시는 하나님의 가시적인 형태를 만든 것이다. 보이지 않는 하나님을 보이는 하나님, 즉 그들이 원하는 때에 언제든지 만나고 기도하고 예배할 수 있는 대상으로 만들고 그 상을 섬긴 것이다.

이스라엘이 하나님을 신앙하면서 그들 편리대로 신앙생활을 조절한 두 번째 사례는 사사기 17장에 등장하는 미가와 18장의 단 지파 이야기일 것이다. 에브라임 지파의 미가라는 사람은 실로(Shiloh)에 하나님께 예배하는 중앙 성소가 존재했음에도 불구하고 그 어머니와 더불어 자기 집만을 위한 제단을 만들었다. 무엇보다 그는 제사장용 에봇(Ephod)을 만들었다. 그리고 제사에 관한 사안을 잘 아는 레위인 하나를 구하여 자기와 자기 집안만을 위한 제사장을 삼았다. 미가는 결정적으로 자신의 신앙생활의 편리를 위하여 야훼를 형상화한 우상 드라빔(Teraphim)을 만들고 그것을 자기 집 제단에 두어 제사장으로 하여금 관리하게 했다. 재미있는 것은 후일 단 지파가 북쪽 라이스 지역으로 그들의 거주지를 옮겨갈 때 이 미가의 집에 들러 그의 제사장과 그 집안에 있던 드라빔을 함께 가

북이스라엘 시대 우상숭배를 위한 다양한 도구들

져가 그들만의 제단을 차렸다는 것이다. 미가와 단 지파의 이야기는 가나안 정착 이후 이스라엘 사이에 만연했던 자기 편리 중심 우상숭배의 전형이었다.

그러나 신앙적 편리를 추구한 가장 큰 사례는 아무래도 여로보암에게로 돌아가야 할 것 같다. 여로보암은 북 이스라엘을 분리 건국한 이후 자기 백성들이 남쪽 예루살렘으로 자주 내려가는 일을 막고자 했다. 그는 이어 금송아지 두 개를 만들고 하나는 북쪽 단(Dan)에, 다른 하나는 남쪽 접경지역 가까운 곳 벧엘(Bethel)에 각 제단과 함께 두었다. 그리고 백성들에게 아론이 했던 이야기와 동일한 이야기를 늘어놓았다. "너희가 다시는 예루살렘에 올라갈 것이 없도다 이스라엘아 이는 너희를 애굽 땅에서 인도하여 올린 너희의 신들이라"(왕상 12:28). 여로보암은 자기가 통치하는 열 지파 백성들이 모세의 율법과 예루살렘 성전을 중심으로 하는 신앙이 아닌 자신의 편리대로 만들어 둔 신앙방식을 따르도록 한 것이다. 고고학적 발굴에 의하면 지금 단에는 여로보암이 만든 왕궁과 제단이 남아 있다. 여로보암은 그만큼 치밀하게 자기가 계획하고 꾸민 종교적 틀과 방식 안에 이스라엘 백성들을 묶어 두었던 것이다.

성경과 이스라엘 역사에서 자기 편리에 의한 우상숭배는 큰 문제였다. 그것은 가나안이나 다른 나라의 이방신들을 섬기는 일만큼이나 심각한 문제였다. 이스라엘 백성들은 끊임없이 눈에 보이는 하나님을 요구했다. 편리에 의한 신앙생활이 별도의 신을 창조하는 일은 오늘 우리 시대에도 발생하고 있다. 우리는 성경과 기독교 전통이 제안하고 가르치는 대로의 하나님을 섬기는 방식이 아닌 자기 편리로 만든 신앙 방식이 만연한 시대를 살고 있다. 편리를 추구하는 신앙 방식은 결국 성서의 땅, 하나님의 백성들이 신실하게 구했던 하나님을 잊게 할 것이다. 편리에 의해 만들어진 눈에 보이는 하나님은 결국 그것을 만든 인간의 생각과 삶의 패턴에 예속 당한 무능한 신을 창조하게 될 것이다.

하나님의 땅에서 인간 중심은 분열을 몰고 온다

하나님께서 사람을 만드시고 "보시기에 심히 좋았다는

것"(창 1:31)은 인간이 다른 존재들보다 우월하다는 것을 말하는 것이 아니다. 그래서 하나님께서 사람을 만드시고 그 사람으로 하여금 세상 모든 피조물을 다스리라고 하신 것(28절)은 신학적 연구들이 무수히 말하는 것과 같이 '청지기(servant)'로서의 사명을 의미하는 것이지 폭력적으로 정복하고 분열을 조장하며 위압적으로 통치하라는 것을 의미하지 않는다. 그러나 하나님께서 생명을 부여하신 인간 가운데 이 의미를 바르게 이해하여 받아들인 사람이 별로 많지 않은 듯하다.

최초의 인간 아담은 하나님 중심의 삶에서 지켜져야 할 에덴동산을 자기중심의 세상으로 바꿔버리고 동반자 하와와 더불어 갈등하고 분열했던 최초의 인간이다. 그의 아들 가인은 하나님께서 기뻐하실 만한 제물을 드리는 것을 외면한 채 하나님 중심의 삶을 살면서 하나님 앞에서 합당한 제물을 드린 동생을 시기했다. 그리고 결국 동생을 죽음으로 내몰았다. 가인의 이기적인 태도는 곧 가족 사이 분열을 가져왔다. 그는 가족을 떠나야 했고 세상 사람들과도 불화해야 했다. 인간 중심적이고 자기중심적인 태도는 이후 가인의 계보에서 중요한 유전적 성정(trait)이 되었다. 가인은 하나님과 대립하는 의미에서 나아가 하나님의 신실한 사람들과 대립하는 의미에서 자기만의 성을 쌓고 자기중심적인 삶을 시작했다. 가인의 자손들은 그들의 자기중심적인 삶이 더욱 번성하도록 모든 종류의 '육축'을 길들이고 자기만의 풍요를 위한 자산으로 삼기 시작했다. 그들은 인간적인 안락함을 가중시킬 만한 것으로 음악을 비롯한 세속적인 문화를 형성하기 시작했고, 금속을 다스리는 법을 익혀 침략과 정복을 위한 무기를 생산하기 시작했다. 나아가 라멕(Lamech)은 자식들이 만든 것들을 기반으로 세상에 대하여 폭력적인 관계를 형성했다. 그는 한 손에 날카로운 무기를 들고 다른 손에는 악기를 들고 노래하기를 "가인을 위해서는 벌이 칠 배일진대 라멕을 위하여는 벌이 칠십칠 배이리로다"라고 했다(창 4:24). 누구든 자신에게 조금이라도 해를 입히면 잔혹하게 응징하리라고 흥청거리는 갈등과 분열, 그리고 폭력의 노랫가락이다.

　가인과 그 계보가 형성한 자기중심의 삶은 자연스럽게 세상의 정복자들에게 계승되었다. 그리고 그것은 가나안에 정착한 하나님의 백성들에게도 전염병처럼 퍼졌다. 인간 중심의 병에 걸린 지도자들의 불의한 행동으로 하나님께서 약속하신 땅, 그 땅에 갈등과 분열이 이어지게 된 것이다. 성경과 역사는 지도자가 자기중심적인 태도를 일관하게 될 때 그 땅에 얼마나 절망스러운 분열의 고통이 찾아오는지 이야기한다. 사울은 왕이 되던 때로부터 줄곧 자기중심적인 태도를 유지했다. 그는 블레셋과의 위험스런 대치 국면에서도 사무엘과 대립각을 세웠으며(삼상 13:6~14), 아말렉과의 전투에서도 자기의 잇속을 차리며 하나님의 사람 사무엘을 크게 실망시키고 말았다(삼상 15:16~23). 그의 이런 태도는 사무엘로 하여금 새로운 지도자를 모색하도록 했다(23절). 그리고 이스라엘은 사무엘이 새로운 지도자 다윗을 왕으로 세워가는 과정에서 불가피한 갈등과 분열을 경험해야 했다. 하나님의 거룩한 백성들의 갈등과 분열은 심지어 '하나님께서 기뻐하셨던 종' 다윗 시절에도 나타났다. 다윗이 왕으로서 통치하던 세월 내내 갈등과 분열이 쉽게 그 위험스런 모양을 드러냈다. 그 양상은 때로 다윗 스스로

가인의 계보와 라멕

의 자기중심적인 행동에서도 유발되었고, 사울의 남은 자손들
틈에서도 피어올랐으며, 다윗이 가장 사랑하던 왕자 압살롬의
반역에서도 여실히 드러났다. 하나님의 다스리심과 청지기로
서 인간의 다스림 사이 적절하고 지혜로운 균형을 찾으려는
노력에도 불구하고 다윗 시절에 하나님 거룩한 땅에 분열의
씨앗이 뿌려졌고 아들 솔로몬의 시절에 싹을 틔웠다.

　그 전말이 모두 기록된 역사의 시대로 들어설수록 거룩한 땅에 세움 받은 지도자들의 자기중심적인 태도가 더욱 분명해졌다. 솔로몬의 아들 르호보암이 그랬고 그렇게 분열된 나라의 새로운 지도자가 된 여로보암은 더욱 그랬다. 여로보암의 일가를 몰아내고 새로이 왕가를 이룬 오므리와 그의 아들 아합의 시대에는 오히려 갈등하고 분열하는 것을 정치적으로 이용하여 더욱 큰 것을 노리는 야합(野合)이 곳곳에서 생겨났다. 종국에 성경은 이 모든 분열의 핵심을 '하나님 보시기에 악을 행하는' 것이라고 교훈으로 말한다. 자기를 중심으로 세우고 그 잇속을 채우며 자기 외의 모든 것을 갈등과 분열로 몰아세우던 이스라엘 왕들의 행태는 결국 그 거룩한 땅을 우상숭배의 현란함

셋의 계보와 에녹

성경에 등장하는 가인과 그의 자손들은 인간 분열의 전형적인 상징들이다. 반면, 가인과 아벨이 사라진 뒤 하나님께서 아담에게 허락하신 '셋'과 그 후손들은 하나님을 향한 바른 믿음 아래 하나되어 살아가는 인간 삶의 전형이다.

과 인간 희생의 피로 물들였다. 하나님의 백성들은 고통 받았으며 절망했다. 예나 지금이나 하나님께서 부르신 땅에 두 발을 딛고 선 하나님의 백성들에게는 나 중심인가 아니면 하나님 중심인가라는 질문이 주어졌다. 조금 고통스럽더라도 하늘 하나님을 바라보며 질문에 신실하게 답을 한 지도자들과 그 땅, 그 백성들에게는 화합의 샬롬(Shalom)이 있었다.

Geographical Story
분열과 신실함을 상징하는 지명들

단과 벧엘 Dan and Bethel ──────────

단(Dan)은 팔레스타인 이스라엘의 영토 북쪽 끝, 갈릴리 위쪽, 레바논산 동편, 헐몬산 서편 평지에 위치한 지역이다. 남쪽으로는 골란고원이 위치하고 있어서 마치 세속의 세계와 동떨어진 오지와 같은 분위기가 가득하다. 헐몬산에서 흘러내린 엄청난 양의 물이 이곳으로 왔다가 요단강으로 흘러내리기 때문에 요단강의 세 발원지 가운데 하나이며 덕분에 주변이 매우 비옥하고 살기 좋다. 이곳에는 현재까지 여로보암이 세운 왕궁과 제단 유적이 남아있다. 지명은 이스라엘 열두 지파 중 하나인 단 지파가 이곳으로 이주하여 살면서 명칭을 바꾸게 된 것에서 유래한다. 단 지파는 원래 블레셋 북동쪽 접경지역에 위치한 땅을 분깃으로 받았다(수 19:40~46). 그들은 블레셋과 이웃하여 살면서 이 호전적인 민족으로부터 잦은 침략을 당했고 결국 그 땅을 유지할 수 없었다. 그래서 그들은 동편 유다지파의 산지로 물러나 그곳에서 진을 치고 소렉 골짜기(Sorek Valley)를 바라보고 블레셋을 경계하며 살았다. 그러나 그들은 그렇게 오래 살 수 없었다. 결국 그들은 갈릴리 북쪽 레셈(Leshem, 수 19:47), 혹은 라이스(Laish, 삿 18:7)로 집단 이주하여 그곳에 정착하여 살게 되었다. 단이 이스라엘과 성경의 역사에서 다시 등장한 시기는 여로보암 왕이 북쪽 열 지파의 왕이 되고 나라가 갈라진 때이다. 여로보암은 북쪽의 단과 남쪽의 벧엘에 우상과 제단을 만들고 자기 백성들에게 예루살렘이 아닌 자신이 만든 제단에 와서 예배드리도록 했다(왕상 12:28~29). 야곱이 자기 자손들에게 축복을 줄 때 단에게 말했던 "길섶의 뱀이요 샛길의 독사"라는 표현은 아마도 단 지파가 하나님께서 주신 땅을 버리고 그들 스스로 선택한 곳으로 이주했을 뿐 아니라 결국 그곳이 우상숭배의 진원지가 될 것을 예측한 데에서 비롯된 것으로 보인다(창 49:16~17). 또 랍비 전승 가운데 '단 지파의 언약(Testament of Dan)'은 이곳이 사악함의 원형이라고 했고 초기 기독교 이레네우스(Irenaeus), 혹은 히폴리투스(Hippolytus)는 이 땅에서 적그리스도가 나올 것이라고 말하기도 했다.

　단과 더불어 여로보암 시절 우상과 산당이 설치된 벧엘은 베냐민 지파와 에브라임 지파의 땅 사이에 있었다. 19세기 대대적인 탐사 이후 고고학자들은 지금의 베이틴(Beithin) 유적들이 옛날 벧엘이었을 것으로 확신한다. 이 땅은 가나안 사람들 사이에서 원래 루스(Luz)라고 불렸다(창 28:19). 이곳이 성서에 처음 등장한 것은 창세기 12장인데, 아브라함이 세겜을 떠나 이곳 근처에 장막을 치고 잠시 거주한 것이다. 그러나 벧엘이 유명하게 된 것은 야곱이 이곳에서 노숙을 한 것에서 유래한다. 그는 이곳에서 하늘로 이르는 계단을 보았고 그곳에 제단을 쌓았다(창 28:19). 야곱은 이곳에 다시 돌아왔다. 그리고 이곳에 다시 제단을 쌓고 아브라함의 자손으로서 새 삶을 시작했다(창 35:1~7). 야곱 이후 벧엘은 이스라엘에 종교

단의 제단

벧엘의 제단

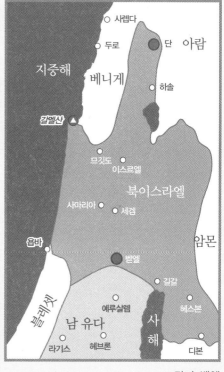

단과 벧엘

여로보암은 자신의 영토 북쪽 단과 남쪽 벧엘에 각각 제단과 우상을 만들고 자기 통치 하의 열 개 지파 사람들로 하여금 이 두 곳에서 예배와 제사를 드리도록 조치했다.

적으로 중요한 장소였던 것 같다. 예루살렘에 성전이 지어지기 전 때때로 이곳에서 하나님을 향한 예배가 이루어졌다. 이곳 벧엘이 본격적으로 역사에 등장한 시기는 여로보암왕 때이다(왕상 12장). 벧엘에는 단과 동일한 황소상이 들어섰고 또 솔로몬이 만든 예루살렘 성전의 제단을 본뜬 단이 들어섰다. 벧엘은 이후 꾸준히 우상숭배를 위한 장소로 남았다. 아모스는 그래서 길갈과 브엘세바와 더불어 이곳 벧엘이 유명한 우상숭배의 근원지라고 비판했다(암 5:5). 벧엘은 북 이스라엘이 앗수르에게 멸망했을 때도 파괴를 면했다. 그러나 남 유다 왕국의 요시아(Josiah)가 곧 이 도시를 점령하고서 그의 유명한 종교개혁 정책과 더불어 도시의 우상을 숭배하던 전과 기구들을 모두 철거해 버렸다(왕하 23:19). 이후 도시는 바빌론에 의해 점령, 파괴되었다. 벧엘은 마카비 시대(the Maccabees)에 시리아의 바키데스(Bacchides the Syrian)에 의해, 그리고 다시 로마의 베스파시안(Vespasian)에 의해 정복 당했다.

사마리아 Samaria

사마리아가 위치한 지역, 이스르엘 골짜기부터 벧엘까지는 원래 에브라임 산지로 불렸다. 에브라임 산지 땅은 물이 풍부했기 때문에 매우 비옥했던 지역으로 기원전 18~13세기에는 우거진 숲이 형성되어 있었다(수 17:15, 렘 50:19). 여호수아가 묻힌 장소이기도 하고(삿 2:9) 드보라의 고향이기도 하다(삿 4:5). 후일 이곳은 북이스라엘의 오므리가 사마리아를 도읍지로 정하면서, 그리고 북이스라엘이 앗수르에게 점령 당하면서 에브라임 산지보다는 사마리아 산지라고 불리게 된다. 이 사마리아 산지는 유다 산지와 달리 산의 높이가 일정하지 않고 지형적인 변화가 심한 편이다. 하지만 사마리아 산지는 유다 산지에 비해 접근이 용이한 개방적 특징을 갖고 있다. 산지의 동편이 완만한 목초지를 이루면서 요단강까지 연결되어 있어 요단동편 산지, 후에 길르앗 산지로 불렸던 땅과 연결되어 있다. 사마리아 서편에는 샤론평야와 유명한 국제도로 해안길(via Maris)이 있었다. 창세기 37장에 요셉이 미디안 상인들에게 팔려 애굽으로 내려간 경로였다. 그가 팔려간 도단(Dothan)은 이스라엘을 통과하는 해안길이 지나가는 지역이었기 때문에 수많은 상인들이 이 도로를 이용해서 메소포타미아와 애굽을 오갔다. 이렇게 사마리아 산지는 이스라엘 역사에서 유다 산지와 갈릴리 산지 사이에 위치하며 요단 동편과 서편, 지중해변을 잇는 요충지 역할을 했고 풍요로운 산물들 덕분에 넉넉한 경제적 기반을 제공했다.

사마리아는 넉넉하고 개방적인 지리적 요건 때문에 아합 시대에 적어도 7,000명 이상이 거주할 수 있었던 성읍이었다. 오므리와 아합은 이 도시를 페니키아 풍의 상아 기둥으로 장식했고 도시 곳곳을 국제적 위상에 맞는 화려함으로 꾸몄다. 후일 고고학적 발굴에 의하면 여인이 창가에 고개만 내밀고 있는 상아조각을 비롯해 연꽃(lotus flower)과 종려나무 가지를 새겨 넣은 조각, 날개 달린 그룹들의 조각 등이 발견되기도 했다. 이 지역은 앗수르와 바벨론, 페르시아를 거치면서 유다와 분리되어 독립적인 총독부가 설치 운영되었고, 기원전 63년 로마의 폼페이가 이스라엘 전역을 점령하면서 사마리아를 재건축했다. 기원전 37년 아우구스투스가 헤롯을 유다의 왕으로 앉히면서 이 사마리아를 선물로 주었는데 건축광으로 알려진 헤롯은 이 사마리아를 새로운 로마 도시로 지었다. 그 후 로마의 아우구스투스에게 헌정되었으며 황제의 헬라어 이름인 세바스테(Sebaste)를 따라 사마리아 대신 세바스테라고 명명되었다. 도시 전체는 약 4킬로미터의 규모가 큰 성벽으로 둘러졌고, 로마식 공공장소인 포룸(Forum)에는 무역거래가 활발하게 이루어졌고 정치적 회합들이 자주 열렸다. 포룸의 끝에는 로마 도시에서 흔히 발견되는 바실리카 양식의 건물들이 있었다. 이 바실리카 양식의 건물에서는 로마식 재판이 이루어기도 했다. 또 헤롯은 도시의 북쪽 경사면에 거대한 극장을 세웠다. 그리고 아합의 바알 신전이 있었던 도시의 꼭대기에 로마 황제 세바스테에게 헌정하는 신전도 지었다. 현재는 신전으로 올라가는 계단만 남아있지만 헤롯이 건축했을 때만 해도 25m 높이의 큰 건물이었다. 이 신전은 로마의 신 코르(Kore)를 숭배했다. 세바스테의 주민들은 동쪽 샘에서 광장까지 이어지는 지하수로를 이용해서 물을 제공 받았다. 이렇게 헤롯에 의해 거듭난 사마리아는 그러나 유대와 예루살렘 사람들에 의해 천대받는 도시였고 유대인들이 찾지 않는 도시였다. 헤롯대왕의 아들 중 헤롯 안티파스가 사마리아를 통치하고 있었지만 예루살렘의 유대인들은 사마리아 사람들을 이방인 취급했다. 예수께서는 이 사마리아를 직접 찾아가셨다(요 4:4-9). 예수님은 또 이곳 멸시받고 천대받는 사람들이 오히려 선한 이웃이 될 수 있다고 말씀하기도 하셨다(눅 10장).

베니게, 시돈과 두로 Phoenicia, Sidon and Tyre ─────

베니게는 오늘의 이스라엘 지중해를 면한 쪽 북부, 레바논과 시리아의 해안에 펼쳐져 있던 도시 국가들의 연맹체였다. 가장 대표적인 도시 국가는 비블로스(By-blos), 두로(Tyre), 시돈(Sidon), 시미라(Simira), 아르와드(Arwad) 등이었다. 그들은 이미 기원전 14세기 애굽의 아마르나 문서에 가나안 사람들이라고 불리고 있었는데 베니게라고 부르게 된 것은 기원전 6세기 이후 고대 지중해 사람들이 이들을 헬라어로 '포이닉스(Phoinix)'라 기록하였기 때문이다. 베니게 지역은 적어도 기원전 3200년경부터 거주지가 형성되었고 가장 번성했던 시기는 기원전 1550년부터 300년쯤으로 보인다. 특히 기원전 1200~800년 사이에는 스페인과 이탈리아, 북아프리카 거의 전역을 포함하는 지중해의 해상무역을 장악하여 국제 경제를 주도한 것으로 보인다. 이들이 힘 있는 해상 무역을 갖게 된 연유는 아무래도 '바다 사람들(the Sea People)', 혹은 '블레셋' 사람들과 관련이 있어 보인다. 기원전 1200년 경에는 바다 사람들과 애굽, 그리고 히타이트(the Hittite, 현재 터키 지역에 거주했던 사람들로 가장 먼저 철을 사용했다) 사이에 치열한 패권 다툼이 있었고 덕분에 지중해 연안 지역들은 무주공산(無主空山)과 같았다. 그 틈을 이용하여 베니게의 도시 국가들이 지중해 전역에 걸쳐 무역로를 개척했다. 이들의 무역은 점차 확장되었고 스페인, 이탈리아, 포르투갈까지 닿았으며 거의 모든 식민 지역에 그들의 가나안 신인 바알(Baal)과 아쉬타르테(Ashtarte) 신앙을 퍼뜨렸다. 가장 유명한 식민지는 아마도 카르타고(Carthage)였을 것이다. 카르타고의 베니게 사람들은 로마에 의해 패권을 완전히 빼앗기기 전까지 지중해의 실질적인 주인이었다. 베니게 사람들이 상거래를 용이하게 할 수 있었던 것은 거래와 소통을 위한 문자를 사용하고 있었기 때문이었다. 사실 이 시대에는 문자라는 것이 매우 희귀했는데, 가장 초기의 것은 원시-시나이 문자(primitive sinai characters) 기록으로 시나이 반도 남쪽 세라빗 엘-카딤(Serabit el-khadim)이라 불리는 유적지에서 발견된 11개의 문자들었다. 이 원시-시나이 문자와 기원전 14세기경 발전한 우가릿(Ugarit)의 문자들은 가나안 문자에 영향을 미쳤고 결국 가나안에는 abjad (aleph, beth, jamal, 그리고 daleth의 첫 글자만을 모은 것)라 불리는 독특한 알파벳 구조가 등장하게 되었다. 이 알파벳을 기초로 베니게, 이스라엘/유다, 아람, 모압, 에돔 등이 자신들의 언어를 발전시켰다. 특히 베니게는 22개의 알파벳을 사용하여 그들의 언어를 표현했다. 베니게의 문자는 기원전 1100년경 그 형태가 완전히 구축되었으며 지중해 문명권 전역에서 이 문자를 사용했다. 이 문자들이 후일 서구 언어 알파벳의 모체가 된 것은 이미 잘 알려진 일이다.

구약시대 베니게는 우상숭배 자원 공급원 같은 곳이었다. 대표적인 베니게 도시들인 시돈과 두로가 이스라엘 역사에 나타난 시기는 왕정이 시작되면서 부터이다. 그들은 다윗이 하나님의 성전 건축을 준비하고자 했을 때(대상 22:4), 그리고 다윗의 궁궐을 지었을 때(대하 2:3), 솔로몬이 하나님의 성전을 건축했을 때(왕상 5장, 대하 2장)와 왕궁(왕상 7장)을 지었을 때 백향목과 기술자 등 수많은 물자들을 보내 도움을 주었다. 심지어 솔로몬은 이곳 시돈의 여자와 결혼을 했고(왕상 11:1), 북이스라엘의 아합은 시돈 왕의 딸 이세벨과 결혼하여 정치적 동맹을 맺었다(왕상 16:31). 성경 시대 이스라엘 사람들은 해상

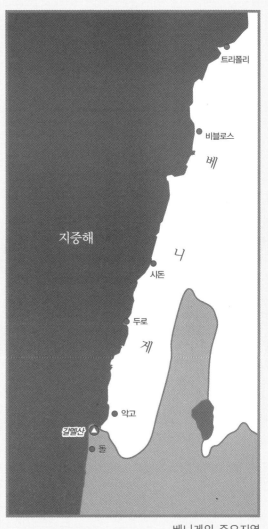

베니게의 주요지역

활동을 잘하지 않았다. 그래서 솔로몬이 해상 무역을 시도했을 때 시돈과 두로의 히람 왕이 그가 필요로 하는 배를 만들어 주었고 항구를 건립해 주었다(왕상 9:26, 10:22). 북이스라엘 시절 요나 역시 다시스로 가는 배를 타기 위해 아마도 이 베니게 지방 어느 항구를 이용했을 것으로 보인다(욘 1:3). 베니게 사람들의 가장 문제는 바로 바알과 아세라를 섬기는 우상숭배였다. 솔로몬을 대표로 하여 유다와 이스라엘의 왕들이 전통적으로 이 베니게의 신들을 나라로 끌여들였고 백성들에게 우상을 숭배하도록 종용했다. 이스라엘의 신앙적 외도는 급기야 나라와 성전의 멸망이라는 큰 불행을 낳게 했다. 선지자들 역시 가만있지 않았다. 그들은 끊임없이 두로와 시돈이 가져다 주는 폐해를 외쳤다. 기원전 8세기의 예언자 이사야가 두로에 대한 심판을 예언했고(사 23:1), 기원전 6세기의 예언자 에스겔 역시 두로에 대한 심판을 선포했다(겔 27:3).

디셉 Tishbe

디셉은 9세기의 유명한 선지자 엘리야의 고향으로 알려져 있다(왕상 17:1). 요단강 동

디셉

길르앗과 디셉

지금도 마찬가지지만 엘리야 시대의 디셉은 화려한 사마리아나 이스르엘과 동떨어진 시골이었다. 이 시골 출신으로서 엘리야는 당대의 큰 왕 아합을 상대로 하나님의 진리를 선포했다.

쪽 길르앗(Gilead) 지역에 위치한 것으로 보인다. 사실 이 지명은 성경 외에는 어디에도 등장하지 않는다. 그래서 그 정확한 위치가 밝혀지지 않았다. 몇몇 시도는 있었다. 어떤 연구자들은 이곳이 부르사(Bursa) 남쪽의 티시아(Tisiya)라고 하기도 한다. 어떤 연구자들은 이곳이 얍복강 북쪽 약 12밀로미터 정도 떨어진 곳의 엘-이스티브(티-Istib)라고 보는 견해도 있다. 그러나 엘 이스티브는 로마시대 이전에는 존재하지 않았던 지명이다. 결국 정확한 위치가 모호하다. 우리가 정확하게 아는 것은 디셉이 요단 동편 길르앗의 지명 가운데 하나였으며 잘 알려지지 않은 곳이라는 것이다. 그러나 디셉이라는 지명의 의미는 한 번 살펴볼 만한다. 연구자들은 열왕기상 17장 1절의 '길르앗에 우거하는 자'의 원문 발음 'mn-tsby', 즉 '디셉으로부터(from Tishbe)'는 수수께끼 같아서 그 의미를 다른 고대문서들과 비교해볼 필요가 있다고 보았다. 그래서 유사한 발음을 사용하는 '민 토사베(min-tosabe)'라는 표현을 찾았다. 그런데 학자들은 이것 역시 발음상의 변칙이어서 원래 발음은 '민-토세베(min-tosebe)라는 것을 알아냈다. "정착한 사람 가운데"라는 뜻이다. 그러자 열왕기상 17장 1절의 의미가 조금 이해가 되기 시작했다. "길르앗에 우거하는 자 중에 디셉 사람 엘리야"라는 말은 결국 엘리야가 이곳 원주민이 아니라 다른 곳에서 이곳으로 와서 장기간 정착한 사람이라는 뜻이 되는 것이다. 말하자면 엘리야는 디셉의 원주민이 아니라 사회적 이유로 장기 체류했던 것이다. 어떤 사람들은 그래서 엘리야가 오랜 세월 동안 가나안 일대를 유랑하며 이스라엘 사람들의 대장간 일을 해주던 장인집단, 겐족속(The Kenites) 출신이었을 것이라고 추론하기도 한다. 어쨌든 엘리야는 당대 북이스라엘의 주류집단에 소속된 사람이 아니었다. 그는 길르앗의 알려지지 않은 마을 출신, 그것도 그 마을의 원주민도 아니었다. 사회적 비주류가 신앙역사의 전면에 등장했다는 것은 성서적 신앙에서 의미 있는 전개이다. 솔로몬 이후 남유다와 북이스라엘 전체에 걸쳐서 왕들은 바른 소리를 하는 종교지도자들을 왕궁에서 밀어냈다. 특히 예언자들이 국가와 사회의 주류에서 밀려나서 고통당했다. 그런데 놀랍게도 알려지지 않은 지역 출신, 한미한 그룹 출신, 세상이 알아주지 않던 엘리야가 당대의 강력한 군주였던 아합의 사마리아 궁으로 쳐들어간 것이다. 그는 평생에 걸쳐 담대하게 야훼 신앙 부흥을 선포하고 하나님의 정의를 선포했으며, 수백 명에 달하는 우상숭배 추종자들과 싸워서 승리했다. 그는 하나님께서 주신 땅과 백성들 위에 서서 하나님이 아닌 자기 자신과 자기의 이익을 중심으로 세운 위정자들에게 정하는 하나님 백성의 새로운 표상이 되었다.

하나님의 백성, 성경의 땅에 서다

The Holy Land and The Rise of People of God

하나님의 백성
강력한 제국과 대면하다

라기스

라기스

하나님의 백성
강력한 제국과 대면하다

성경을 읽는 독자들에게 라기스(Lachish)는 다소 생소할 수 있다. 라기스와 관련된 성경의 주요 사건이나 인물들이 뚜렷하지 않은 것이다. 그럼에도 불구하고 라기스는 거룩한 땅에 정착한 하나님의 백성들과 그 역사에서 중요하다. 라기스가 차지하고 있는 지리적·정치적 입지, 그리고 성경의 역사에서 발생한 실제 국제적인 사건 때문이다.

성경 시대, 라기스의 서쪽에는 지중해 연안, 블레셋 평야가 펼쳐져 있었다. 이 지역에는 가나안 정착 초기부터 이스라엘을 괴롭히던 블레셋 민족이 정착해 있었다. 동쪽에는 유다산지의 헤브론으로 연결되는 쉐펠라(Shephelah, 성경의 '평지')라고 알려진 지역이 위치하고 있었다. 이곳 쉐펠라에는 이장의 주제 라기스를 비롯하여 소고(Shochoh), 아세가(Azekah), 벧세메스(Beth-shemesh) 등 성경의 주요 도시들이 있었다. 쉐펠라는 히브리어로 낮은 구릉 산지를 가리키는데, 유다산지에서 흘러 내려온 빗물들이 이곳에 넉넉한 샘이 되어 지금껏 팔레스타인의 주요 곡창지대가 될 만큼 매우 비옥하다. 덕분에 쉐펠라의 도시들은 오랜 세월 부유했다. 그 가운데 라기스는 단연 예루살렘 다음으로 가장 큰 도시였고, 예루살렘을 비롯하여 유다의 주요 도시들의 경제적 원천이기도 했다. 라기스는 또한 교통의 요지이기도 했다. 남쪽으로 약 30km 떨어진 곳에 브엘세바가 있었고 무엇보다 메소포타미아와 애굽을 연결하는 해안길(via Maris)이 가까운 곳에 있었기 때문에 경제적·정치적·외교적으로 중심역할을 할 수 있었다. 그래서인지 기원전 14세기 애굽의 텔 엘-아마르나에서 발견된 아마르나 문서에 의하면 라기스는 라키샤(Lakisha)라 불리는 도시로 애굽이 가나안 남쪽 지역을 통치할 때 주요 도시였던 것으로 보인다.

라기스와 주변 지역들, 그리고 쉐펠라의 주요 계곡들

라기스라는 이름이 가장 먼저 나타나는 사건은 여호수아가 이끄는 이스라엘 백성이 가나안 땅을 정복할 때이다. 가나안 족속들 중 하나였던 기브온 족속이 이스라엘과 화친했다는 이유로 다른 가나안 족속들이 연합하여 기브온을 공격했을 때, 여호수아와 이스라엘이 이곳 라기스를 먼저 공략하여 무너뜨렸다(수 10:31~32). 이후 여호수아는 지파별로 땅을 분배하면서 이 라기스를 유다 지파에 주었다(수 15장). 그런데 이 시기 라기스는 그저 버려진 도시였다. 한참 후 라기스가 다시 등장한 것은 솔로몬의 아들 르호보암 시대였다. 르호보암은 남유다 전반을 정비하면서 유다와 베냐민 지역에 있는 도시들을 요새화했는데 그 중 하나가 바로 라기스였다(대하 11:5~10). 이후 예루살렘에서 반역이 일어나자 유다의 아마샤 왕이 라기스로 도망했다가 그곳에서 결국 살해당하기도 했다(왕하 14:19~20, 대하 25:26~28). 라기스와 관련하여 등장하는 성경의 큰 사건은 아무래도 기원전 701년 앗수르의 왕 산헤립(Sennacherib)이 예루살렘과 히스기야 왕을 위협했을 때였다(대하 32:1~10). 그때 강력한 나라 앗수르의 산헤립이 모든 물산이 들고 나는 요지인 남유다 제2의 도시 라기스를 점령하고서 예루살렘의 목줄을 쥐고 흔들었다.

라기스는 성경에서 자주 등장하는 여타의 도시들과 다른 모습을 지니고 있다. 그곳은 신실한 신앙, 혹은 배교의 불순종이 난무하지 않는다. 그럼에도 라기스는 중요하다. 당대의 제국 앗수르는 바로 이곳 라기스를 점령하고서 하나님 백성의 땅전체를 뒤흔들었다. 하나님의 백성들은 이곳 라기스를 관문으로 하여 세상의 큰 나라와 세력들을 보았다. 그들은 라기스로부터 발톱을 드러내는 세상의 영적 위협들을 대면했다. 이스라엘보다 훨씬 크고 강력했던 나라들이 그들 앞에 서 있는 모습을 보면서 하나님의 백성들은 고민하지 않을 수 없었다. 라기스는 결국 강력한 세상의 파도 앞에서 신앙의 참모습을 고민하는 하나님의 백성들, 그들의 현실을 가르치는 역사적 신앙교훈의 한 장이 된다.

Bible & History
제국의 도전에 직면한 하나님의 백성들

라기스는 기원전 20세기경에 이미 애굽의 문서에 등장한 고대의 도시이다. 고대 문서에 등장하던 시절 가나안 전반, 특히 라기스 일대는 애굽의 영향권 하에 있었던 것으로 보인다. 기원전 2000년경부터 1650년경까지 라기스를 비롯한 가나안의 도시들은 강력하면서도 안정적인 애굽의 지배하에 놓여 있었다. 이 시기 라기스를 포함한 가나안의 도시들은 애굽에 사절단을 파견하기도 하고 애굽의 파라오로부터 맥주와 곡물 등의 선물을 받기도 하는 등 매우 활발하면서도 안정적인 외교활동을 나누고 있었다. 그러던 기원전 16세기경, 상황이 급반전하기 시작했다. 애굽 고왕조가 막을 내리고 중간 시기라고 할 만한 힉소스인들의 시대가 열리면서 애굽의 강력한 영향력이 무너지기 시작한 것이다. 그럼에도 애굽은 라기스를 비롯한 가나안의 도시들에 대한 영향력을 내려놓기가 쉽지 않았다. 이곳에 대한 지배력과 영향력은 곧 본토 애굽의 안전을 지키고 평화를 유지하는 것과 직결된 문제였기 때문이다. 아마르나의 문서에 의하면 기원전 약 15세기경 결국 애굽은 총독과 상주 군사력을 파견했다. 이것은 가나안에 대한 직접적인 지배력을 강화하기 위한 것이었다.

그런데 불안한 애굽이 총독과 주둔군을 파견한 시기, 가나안 남부 지역이 '바다 사람들(The Sea People)'의 도래로 애굽이 혼란을 겪고 있었다. 그들은 가나안 남서쪽 지중해와 맞닿은 평원을 중심으로 정착하여 자신들의 정착지를 지나는 해안길(via Maris)을 장악하기 시작했으며, 애굽과 지역 원주민들을 압박하기 시작했다. 후일 블레셋이라고 불리게 된 이 바다 사람들은 청동기를 잘 다룰 줄 알았을 뿐 아니라 매우 호전적이었다. 그들은 애굽과 주변 가나안 도시들을 향하여 군사적인 도발 행동을 서슴치 않았다. 때문에 가나안의 원주민들이 자연스레 혼란스러운 평야지역을 떠나 산지로 이동해 살기 시작했다. 덕분에 라기스를 비롯한 쉐펠라의 도시들이 파괴와 재건을 반복했다. 애굽과 연맹한 가나안의 영향력이 강화되면 도시가 재건되고 블레셋의 도전이 강화되면 다시 도시가 파괴되는 식이었다. 혹은 그 반대의 일들도 있었다. 블레셋이 재건한 도시를 애굽이 파괴하는 식이었다. 이 일대에 대한 고고학적 연구를 시도했던 스타키(James L. Starkey)가 이런 식의 건설과 파괴가 반복된 흔적을 찾았는데, 그에 의하면 이 고대 도시 라기스가 기원전 1550년경에 한 번, 그리고 기원전 1200년경에 다시 한 번 파괴되었다가 재건되기를 거듭했다고 한다.

흥미롭게도 이 혼란스러웠던 시기에 라기스는 재건되었더

라도 요새화(fortification)되지는 않았다. 차라리 그럴 시간
적인 여유가 없었던 것이 아닐까 하는 생각이다. 그런데 놀랍
게도 라기스는 이 모든 복잡하고 혼란스러운 건설과 파괴의 역
사 내내 사람과 물산이 모여드는 풍요로움을 유지했다. 사람
들은 도시의 폐허 위에서도 여전히 물물교환을 했고 쉽게 경제
적인 활동을 재개한 것이다. 그만큼 라기스는 해안길과 쉐펠
라 영역에서 중요했다. 아무리 국가간 갈등과 전쟁이 거듭되
는 와중에도 애굽의 산물이 해안길을 통해 레반트와 메소포타
미아로 흘러 들어갔으며, 레반트와 메소포타미아의 산물이 다
시 애굽으로 흘러갔다. 전쟁과 정치적인 혼란의 와중에도 사
람들은 해안길을 기반으로 라기스에 모여들었고 물산을 나누
었으며 필요에 따라 도시를 확장한 것이다. 결국 라기스는 국
제적이었다. 가나안은 라기스를 포털(portal)로 삼아 세계를
만났고 세계와 교류한 것이다.

무자비한 제국 앗수르의 발흥

   아시리아(Assyria)라고 불리는 앗수르는 기원전 2600년
경 지금의 이라크 북부 티그리스 강 유역에서 출현했다. 앗수
르(Assur)라는 아카디아인(Akkadian)의 도시국가가 이들
의 시작이었다. 초기에는 종교와 정치가 통일된 원시국가 형
태를 유지했으나 기원전 21세기까지는 사르곤 대제(Sargon
the Great)를 비롯한 수메르어를 사용하는 아카드인들이 건
설한 제국의 일부였다. 이후 아카드 제국이 후리족(the Hur-

rite)에 의해 멸망한 뒤 아직 통일된 왕국이 발생하지 않았던 기원전 2025년경 고대 앗시리아 제국(Old Assyrian Empire)이라 불리는 독자적인 왕국을 열었다. 고대 앗시리아 제국은 메소포타미아 남부 국가들이 시도하지 않았던 자원 무역을 활성화했으며, 이때부터 앗시리아는 군사적인 강력함을 국가의 기조로 삼아 군국체제(軍國體制)로 나라를 발전시켰다. 그런데 이 오래된 앗시리아 제국은 초기 얼마 동안을 제외하는 대부분을 고대 바빌론 제국, 애굽, 그리고 후리족이 세운 미타니 왕국의 영향권 하에 있었다. 북쪽의 힛타이트와 남부 미타니 왕국의 영향력이 워낙 강했던 것이다. 그러던 기원전 14세기경 아슈르 우발리트 1세(Assur-Ubalith I)가 등장하면서 중기 앗시리아에 새로운 시대가 열리게 되는데, 이 시기에 히타이트 왕국과 손잡고 북부 메소포타미아를 통일한 뒤 당대 최고의 강대국이었던 애굽과 대등한 관계를 형성하고 약화된 남부 메소포타미아 지역 국가들의 내정에 간섭하는 등 강력한 체제를 수립했다. 그리고 마침내 힛타이트 왕국의 몰락을 틈타 기원전 11세기 초 페르시아만에서 지중해에 이르는 제국을 건설했다. 그러나 이 앗시리아가 역사의 전면에서 진정한 맹위를 떨친 시기는 아수르 단 2세(Ashur-Dan II, 기원전 934~912)시대부터 시작된 신 앗시리아 시대(Neo-Assyrian Empire)였다. 이시기부터는 성경의 '앗수르'라는 표현을 쓴다. 아수르 단 2세와 그의 후계자들은 지속적으로 자신들을 괴롭히던 아람인들과 북동부 산악지대 민족들을 제압하여 북 메소포타미아를 평정한 뒤 농업과 전쟁이 동시에 가능한 군사 제국을 만들었다.

신 앗수르 제국의 진정한 통치자였던 디글랏빌레셀 3세
(Tiglath-Pileser III, 기원전 745~727년)는 기존에 점령
했던 메소포타미아를 넘어서 가나안 전역과 애굽일부까지 제
국의 영역을 최대한 팽창시켰다. 그는 먼저 메소포타미아 지
역의 각 국가들을 복속시켜서 페르시아(Persia), 메디아
(Media), 마네아(Mannea), 바빌로니아, 그리고 아라비아
를 앗수르 제국 휘하에 두었다. 이어서 그는 메소포타미아 서
남쪽의 갈데아(Chaldea), 아라비아(Arabia), 그리고 모압
(Moab)과 에돔(Edom), 그리고 나바테아(Nabatea)에 이르
는 남부 지역을 광범위하게 점령하고 이어 페니키아(Phoeni-
cia)와 북이스라엘, 그리고 유다, 그리고 신 히타이트(Neo-
Hittite) 및 그리스 통제 하의 키프러스(Cyprus)에 이르는 지
중해 연안 국가들을 제국에 복종하도록 만들었다. 실로 광대
한 대제국이 건설된 것이다. 디글랏빌레셀 3세는 앗수르를 더
욱 전형적인 군국주의 국가로 발전시켰는데, 전문적인 전사
집단 중심으로 구성되었으며 식민국가의 사람들도 자신의 군
대에 편입시키는 제국군대의 면모를 갖추었다.

디글랏빌레셀 3세의 아들 살만에셀 5세(Shalmanesser
V, 기원전 726~722년)는 짧은 치세 기간 북 이스라엘을 집
중적으로 멸망시켰다. 그는 먼저 애굽을 제압한 뒤 애굽에 동
조하던 북 이스라엘의 호세아 왕을 구금하고 약 3년에 걸쳐 북
이스라엘 전체를 점령하고 마지막에 사마리아 성을 집중 공
략, 무너뜨렸다. 살만에셀가 취한 정책 가운데 가장 유명한 것
은 북이스라엘의 열 지파 사람들을 자신의 제국 곳곳에 흩어
버린 일이다(왕하 17:4~6). 그뿐이 아니었다. 그는 원주민들

이 떠나고 난 북 이스라엘과 사마리아 일대에 메소포타미아의 사람들을 이주시킨 후 정착하게 했다. 후일 이들과 다시 돌아온 북 이스라엘 사람들 사이에서 사마리아 사람들이 나온 것이다. 살만에셀을 이은 사르곤 2세(Sargon Ⅱ, BC 721~705년)는 페르시아와 메디아의 반란을 진압하고 아버지 살만에셀이 북 이스라엘에서 했던 것처럼 그 지역 키메르 사람들(the Cimmerian)과 스키타이 사람들(the Scythia)을 집단으로 이주시켰다. 아울러 그는 애굽이 남 유다 등과 더불어 반란의 연대를 형성한 사실을 알고 지금의 팔레스타인 가자지구 하단 라파에서 그 동맹을 물리쳤다. 그는 연이어 군대를 이끌고 시나이 반도를 통과하여 애굽 국경까지 나아갔는데, 이 때 애굽의 왕 오소르콘 4세(Osorkon Ⅳ, 기원전 730~715년)가 스스로 사르곤 앞에 나와 항복한 다음 조공을 바치는 봉신국이 되기로 하는 선에서 침략을 멈출 수 있었다. 후일 사르곤 왕은 전쟁 중에 석연치 않은 이유로 암살되고 말았다.

사르곤의 뒤를 이은 산헤립(Sennacherib, 기원전 704~681년) 시대는 앗수르 제국 전반에 걸쳐 굵직한 봉신국들이 연대하는 대규모 반란이 있었다. 사르곤이 애굽과 가나안 동맹을 무너뜨린 지 얼마 되지도 않은 시점, 기원전 703년에 메소포타미아에서는 바빌론의 마르둑-아플라-이디나(Marduk-Apla-Iddina)가 주도한 갈데아, 아람, 아랍, 그리고 엘람인들의 반란이 일어났다. 아마도 사르곤의 암살과 무관하지 않은 것으로 보인다. 산헤립은 부친의 암살 때문에 쉽지 않은 과정으로 왕위를 이었는데, 왕이 되자마자 바로 이 거대한 반란을 진압해야 하는 과제를 수행해야 했다. 그는 탁월한 정치 군사적 수완으로 이 반란을 진압하고 바벨론에 다른 봉신왕을 세웠다. 그런데 바벨론의 반란을 진압한 뒤 그는 수도인 니느웨로 돌아가지 않고 바로 가나안으로 갔다. 애굽과 바벨론의 반란을 지켜본 남유다의 히스기야가 앗수르와의 동맹 관계를 져버린 때문이었다. 물론 남 유다 혼자만의 저항은 아니었다. 이번에는 북쪽의 시돈(Sidon)과 남쪽의 아스글론(Ashkelon)이 주도하고 비블로스(Byblos), 아스돗(Ashdod), 암몬, 모압, 에돔 그리고 남 유다가 동참하는 형국이었다. 산헤립은 먼저 남쪽의 거대한 배후세력 애굽을 물리쳤다. 그리고 남 유다를 제외한 대부분의 도시국가들을 위협하거나 점령한 뒤 다시 조공을 바치는 봉신국으로 정리했다. 그리고 나서 바로 남 유다로 향했다.

남 유다가 처음부터 당대의 제국 앗수르에 대해 저항적인 입장을 취한 것은 아니었다. 유다의 아하스와 그의 아들 히스기야는 불과 20여년 전에 북 이스라엘 사마리아가 불길에 휩싸여 멸망하는 것과 그 땅의 형제들이 앗수르 제국 곳곳으로 끌려가는 것을 지켜보았다. 그들은 앗수르가 얼마나 잔인한 나라인지 보았다. 그들은 그래서 저항하기보다는 굴종하는 안정을 택했다. 아하스는 재위 초기 북 이스라엘의 베가와 아람의 르신의 위협에 시달렸다. 남 유다도 반 앗수르 동맹에 참여할 것을 요구한 것이다. 그때 아하스는 동맹에 참여하지 않고 오히려 디글랏 빌레셀에게 도움을 청했다(왕하 16:7). 아하스의 친 앗수르 태도는 유효했다. 디글랏빌레셀이 다메섹을 멸망시키고 르신을 처형해 버린 것이다(9절). 디글랏빌레셀은 이 참

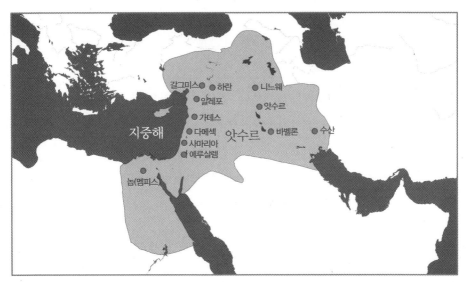

신 앗수르제국의 최대강역

신 앗수르 제국의 왕들 연표

왕 이름	원어 및 연대	비고
아다드 니나리 2세	(Adad−nirari II, 기원전 911~891년)	
아슈르나시르팔 2세	(Ashurnasirpal II, 기원전 883~859년)	
살만에셀 3세	(Shalmaneser III, 기원전 858~824년)	
삼시아다드 5세	(Shamshi−Adad V, 기원전 823~811년)	
아다드 니나리 3세	(Adad−ninari III, 기원전 811년~783년)	
살만에셀 4세	(Shalmaneser IV, 기원전 783년~773년)	
아슈르단 3세	(Ashur−Dan III, 기원전 772년~755년)	
아슈르니나리 5세	(Ashur−ninari V, 기원전 755년~745년)	
디글랏빌레셀 3세	(Tiglath−pileser III, 기원전 744년~727년)	
살만에셀 5세	(Shalmaneser V, 기원전 726년~722년)	
사르곤 2세	(Sargon II, 기원전 721년~705년)	사마리아와 북이스라엘 멸망
산헤립	(Sennacherib, 기원전 705년~681년)	남유다 침공
에살핫돈	(Esarhaddon, 기원전 681~627년)	
아슈르바니팔	(Ashurbanipal, 기원전 668년~627년)	애굽 정벌
아슈르에틸리라니	(Ashur−etil−ilani, 기원전 627년~623년)	
신사리스쿤	(Shinshariskun, 기원전 623년~612년)	바빌론의 니느웨 함락
아슈르우발리트 2세	(Ashur−ubalit, 기원전 612년~609년)	앗수르 멸망

에 이스라엘의 요단 동편 영토도 **빼앗았다**. 아하스의 앗수르를 향한 복종의 태도는 보다 더 적극적이었다. 직접 디글랏빌레셀을 만나고 조공하기 위해 다메섹에 간 것이다(10절). 그때 그는 디글랏빌레셀과 앗수르의 위압적이면서 동시에 폭력적인 위세를 보았다.

아하스는 순발력 있는 묘수를 생각했다. 다메섹에 만든 앗수르식 제단을 본뜬 단을 예루살렘에 만들어 앗수르 방식의 제사를 끌어들인 것이다(왕하 16:10~18, 대하 28:23). 군국주의 앗수르의 폭력적인 행태가 두려워 그 나라의 신앙을 나라의 중심에 세우는 유화적이면서 복종적인 태도를 취했던 것이다. 디글랏빌레셀과 사르곤 치세에 이르러 가나안은 이미 하나님의 거룩한 백성의 것이 아니었다. 그곳은 앗수르의 폭압적인 군사작전의 위협이 곳곳에 살아있는 공포의 땅이 되어 버렸다. 하나님의 거룩한 백성들은 이제 베니게나 모압, 암몬의 우상들을 거들떠보지도 않게 되었다. 그들은 아하스가 새로이 들여온 앗수르의 종교를 취했다. 그렇지 않으면 죽을 것 같은 상황이었기에 생존을 위하여 강한 나라의 종교와 신앙을 받아들인 것이다.

세속적 제국을 향한 저항의 상징, 라기스

성경의 역사는 라기스의 첫 등장을 파괴의 모습으로 장식했다. 기원전 1150년경 쉐펠라 지역의 부요했던 라기스 성이 여호수아와 이스라엘 민족에 의해 파괴되었다(수 10:31~32).

그 후 이스라엘이 지파 공동체로 남아있던 시절 내내 라기스는 유다지파의 점령지역 가운데 하나로 완전히 황폐한 도시로 버려졌다(수 15:39). 이스라엘의 정착 초기 블레셋과의 반목과 대립이 라기스의 발전에 걸림돌이 된 듯하다. 재건해봐야 호전적인 블레셋이 침략할 것이고 그렇게 되면 전쟁이 발발하여 도시가 다시 파괴될 것이 뻔했기 때문이었다. 그렇게 버려진 라기스가 중요한 위치를 되찾은 때는 왕정시대였다. 솔로몬의 아들 르호보암 왕은 국가 분열 후 재빨리 도시를 재건하고 요새화했다(대하 16:5~12). 북 이스라엘이 독자적인 행보를 시작하면서 베니게로부터 들여오던 풍부한 물산 유통이 생각보다 어렵게 되자 남 유다는 국가 유지에 필요한 물산을 공급하기 위해 해안길 가까운 곳, 옛날부터 물산의 집결과 교역으로 유명했던 곳에 전진 기지를 마련했다. 신도시 라기스의 건설이었다. 해안길과 가까우면서 동시에 쉐펠라의 농산물을 유통할 곳으로써 라기스는 도시화하고 요새화하기에 매우 적합한 곳이었다. 이후 남 유다의 왕들이 이 도시를 급속하게 발전시켰다. 일단 남 유다의 중요한 도시로 부상하자 라기스는 원래의 물산이 풍족하다는 지역적 특성을 유감없이 발휘했다. 그리고 얼마 후, 남 유다는 제2의 도시로 부상했다.

이후 아하스를 거쳐 히스기야의 시대에 이르러 도시는 새로운 임무를 부여받게 된다. 히스기야 왕은 기원전 722년 북 이스라엘이 대제국 앗수르에 허무하게 멸망하는 것을 목격했다. 동시에 히스기야는 앗수르라는 제국이 너무 폭력적이어서 곳곳에서 반란이 자주 일어난다는 사실을 알았다. 특히 얼마 전에 있었던 애굽과 바벨론의 반란이 히스기야의 마음을 충분히

텔 라기스

고무시켰다. 그는 급변하는 국제정세에 대처할 방안을 마련했다. 우선 히스기야는 국내의 종교 사회 문화를 질서 있게 통일했다. 그는 성전을 중수하고 레위인과 제사장들로 하여금 야훼 하나님에 대한 제사 업무를 회복하도록 격려했다(대하 29장). 전통적인 야훼 하나님에 대한 신앙으로 국가를 일치시킨 것이다. 히스기야는

하늘에서 본 텔 라기스 전경

매우 강력한 후속조치로 남 유다 내에서 우상숭배와 부정한 것들을 일소했다. 그리고 유월절 절기를 지키는 일을 회복시키겠다고 선언했다(대하 30장). 나아가 히스기야는 앗수르에 항거하기 위해 국제적인 동맹체제에 참여했다, 애굽이 지원하고 아스글론과 시돈, 그리고 남 유다가 주도하는 국제연합이었다. 그는 이 동맹 이전에 이미 해안길이 지나는 블레셋 주변을 평정했다(왕하 18:8). 그리고 주변국들 사이에서 강력한 주요국으로 부상했다. 그는 동맹체제 구성하면서 동시에 앗수르에 바치던 조공을 거부했다(7절). 그리고 국가 전반에 걸쳐 방어체제를 구축했다. 예루살렘 성벽에 걸쳐 있던 기혼샘으로부터 지하수로를 파서 성 내로 물길을 만들고 샘을 묻는 일도 진행했다(대하 32:3~4). 무엇보다 해안길 주변에 놓인 라기스 같은 도시를 요새화하는 일을 빼놓지 않았다.

실제로 라기스는 히스기야 시대에 보다 강화된 요새가 되었다. 우리나라 연구진도 참여한 최근의 발굴에 의하면 히스기야 시절 라기스는 의도적으로 만들어진 사방 경사면 위에 더욱 견고하게 세워졌다. 이 시기 라기스는 특히 이중벽으로 구성

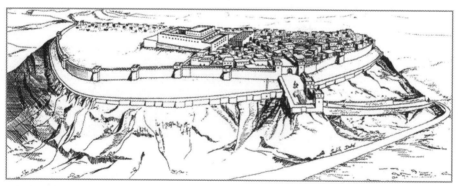

라기스 성(상상도)

된 성이었다. 외벽(outer wall)은 이스라엘을 비롯한 가나안 지역에서 흔히 볼 수 있는 일반적인 재질로 구성되어 있는데, 직사각형 형태로 잘 다듬은 벽돌을 쌓고 그 위에 진흙 벽돌을 차곡차곡 쌓아 올리는 방식이었다. 이 외벽의 두께는 약 3미터 정도였다. 그런데 외벽에 비해 내벽(inner wall)은 훨씬 강력했다. 라기스 내벽의 두께는 매우 견고하게 만들어져 그 두께가 약 6미터나 되었다. 라기스 요새 성의 남서쪽에 만들어진 문(gate)은 지금까지 이스라엘에서 발견된 성문 중 가장 크고 튼튼하게 세워진 것으로, 외벽과 내벽 모두에 별도 성문을 두고 있었다. 특별히 외벽 성문의 경우 석벽돌을 사용하여 건축되었고 높은 탑이 양쪽에 있어 방어하기에 용이하게 만들어졌다.

라기스는 이제 불의하고 무도한 제국 세력에 대한 저항의 상징이 되었다. 라기스는 하나님의 거룩한 땅과 성전이 있는 예루살렘, 그리고 하나님의 백성들을 굳건하게 지키는 사명으로 쉐펠라 평지 위에 섰다.

라기스 점령과 하나님 백성들의 고난

동맹의 배후세력 애굽을 진압하고 난 뒤, 산헤립은 곧장 남유다로 진격해 왔다. 기원전 701년 히스기야가 유다를 다스린지 14년째 되던 해에 산헤립은 해안길을 따라 올라와 유다의 여러 성들을 쳐서 점령하고 이어서 남유다의 제2도시 라기스를 점령했다. 앞서 언급한 대로 라기스는 유다에게 군사적

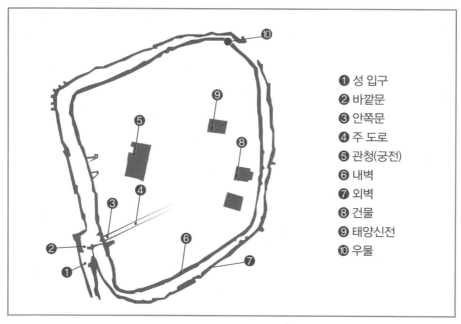

고고학적 발굴에 의한 라기스 성 평면도

으로나 정치, 경제적으로 중요한 도시였다. 군사적으로는 해안길에서 유다산지로 올라오는 엘라 골짜기 길목에 서서 예루살렘을 지키는 주요 군사방어 도시였을 뿐 아니라 유다 산지에 사는 예루살렘을 비롯한 대부분 도시들과 사람들에게 물산을 공급하는 중간 공급기지와 같은 역할을 하는 곳이었기 때문이다.

라기스 성 전투와 점령은 앗수르 니느웨의 궁전 벽 부조에 잘 묘사되어 있다. 앗수르의 왕들은 자신들의 궁전 벽에 그들이 점령한 곳들과 그 승리의 전개 과정들을 영화처럼 상세히 기록하는 관습이 있었다. 그들의 부강한 힘을 과시하려 했던 것이다. 특히 부조에 점령한 도시와 국가들의 주변 환경, 성의 모습, 심지어 그 지역 주민들의 의복까지 자세히 설명되어 있다. 산헤립이 점령한 라기스의 경우도 마찬가지로 당대 쉐펠라 지역과 라기스 성 자체, 그리고 유대인들에 관한 정보를 상세하게 제공해주고 있다. 남겨진 부조에 의하면, 라기스의 성벽은 앞서 언급한 바와 같이 매우 견고한 이중 성벽이었으며 성문의 탑이 높았고 성문과 성벽 주변이 경사진 비탈길로 이루어져 있었다. 앗수르 군대와 다른 모습의 투구와 두건을 쓴 유다의 병사들은 쳐들어오는 앗수르에 저항하여 매우 용맹하게

앗수르의 라기스 점령

싸웠다. 산헤립의 앗수르 군사들은 라기스 성벽을 향해 공성퇴를 사용하여 그것으로 견고한 성벽을 무너뜨렸다. 원래 해자(垓子, moat)가 있었던 것으로 보이는 견고한 성 라기스 공략이 쉽지는 않았다. 산헤립은 결국 라기스 성 주변에 인공 언덕을 쌓았다. 그리고 그 위로 공성퇴를 올려 성벽을 무너뜨리

앗수르 왕들의 벽면 부조
상상도

는 전략을 사용했다. 고고학자 우쉬쉬킨(D. Ushshkin)은 라기스 유적이 있는 언덕 남서쪽에 성벽을 향해 인공으로 쌓은 언덕을 발견했다. 이 언덕은 15,000톤의 흙과 돌을 쌓아 만든 것으로 공성퇴 병거가 올라갈 수 있도록 언덕 위를 두껍게 회칠 하였다. 라기스 성 쪽에서 이 인공 언덕에 대항하여 누벽을 쌓아 올리고 성벽을 넘어 공격하는 이들을 방어했던 흔적이 발견되기도 했다. 유적에서도 볼 수 있듯이 라기스 전투는 매우 격렬했다. 그러나 유대인들은 강력한 제국의 군대를 이길 수 없었다. 결국 전투는 앗수르의 승리로 끝났다. 그리고 대규모의 희생이 뒤따랐다. 성 주변 한 곳에서 약 천 오백 명의 라기스 사람들이 집단으로 살육되기도 했다. 앗수르의 군사들이 유다 군사들의 머리를 베어 관리에게 주고 그 수당을 받느라 더욱 많은 사람들이 죽임을 당했다. 더불어 수많은 사람들이

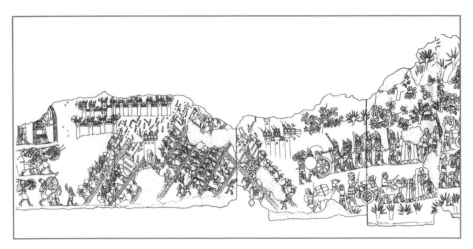

라기스 성 전투(니느웨 궁전 벽 부조)

라기스 성 전투(니느웨 궁전 벽 부조)

앗수르의 라기스 점령은 매우 치열했고 잔인했다. 산헤립은 이 전투를 자신의 왕궁 벽면에 부조로 남겼다. 위편 그림은 앗수르 병사들이 라기스를 점령하는 전투를 묘사한 것이고, 아래는 항복한 유다의 병사들과 사람들이 죽임을 당하거나 포로로 잡혀가는 모습을 담은 것이다. 그리고 아래쪽 부조 오른편 끝에 산헤립이 최종적인 승리의 영광을 취하는 모습을 담았다.

포로로 잡혀갔고 도시가 파괴되었다. 제국을 향한 저항의 상징이요 마지노선인 라기스가 무너졌다.

처음 히스기야는 놀랐다. 자신이 직접 계획하여 요새화한 도시가 그렇게 쉽게 무너질 줄 몰랐던 것이다. 그는 곧 앗수르를 향해 유화적인 자세를 취했다. 제국은 라기스를 무너뜨렸다면 예루살렘도 무너뜨릴 것이었다. 그는 먼저 사람들을 라기스로 보내 산헤립에게 사죄했다. 그러자 산헤립은 사죄를 받아들이고 군대를 철수시키려는 듯, 히스기야와 유다 백성들에게 은 삼백 달란트와 금 삼십 달란트의 배상금을 요구했다 (왕하 18:14). 히스기야는 곧 왕궁에서 금과 은을 끌어내고 심지어 성전 문에 붙여둔 금을 벗기고 녹여 산헤립에게 주었다 (16절). 그런데 그는 산헤립에게 속았다. 사죄와 배상은 소용이 없었다. 잔인한 앗수르의 산헤립 왕은 배상금을 챙기고는 바로 군사행동에 들어갔다. 랍사게(Rabshakeh)를 비롯한 산헤립의 장군들에게 군사를 이끌고 바로 예루살렘으로 올라가도록 했다. 산헤립의 충성스러운 장군들은 왕의 명령을 따라 예루살렘을 에워싸고 공성전을 준비했다(17절).

예루살렘을 둘러싼 앗수르 군대는 실제 전쟁보다는 예루살렘과 히스기야, 그리고 하나님의 백성들을 우롱하는 일에 집중했다. 그들은 완전히 성을 포위한 채 쥐새끼 한 마리도 성을 빠져나가지 못하도록 만들었다. 다행히 왕의 지휘 하에 샘물을 안쪽으로 끌어들이는 공사를 해서 물은 부족하지 않았으나 먹을 것이 오래가지 못했다. 성 안 백성들은 요동했다. 예루살렘 사람들은 라기스와 유다 땅 많은 성들이 어떻게 점령당하고 그 성 사람들이 어떤 고통을 당했는지 알고 있었기에 심하게 동요했다.

하나님의 백성들, 제국의 조롱을 듣다

앗수르 제국의 등장으로 가나안과 레반트 지역의 패권 질서
가 재편되면서 이스라엘에 정치 사회적, 종교적인 변화가 일
어났다. 앗수르의 무자비한 정복 전쟁과 무단 통치로 인한 결
과적인 영향이 나타난 것이다. 가장 먼저 드러난 영향은 남 유
다의 종교적 풍토 변화였다. 기원전 722년 북 이스라엘이 멸
망하면서 주민들 상당수가 남 유다로 피신했다. 그런데 북 이
스라엘 백성의 남 유다 유입이 엉뚱한 결과를 불러 일으켰다.
북이스라엘의 우상숭배 문화까지 남유다로 유입된 것이다. 결
과적으로 남 유다 곳곳에서 예상치 못했던 우상숭배 행태들이
번지기 시작했다. 여기에 아하스 왕은 당대의 강국 앗수르 방
식의 제단과 제사 방식을 수입했다. 남 유다는 말 그대로 온갖
우상숭배가 난무하기 시작했다.

히스기야는 남 유다의 사회적인 혼란을 수습하기 위해 애썼
다. 그는 나라 곳곳에 번지기 시작한 산당 예배를 근절하고 바
알과 아세라 숭배를 금지했다(왕하 18:4). 그는 모세가 세운
율법을 중심으로 바른 신앙생활을 세우기 위해 노력했다. 그
리고 하나님의 거룩한 전을 정결하게 하고 새롭게 중수하는 일
에 헌신적이었다(대하 29:12~30). 히스기야는 신앙적인 통
일이 급변하여 불리하게 돌아가는 국제질서 속에서 유다가 살
아남는 길이라고 생각하고 유다의 백성들을 하나된 신앙으로

일치시키는 일에 주력했다. 그는 유다의 지도자, 성직자들에게 이렇게 말했다. "우리 조상들이 범죄하여 우리 하나님 여호와 보시기에 악을 행하여 하나님을 버리고 얼굴을 돌려 여호와의 성소를 등지고 또 낭실 문을 닫으며 등불을 끄고 성소에서 분향하지 아니하며 이스라엘의 하나님께 번제를 드리지 아니하므로 여호와께서 유다와 예루살렘에 진노하시고 내버리사 두려움과 놀람과 비웃음거리가 되게 하신 것을 너희가 똑똑히 보는 바라"(대하 29:6~8).

산헤립의 각기둥

그런데 안타깝게도 국제적인 상황이 여전히 히스기야와 유다에 불리하게 돌아갔다. 동맹의 배후조종자 애굽과 동맹을 함께 주도했던 시돈 및 아스글론이 진압되었다. 앗수르의 산헤립은 해안길 주변 유다의 48개 크고 작은 성들을 차례로 점령하는 동시에 그것들을 블레셋의 왕들에게 넘겨주었다. 그리고 최종적으로, 예루살렘으로 올라가는 길목의 라기스를 점령해버렸다. 한순간 기반을 상실한 히스기야는 당황했다. 그는 서둘러 친 앗수르적인 제스처를 취했다. 나라의 금과 은, 귀한 것들을 라기스에 눌러앉은 산헤립에게 바치며 충성을 맹세한 것이다. 산헤립은 공물을 받아들였다. 그리고는 바로 군사적인 행동을 취하여 예루살렘을 포위해 버렸다. 히스기야와 유다의 지도자들의 허를 찌른 것이다. 반란을 용납하지 않겠다는 것이다. 그런데 흥미롭게도 앗수르는 예루살렘을 공격하여 무너뜨리기 보다는 조롱하는 자세를 취한다.

예루살렘을 둘러싸고 한 사람도 드나들지 못하게 한 앗수르의 장군 랍사게는 전술적으로 탁월한 방법을 사용하여 예루살렘 성의 사람들을 위협한다. 그는 성 내 모든 유대인들이 들도

1830년경 로버트 타일러 대령이 니느웨에서 발굴한 산헤립 왕의 각기둥이다. 라기스를 비롯한 대표적인 군사 정벌을 문자 기록으로 새겨두었다. 기둥은 모두 6개의 각으로 이루어져 있고 6개의 군사작전이 쐐기 모양의 설형문자인 아카드어로 각각 기록되었다. 그 중에는 라기스와 유다 정벌에 대한 내용도 있는데 주요 내용은 이렇다. "유다의 히스기야는 내 멍에에 굴복하지 않았다. 나는 성벽을 갖춘 요새, 그의 강한 성읍 46개와 그 주변이 수많은 마을들을 잘 다져진 경사로와 성벽을 끌고 온 공성퇴로 정복했다. 나는 남녀노소 200,150명을 몰아내고, 셀 수 없이 많은 말들, 노새들, 나귀들, 낙타들, 크고 작은 소들을 끌고 왔으며, 그것들을 전리품으로 여겼다. 나는 예루살렘, 그의 왕궁을 마치 새장의 새처럼 가두었다. 나는 토루로 그를 둘러싸고 성문을 떠나는 사람들을 폭행했다. 나는 그의 나라에서 마을들을 약탈하여 취했으며, 그것들을 아스돗의

왕 미틴티, 에그론 왕 파디, 가사 왕 실리벨에게 주었다. 그래서 나는 그의 나라를 축소시켰지만 여전히 그의 지배자로서 나에 대한 조공과 선물들을 더욱 늘였고 그것들은 매년 내게 전달되었다. 공포심으로 조장하는 내 주권의 영광이 히스기야를 압도했다. 그가 강화하기 위해서 예루살렘, 자신의 왕궁으로 끌어들였던 그의 비정규군과 정예군이 그를 저버렸고 후에 그는 나의 위풍당당한 도시 니느웨에 있는 나에게 금 30달란트, 은 800달란트, 보석, 안티몬, 커다란 붉은 보석, 상아로 세공한 침상, 상아로 세공한 의자, 코끼리 가죽, 흑단목, 회양목, 온갖 보물, 그의 딸들, 첩들, 남녀 음악가들을 보냈다. 그는 조공을 바치고 노예로서 존경을 표하기 위해서 사신을 보냈다."

록 유다의 말로 '너희들이 의지하는 것이 하나님이냐, 애굽이냐, 그런데 이제 너희들이 의지하던 모든 것이 다 물거품이 되었다'고 외쳤다(왕하 18:19~25). 물론 예루살렘 성 안에 있는 모든 유대인들은 랍사게의 유다 방언을 들을 수 있었다. 성벽에 서 있던 유다의 지도자들은 랍사게가 당대의 공용어인 아람어가 아닌 유다 방언으로 말하는 것에 당황했다. 갇힌 백성들이 동요할 것이 뻔했기 때문이었다. 그들은 랍사게에게 유다방언으로 말하지 말라고 요청했다(26절). 그런데 랍사게의 협박과 회유 전술이 더욱 심해졌다. 그는 이어서 말하기를 '너희 예루살렘 백성들은 너희 왕 히스기야의 말을 듣지 말고 너희가 믿는 하나님의 말도 듣지 말라 어느 민족의 왕과 신들도 앗수르의 왕과 신들을 이기지 못했다 너희가 만일 앗수르 왕에게 항복하면 왕께서 너희를 평안으로 인도할 것'이라고 외쳤다(28~35절).

그러나 예루살렘 사람들은 굳건했다. 포위당한 채 성 안에 남아있던 남 유다의 백성들은 히스기야와 선지자 이사야의 지도하에 마음을 굳건하게 했다. 그들은 왕의 명령에 충실하게 순종했다. 그래서 랍사게가 그들의 언어로 떠들어대는 모든 이야기들을 듣고도 동요하지 않고 각자 자기 자리를 지켰다(36절). 히스기야는 성벽에서 랍사게의 참담한 말을 들은 후 와서 보고하는 엘리야김과 셉나와 요아의 이야기를 듣고 기도하기 시작했다. 더불어 하나님의 사람 이사야에게 사람을 보내 이 상황을 타개할 영적 대책을 요청했다(왕하 19:1~4). 히스기야는 무엇보다 앗수르가 살아계신 하나님을 비방하는 것을 묵과할 수 없었다(4절). 이사야 역시 곧 응답했다. 그는 왕과 백성들에게 강하고 담대하라고 했다. 그리고 앗수르와 산헤립이 곧 철수할 것과 산헤립이 암살당할 것이라고 예언했다(6~7절). 예언이 그대로 적중했다. 산헤립은 니느웨의 상황이 불안하다는 보고를 듣고 바로 라기스에서 군대를 철수해 니느웨로 돌아갔다. 랍사게를 비롯한 앗수르의 군사 십팔만 오천 명은 모두 갑작스런 죽임을 당하고 말았다(35절). 철권통치로 이름을 날린 산헤립 역시 이사야의 예언대로 그의 나라 니느웨에서 암살당하고 말았다.

질풍노도와 같던 라기스의 위기는 이렇게 지나갔다. 라기스 사건을 통해 하나님의 백성들은 제국과 격동하는 세계를 보며 그 위세에 압도당하기도 하고 두려움에 떨기도 했으며 실제로 고난당하기도 했다. 라기스 사건을 기점으로 하나님의 백성들은 그들의 지경을 넘어선 넓은 세상에서 빠르고 거대하게 변화하는 일들을 보았다. 그러나 동시에 그들은 이스라엘과 가나안을 넘어서 세상을 호통하시고 세상을 당신의 주권으로 다스리시는 하나님을 경험하기도 했다. 라기스 사건을 통해 이스라엘 백성들은 자신들의 하나님께서 열국을 통치하시는 거대한 하나님이시라는 사실을 깨닫게 된다(20~34절). 라기스 이전 이스라엘 백성들은 그들보다 훨씬 넓은 세상의 존재는 알지언정 어떤 신앙의 방식으로 그것들을 상대해야 하는지에 대해 알지 못했다. 그런데 이 라기스 사건을 통해 그들은 자신들의 신앙, 하나님 앞에서 신실하며 계명을 바르게 지키는 삶의 유효함을 경험했다. 그들이 라기스에서 경험한 하나님은 세상을 섭리하시는 가운데 당신의 백성들을 진리와 평안으로 인도하시는 선하신 하나님이셨다.

세상의 권세 앞에 선 하나님의 백성들

라기스는 하나님의 백성들이 그들만의 좁은 영역을 넘어서서 세상의 강력한 힘들과 조우하는 가운데 어떤 영적 자세를 가져야 하는지에 대해 가르치고 있다. 사실 이스라엘은 사실 세속적인 방식으로 세상의 강력한 힘들과 상대하려 했다. 그러나 라기스 사건을 통해 그들은 새로운 깨달음을 얻었다. 세속적인 힘과 능력 보다는 하나님을 의지하는 것이 더 중요하다는 것이었다. 앗수르의 라기스 점령과 예루살렘 포위 사건은 결국 하나님의 백성들이 세상의 권세 앞에서 어떤 신앙, 어떤 영적 자세를 품어야 하는지를 가르치는 귀중한 역사적 사건이었다.

영적 전쟁을 위한 전초 기지

여호수아가 가나안을 정복했을 당시, 라기스는 유다지파의 서쪽에 위치하며 블레셋 민족과 경계를 이루는 도시였다. 다윗과 솔로몬이 다스리던 안정적인 통일왕국 시대에 라기스가 한 번도 등장하지 않았다는 사실을 라기스를 둘러싼 주변국의 갈등이나 분쟁이 없었다는 증거가 된다. 그런데 솔로몬 이후 남유다의 르호보암이 라기스의 도시적 중요성을 새롭게 인식했다. 상황이 예전 같지 않았던 것이다. 르호보암은 곧 라기스를 군사적으로 요새화하고 경제적, 정치적으로 예루살렘에

버금가는 제2의 수도로 삼았다. 이후 라기스는 시끄러워졌다. 블레셋 평야와 해안길에 인접하여 위치해 있다는 지리적 조건 때문에 늘 주변 세력들이나 강대국들의 시끄러운 사건에 휘말렸던 것이다. 라기스는 실제로 분열왕국 시대 내내 남쪽 북아프리카의 애굽, 북쪽의 페니키아, 그리고 멀리 메소포타미아의 앗수르와 바벨론 제국들에 휘둘렸고 때로 전략적으로 활용되곤 했다.

　말하자면 열강은 라기스를 동네북처럼 여겼고, 요단 서편 나라들이나 이스라엘을 상대할 때마다 라기스를 거점으로 삼았다. 애굽이 예루살렘과 사마리아를 상대하려 하면 그들은 라기스와 쉐펠라를 먼저 점령하고서 남북 나라의 왕들에게 으름장을 놓았다. 앗수르나 바벨론이 예루살렘과 사마리아를 위협하거나 공략할 때에도 라기스는 늘 먼저 점령당하고 거점으로 활용되었다. '아마르나 문서', '산헤립 비문', '라기스 편지' 등에 라기스라는 도시 이름을 기록에 남긴 제국들은 라기스를 무너뜨리는 일이 곧 가나안 점령이며, 왕국과 나아가 예루살렘을 점령하는 것으로 이해했다. 이스라엘과 유다의 입장에서도 결국 라기스가 중요했다. 그곳은 마치 비무장지대 앞에 세워둔 기지마냥 후방을 안전하게 지켜줄 전략적 요충지였다. 그래서 남유다의 왕이었던 르호보암은 이곳 라기스를 요새화했다. 이후 유다의 왕들이 모두 이런 식의 전략을 일관적으로 행했다. 특히 히스기야는 이곳 라기스를 유다를 지키는 첨병으로 여기고 이곳에 국방력의 상당부분을 집중했다.

결국 유다의 왕들과 하나님의 백성들은 이곳 라기스를 통해 세속 제국의 강력한 실체를 접했다. 반대로 세속의 제국은 이 라기스를 통해 하나님의 백성들을 만나고 그들의 약점과 부족함을 들여다 보게 되었다. 라기스는 마치 세속과 하나님의 백성들이 서로를 들여다보는 창과 같은 역할을 하는 곳이었다. 안타깝게도 라기스를 통해 제국이 하나님의 거룩한 백성들의 약점을 먼저 보았다. 세속의 제국은 자신들의 폭력적인 무기들과 폭압적인 정책의 안목에서 볼 때 하나님나라 백성들이 한없이 나약한 존재들이라고 판단했다. 그들은 하나님의 백성들은 무기도 변변하지 못하고 정치적인 전략도 미흡하기가 이를 데 없으며, 일종의 안전망이라고 할 만한 주변나라와의 외교적 관계도 걱정할만한 것이 아님을 알게 되었다. 결국 제국은 그들의 기만적인 외교술과 호전적인 군사들을 내보내 하나님의 백성들을 조롱했다. 그들은 라기스에 대해서는 강력하게 군사력을 동원하고 예루살렘을 향해서는 기만적인 회유책을 썼다.

결국 라기스는 제국의 강력한 군사력 앞에 무너지고 말았다. 라기스는 스스로 강력하다고 여기고 있었으며, 완벽한 요새라는 자부심이 있었다. 실제로 유다는 온 군사력과 힘을 이 요새 도시에 집중했다. 그러나 라기스는 강력한 앗수르의 군사력을 이길 수 없었다, 그들은 맥없이 무너지고 말았고 철저하게 파괴되었다. 미가 선지가에 의하면 라기스는 집중된 군사력에 비해 형편없는 신앙을 가지고 있었다. 그들은 집중된 군사력에 비해 강한 신앙을 품지 못했다. 그들은 한편으로 군사적인 준비태세를 갖추면서 다른 한편으로는 앗수르와 제국의 종교와 더불어 영적으로 타협했다. 미가 선지자는 비판했다. "라기스 주민아 너는 준마에 병거를 메울지어다 라기스는 딸 시온의 죄의 근본이니 이는 이스라엘의 허물이 네게서 보였음이니라"(미 1:13).

라기스는 정치 군사적인 강력함과 더불어 신앙의 강력함이 얼마나 중요한 것인지를 가르쳐준다. 남 유다는 국가의 힘을 온통 라기스에 집중하여 준비태세를 갖추었으나 그것으로 앗수르를 이길 수 없었다. 남 유다는 라기스에 인간적인 차원의 군사적이고 정치적인 준비와 아울러 영적이고 신앙적인 준비를 병행했어야 했다. 결국 남 유다는 라기스가 뼈아픈 패배를 당함으로 전초기지가 붕괴된 후 정신을 차리게 되었다. 예루살렘은 곧 밀려들어올 앗수르 군대에 대비하여 군사적인, 혹은 외교적인 준비와 아울러 신앙적이고 영적인 준비를 제대로 갖추기 시작했다.

예루살렘은 한마음으로 하나님을 의지했다

예루살렘은 실제로 라기스와 전혀 다른 태도로 상황을 이겨 나갔다. 예루살렘은 군사적이거나 정치적인 준비보다 신앙 안에서 준비하는 것을 중요하게 여겼다. 히스기야는 예루살렘 주민들로 하여금 군사적인, 혹은 정치 외교적인 준비태세와 더불어 영적인 준비를 하도록 격려했다. 히스기야와 예루살렘의 신실한 백성들은 결코 예루살렘을 포기할 수 없었다. 그들은 세상이 제아무리 큰 힘으로 압박하며 짓누를지라도 하나님의 도성을 지키고자 했다. 실제로 앗수르의 산헤립이 히스기야에게 랍사게를 보내 협박과 회유로 예루살렘과 유다 백성을 혼란으로 몰아넣었지만 히스기야는 굴복하지 않았다. 랍사게는 남유다 역사상 가장 강력했던 히스기야 왕권을 향하여 "네가 싸울 만한 계교와 용력이 있다고 한다마는 이는 입에 붙은 말뿐이라 네가 이제 누구를 의뢰하고 나를 반역하였느냐"(왕하 18:20)라며 협박했다. 아예 유다 백성들 앞에 나서서 그는 유대의 말로 말하기를 "성 위에 앉은 사람들도 너희와 함께 자기의 대변을 먹게 하고 자기의 소변을 마시게 하신 것이 아니냐 하고… 또한 히스기야가 너희에게 여호와를 의뢰하라 함을 듣지 말라 그가 이르기를 여호와께서 반드시 우리를 건지실지라 이 성읍이 앗수르 왕의 손에 함락되지 아니하게 하시리라 할지라도 너희는 히스기야의 말을 듣지 말라 앗수르 왕의 말씀이 너희는 내게 항복하고 내게로 나아오라 그리고 너희는 각각 그의 포도와 무화과를 먹고 또한 각각 자기의 우물의 물을 마시라"(왕하 18:27~31)라고 회유했다. 그러나 히

히스기야 터널에서 발견된 실로암 비문은 모두 6줄로 다음과 같이 기록되어 있다.

1. ....the piercing.......And this is the history of the digging. When.......굴 파는 작업이 (끝났다). 굴이 뚫리기까지 경위는 다음과 같다.

2. the pickaxes one against the other. And when there were only three cubits more to cut through, the men were heard. (암벽을 사이에 두고 양쪽에서) 인부들이 서로 마주 향하여 도끼로 (바위를 찍고 있었는데), 그리고 아직도 뚫어야 할 암벽의 두께가 세 규빗 정도 남았을 때 양쪽 인부들이 서로 부르는 소리가 들렸다.

3. calling from one side to the other; [for] there was zedah in the rock, on the right and on the left. And on the day of the V....... 암벽 오른쪽과 (왼쪽)으로 좁고 길게 갈라진 틈(?)이 있었기 때문이었다. 작업이 마지막 단계에 이르렀을 때,

4. piercing the workmen struck each to meet the other, pickax against pickax. And there flowed 양쪽 인부들은 서로 마주치려고 바위를 파 나갔다. 도끼와 도끼가 서로 마주쳤다.

5. the waters from the spring to the pool for a space of 200 cubits. 그러자 샘에서 솟아난 물이 200 규빗의 저수지까지 흘러 들어갔다.

6. And [100] cubits was the height over the head of the workmen. (그들이 뚫은) 바위의 높이는 인부들의 머리 위로 100 규빗이나 되는 것이었다.

스기야와 예루살렘의 백성들은 넘어가지 않았다. 그들은 유다 말로 그들을 회유하는 적군의 언사들에 대해 어떤 대답도 하지 않았다(왕하 18:36). 히스기야와 예루살렘의 백성들은 강력한 세속의 권세 앞에서오직 신앙으로 결속했다.

성 안에서 왕과 지도자들과 백성들이 한마음이 되었다 해도 왕으로서 히스기야는 랍사게의 위협과 모욕을 묵과할 수 없었다. 제국이 하나님을 모욕하고 하나님의 백성을 우롱하는 기만적 행위를 용서할 수 없었다. 히스기야는 하나님께 나아갔다. 그는 특별히 "옷을 찢고 굵은 베를 두르고서" 이 말을 외쳤다(왕하 19:1). 히스기야의 대응은 놀랍다. 그는 자신의 군대를 움직여 전투를 개시하지 않았다. 자신의 수하들을 앞세우고서 자신은 뒤로 물러나 있는 것은 더더욱 아니었다. 그는 하나님 앞에 자신의 겸비함을 드러냈다. 그는 먼저 자신의 잘못을 고백하면서 자신의 옷을 찢고 굵은 베를 둘렀다. "그 옷을 찢고 굵은 베를 두르고"라는 히브리어 표현은 자주는 아니지만 하나님과의 관계를 새롭게 하는 결정적인 순간에 쓰이는 표현이다.

히스기야는 이어서 영적 지도자인 이사야에게 협력과 지도를 요청한다. "오늘은 환난과 징벌과 모욕의 날이라 아이를 낳을 때가 되었으나 해산할 힘이 없도다 랍사게가 그의 주 앗수르 왕의 보냄을 받고 와서 살아계신 하나님을 비방하였으니 당신의 하나님 여호와께서 혹시 그의 말을 들으셨을지라 당신의 하나님 여호와께서 그 들으신 말 때문에 꾸짖으실 듯하니 당신은 이 남아 있는 자들을 위하여 기도하소서"(3~4절). 성경에서, 특별히 열왕기서의 후반부에 들어 왕과 예언자가 동역자로서 함께 일하는 모습을 보이는 것은 처음이다. 권력을 쥔 왕과 권세자들를 비판하는 데 이미 익숙해진 예언자는 서로 앙숙 같은 관계였다. 그런데 지금, 국가가 위기에 직면한 상황에서 서로 협력하여 하나가 되었다. "살아계신 하나님을 비방"하는 세력과 맞서기 위해 그들은 함께했다. 왕과 백성들이 선지자와 더불어 하나되어 하나님의 구원을 구할 때 하나님께서 이사야에게 이렇게 말씀하셨다. "내게 기도하는 것을 내가 들었노라"(왕하 19:20). 결국 유다와 예루살렘은 라기스처럼 무너지지 않고 신앙 안에서 굳건하게 버티다가 최종적으로 승리를 쟁취했다.

제국은 결국 하나님 앞에 굴복한다

창세기에 앗수르의 수도 니느웨(Nineveh)의 기원이 등장한다. 니느웨는 구스(Cush)의 아들 니므롯(Nimrod)이라는 세상의 첫 용사가 앗수르에 지은 여러 도시 중 하나이다(창 10:8~12). 창세기에 의하면 니므롯은 고대 메소포타미아의 많은 도시들, 국가들의 기원이 되는 인물이다. 그는 메소포타미아의 신화와 서사시들이 그리는 것과 같이 세상을 돌아다니면서 많은 영웅적 일들을 이룬 인물이다. 그는 영웅적인 서사시의 주인공 길가메시(Gilgamesh)와 같이 세상 곳곳을 다니면서 세상을 정복하고 세상을 개척한 인물이다. 한 가지, 그의 직업이 큰 사냥꾼(a great hunter)인 동시에 도시 건설자라는 것은 그가 세상 곳곳을 정복하고 세상 곳곳을 자신의 의도대로 질서 지우고 세상을 자신의 발 아래 두기를 좋아한 사람이라는 것을 의미한다. 성경, 특히 창세기의 니느웨 건설자 니므롯에 대한 이런 식의 묘사에는 나름의 의미가 있다. 즉, 니느웨가 그들의 기초를 놓았던 니므롯을 본받아 매우 무도하고 정복 지향적이며 호전적이었다는 것을 말하려는 것이다.

실제로 니느웨를 수도로 둔 앗수르 제국에 대한 역사적 평가가 매우 실랄하다. 앗수르는 히타이트 이후 제국으로서의 면모를 제대로 갖추었던 최초의 국가로 평가되지만, 더불어 제국으로 등극하기까지의 과정에서 지나친 잔인성과 군사국가적 무도함을 드러낸 나라로도 유명했다. 그들은 당대의 메소포타미아 곳곳을 폭력적으로 정벌하고 다스렸다. 그들은 매우 강압적으로 제국의 각 지역을 다스렸다. 열왕기하 17장이 이미 말하는 바와 같이 앗수르는 정복한 지역과 나라의 주민들에 대해 관대하지 않았다. 그들은 주민들을 폭력적으로 다스렸을 뿐 아니라 강제적으로 이주시키는 정책을 쓰기까지 했다. 피지배민으로 전락한 메소포타미아 곳곳 주민들의 원성이 대단했음은 말할 필요가 없다. 결국 앗수르에는 반란이 잦았다. 레반트 지역은 늘 애굽과 더불어 반란을 도모했고 바벨론도 한때 반란의 주역이었다.

앗수르가 성장하는 와중에 하나님께서는 당대의 폭력적인 제국에 대해 단호한 입장을 취하셨다. 그래서 북 이스라엘의 요나가 니느웨에서 앗수르에 대한 징계와 벌을 준비하시는 하나님의 계획을 선포했다(욘 1:2). 요나는 처음 하나님께서 앗수르에 예언하라 하실 때 그것을 거부했다. 심지어 예언 명령에 순종하여 니느웨에 갔을 때조차 니느웨가 곧 멸망할 것이라는 기대감을 가지고 있었다(욘 3:1~2). 그만큼 요나를 비롯한 이스라엘 사람들, 나아가 앗수르의 폭력에 시달리던 메소포타미아 사람들의 원성은 대단한 것이었다. 더불어 니느웨에 대한 나훔 선지자의 예언은 대단히 강력했다. 나훔은 니느웨에 대하여 "네 이름이 다시는 전파되지 않을 것이라 내가 네신들의 집에서 새긴 우상과 부은 우상을 멸절하며 네 무덤을 준비하리니 이는 네가 쓸모 없게 되었다"고 선포했다(나 1:14). 스바냐도 이 예언에 동참했다. 그 역시 말하기를 "여호와가 북쪽을 향하여 손을 펴서 앗수르를 멸하며 니느웨를 황폐하게 하여 사막 같이 메마르게 하리라"고 선언하였다(습 2:13). 라기스 점령과 예루살렘 포위 사건은 결국 이들 모든 예언 활동이 역사 속에서 어떤 의미를 갖는지, 그리고 하나님의 백성들이 세속적 권세 앞에서 어떤 자세를 가져야 하는지를 보여준 의미 있는 사건이었다.

라기스를 전후로 하여 이스라엘의 신앙과 세계관이 실제로 의미 있게 확장되었다. 이스라엘 백성들은 처음 당대의 강력한 제국들을 바라보면서 그들의 신앙과 세계관을 어떻게 정립해야할지 당혹스러워 했다. 그러나 그들은 곧 여호와 하나님께서 그들만의 하나님이 아닌 세상 모든 존재들의 하나님이시라는사실을 알게 되고 깨닫게 되었다. 그리고 그들은 여호와 하나님에 대한 신앙을 기반으로 세상과 조우하고 세상을 상대하며 세상을 향해 영적으로 바른 자세를 취해 나아갔다. 사실, 그들의 세상속 신앙은 때로 고집스런 아집으로 발전하기도 했고, 편협한 선민사상(選民思想)으로 왜곡되기도 했다. 그러나 앗수르의 라기스와 예루살렘 포위 사건을 대표로 하나님의 거룩한 백성들이 신앙하는 규모와 방식을 키워가기 시작했다는 것은 명확하다.

Geographical Story
해안길 주변 주요 지역들

이스라엘에서 레바논까지 이어지는 현재의 해안도로

해안길 via Maris

해안길은 고대로부터 유명했던 중동의 국제도로였다. 애굽에서부터 시작하여 시리아와 아나톨리아를 지나 메소포타미아 전역으로 연결되는 매우 중요한 도로였다. 도로의 이름 '비아 마리스'는 말 그대로 '바다의 길(way of the sea)'이다. 비아 마리스라는 말은 아마도 후대 로마에 이르러 정착된 표현으로 보인다. 근동의 사람들이 주로 사용한 명칭은 해안길이었다. 단, 해안길이라는 이름은 한때 '블레셋인들의 길(way of Philistaines)'이라고 불리기도 했다. 아마도 길이 애굽에 가까이 이르러 블레셋 사람들의 영역, 즉 블레셋 평원을 지나기 때문이었을 것이다. 동편 요단강 너머에 유사한 유명한 길이 있었는데 '왕의 대로(King's Highway)'가 그것이다. 해안길은 원래 상업적 목적으로 만들어진 길이다. 길이 놓인 여정을 보면 알 수 있듯 해안길은 비옥한 초승달 곳곳을 지나면서 물산과 사람들, 자원을 상호간 이동시키는 주요한 통로 역할을 했다. 이 길을 통해 아프리카의 물산과 종교, 사람들이 레반트와 메소포타미아로 흘러들어갔고 메소포타미아의 자원과 기술 역시 레반트와 메소포타미아로 흘러들어갔다. 가나안 사람들 역시 이 도로가 주는 혜택을 톡톡히 누렸다. 페니키아 영역을 따라 내려온 해안길은 샤론 평야로 내리달리게 되는데, 이 때 가나안 사람들은 주로 이스르엘을 통하여 이곳 해안길의 대상들과 만났다. 또 샤론 평야를 지나 내려가던 해안길은 다시 욥바를 지나 아스돗과 같은 블레셋의 주요 도시들을 만나게 되는데 이때 다시 유다 산지의 가나안 사람들이 라기스 등의 쉐펠라 도시들을 통해서 해안길에 소통되는 물산을 얻었다. 또 하나, 해안길은 군사용 도로로도 유명했다. 비옥한 초승달이 갖고 있는 지정학적 분위기에서 힌트를 얻을 수 있는 것처럼 해안길은 애굽에서 메소포타미아, 혹은 메소포타미아에서 애굽으로 이르는 군사적 원정에 주로 활용되었다. 애굽이 히타이트와 전투를 벌일 때, 혹은 앗수르와 바벨론이 애굽을 정벌하기 위해 군사를 이동시킬 때에도 모두 이 도로를 이용했다. 해안길이 군사용 도로로 유명해지면서 더불어 유명세를 얻은 곳은 아마도 므깃도(Maggido)일 것이다. 므깃도는 갈멜산 아래 이스르엘 평원이 보이는 곳에 위치해 있는데 이곳으로부터 하솔과 다메섹으로 이어지는 해안길이 북쪽으로 뻗어있고 다시 남쪽으로는 블레셋 평원과 애굽으로 이어지는 도로가 이어져 있다. 이스르엘 평원과 골짜기를 통과하면 사마리아 산지를 지나 요르단 동편의 왕의 대로와 만나도록 되어 있기도 했다. 특별히 므깃도는 한눈에 보아도 넓따란 이스르엘 평원이 바라다 보이는 언덕 위에 위치해 있어서 군사적인 가치가 있었다. 따라서 므깃도는 고대로부터 온갖 전쟁이 발생하는 곳이었다. 북쪽으로부터 내려온 세력과 남쪽으로부터 올라온 세력들이 어김없이 이곳에서 전투를 치렀다. 사사 드보라는 이곳 주변에서 하솔왕 야빈과 싸웠고(삿 4장), 요시아 왕이 이곳에서 애굽의 느고와 싸우다가 전사했다(대하 35:22~23). 스가랴는 므깃도를 고통과 고난의 상징으로 사용했고(슥 12:11), 신약의 요한계시록은 이곳을 종말적인 전투의 장소로 묘사했다(계 16:16).

블레셋 평야와 블레셋 사람들
Philistine Plain and the Philistines ─────────

블레셋 평야는 가나안 땅의 남서쪽 지중해 연안에 위치한 평야로, 북쪽은 샤론 평야(Sharon Plain)와 경계를 이루는 야르콘 강(Yarkon River)이고 남쪽에는 애굽과 맞닿는 애굽 강(Egypt River)이 있다. 그 길이가 무려 112km에 이르며 폭이 16~40km나 되는 넓고 비옥한 평야이다. 거대한 습지대로 된 샤론 평야와 달리 블레셋 평야는 다른 지역의 해안보다 지대가 높고 절벽형 바위로 이루어진 해변을 갖고 있다. 특별히 블레셋 평야는 유다 산지에서 쓸려 내려온 테라로사 충적토와 남쪽 네게브의 건조한 바람에 날려 온 로에스 황토가 서로 섞여 농작물 재배에 아주 적합한 땅을 갖추고 있다. 성경은 블레셋 평야를 "펠레쉐트"(Peleshet)라고 불렀고 이곳에 살았던 사람들을 블레셋 사람들, 즉 "펠리쉬팀"(Pelishitim)이라고 불렀다. 앗수르 문헌에서는 이 땅을 'Palashtu(팔라쉬투)', 혹은 'Pilistu(필리스투)'라 불렀다. 창세기 10장 14절은 블레셋 사람들이 애굽과 관련이 있는 가슬루힘에서 왔다고 기록하지만 여러 성경 구절에서는 오히려 이들을 갑돌(Capthor), 혹은 갑돌 섬에서 왔다고 기록하고 있다(암 9:7, 렘 47:4, 신 2:23). 갑돌은 크레타(Creta)의 히브리어 이름으로, 대부분의 학자들이 이 갑돌 기원설을 지지하고 있다. 호머의 서사시 이야기처럼 기원전 14~12세기경 에게 문명의 정치적, 경제적, 기후적 혼란으로 크레타 섬에서 미노아 문명 사람들이 고향을 떠나게 되었는데, 일부는 키프루스 섬에 머물고 일부는 다른 '바다 사람들(Sea People)'과 함께 애굽의 나일강 하류를 공격했다. 이때 애굽의 람세스 3세가 이들을 성공적으로 물리치고 그렇게 물러난 사람들이 기원전 1200년 전후 현재 이스라엘의 남부 해안가에 정착하였다. 이렇게 새로운 땅에 정착한 블레셋 사람들은 가나안 위쪽 쉐펠라와 유다 산지를 비롯하여 가나안 북쪽 지역까지 진출하고자 이스라엘 사람들과 자주 전쟁을 벌였다. 블레셋 평야에 있는 도시들 중 가사(Gaza), 아스돗(Ashdod), 아스글론(Ashklon), 가드(Gath), 에그론(Ekron), 욥바(Joppa), 게셀(Gezer) 등은 성경에 자주 언급되는 도시들이었다. 그런데 블레셋 사람들은 유다 산지의 이스라엘을 공격할 때마다 쉐펠라의 도시들을 먼저 공략해야만 했다. 쉐펠라 지역이 유다 산지로 올라가는 관문과 같은 곳이었고 무엇보다 블레셋 평야와 맞닿아 있는 지역이었기 때문에 전략적으로 중요했던 것이다. 블레셋은 그러나 앗수르의 공격과 파괴 앞에서 맥을 못추었다. 블레셋 평야의 도시들은 기원전 732년 앗수르의 디글랏 빌레셀이 해안길을 따라 내려가 애굽을 정복하는 가운데 심각한 타격을 입었다. 10년 후 역시 앗수르의 사르곤에 의해 북이스라엘이 멸망할 때 블레셋은 몇몇 소규모 도시 국가로 겨우 살아남았다. 블레셋은 586년 남왕국 유다와 바빌론의 손에 완전히 초토화 되면서 함께 역사속에서 사라지게 된다. 유다와 달리 블레셋 사람들은 다시는 그들의 도시로 돌아오지 못했다. 결국 그들은 세계사 속에서 사라져 버렸다. 블레셋이라는 이름은 이후 로마에 의해 되살아났다. 로마는 이스라엘과 예루살렘을 완전히 파괴하면서 이 지역의 이름 자체를 헬라어 "필리스티아, 혹은 팔레스티아", 즉 블레셋 사람의 땅이라는 의미로 통일해 버렸다.

쉐펠라 Shephelah ────────────────

쉐펠라는 블레셋 해안 평야와 유다 산지 사이 낮은 구릉지대를 일컫는 명칭이다. 사람이 살기 좋은 이곳에 예로부터 라기스를 비롯하여 아세가(Azekah), 소고(Socoh), 마레사(Mareshah), 벧세메스(Beth-Shemesh), 아둘람(Adullam) 등 주요 도시들이 포진해 있었다. 지리적 구분에 의하면 쉐펠라는 유다 산지에 속해 있으며 해발 120~450m의 낮은 언덕들의 형태를 이루고 있다. 약 10~15km의 폭으로 서쪽에는 블레셋 평야가 펼쳐져 있고 동쪽에는 유다 산지가 있고, 그 사이 쉐펠라 구릉지에는 위로부터 아얄론(Ajalon), 소렉(Sorek), 엘라(Elah), 구부린(Gubrin), 라기스(Lachish) 등 다섯 개의 골짜기가 있다. 결국 이곳 쉐펠라는 가나안 정착 초기부터 블레셋 민족과 전쟁시 산지 이스라엘 도시들을 지키는 전략적 요충지와 같은 역할을 했다. 그래서 앗수르는 애굽과 블레셋 평야의 도시들을 정리한 뒤 예루살렘으로 진격하기 전 이곳 쉐펠라의 요충지 라기스를 먼저 점령하기도 했다. 또 다윗과 블레셋 용사 골리앗의 싸움이 이곳 쉐펠라의 엘라 골짜기에서 발생하기도 했다(삼상 17:1~2). 만일 이곳 엘라 골짜기에서 다윗이 골리앗을 이기지 못하더라면 쉐펠라 완충지대가 뚫리게 되고 그렇게 되면 사울의 군대는 물론 유다 산지의 이스라엘 사람들 모두 무사하지 못했을 것이다. 그만큼 쉐펠라의 전략적 가치가 대단히 중요했다. 쉐펠라에서 또 하나 유명한 곳이 있다. 바로 아둘람이다. 다윗이 사울 때문에 도망자 신세로 이리저리 헤매고 다닐 때 이 쉐펠라 지역에 있는 아둘람 굴에서 지낸 적이 있었다(삼상 22:1). 다윗이 아둘람 굴에 있다는 소식을 들은 가족과 친척들, 그리고 "환난 당한 모든 자와 빚진 모든 자와 마음이 원통한 자"(삼상 22:2)들 400명이 다윗에게로 모여들었다. 쉐펠라의 아둘람은 상수리 나무 군락으로 둘러싸여 있고 석회동굴이 많은 지역이어서 유다 산지로부터 도망쳐온 사람들이 은신처로 사용했다. 이 외에도 이 지역, 특히 소렉 골짜기 위쪽에는 원래 단지파가 정착을 했었다. 그런데 단 지파는 호전적인 블레셋을 이기지 못하고 북쪽끝 지금의 단 지역으로 주거지를 옮겨버렸다. 사실 우리말 성경에서는 쉐펠라의 이름을 찾을 수 없다. 우리말 성경은 쉐펠라를 평지(the plain)라고 번역했기 때문이다(신 1:7). 그런데 쉐펠라를 원어 그대로 사용하지 않아서 모압 평지의 번역상 문제와 유사한 이해의 문제를 낳고 있다. 모압 평지의 '평지'는 아라바, 즉

쉐펠라

광야로 보는 것이 마땅하다. 마찬가지로 쉐펠라 역시 그냥 평지보다는 낮은 구릉지라고 보는 편이 맞다. 그래서 모압 평지를 모압 아라바라고 불러야 하는 것처럼 쉐펠라 역시 평지라는 일반적인 명사보다는 말 그대로의 고유명사로 번역되어야 한다.

라기스 Lachish

라기스는 지리적, 사회적, 경제적, 정치적인 입지 덕분에 꽤 오랫동안 번성했다. 이미 신석기 시대부터 도시가 발달한 라기스는 초기 청동기 시대(기원전 3000~2000년)를 거쳐 애굽의 통치를 받았던 중기 청동기 시대(기원전 2000~1550년)까지 꽤 발달한 도시였으며 덕분에 많은 유물을 남겼다. 그런데 라기스의 유명세는 후기 청동기 시대(기원전 1550~1200년) 애굽의 아마르나 문서에 보고된 매우 부유한 도시였다는 기록 때문이다. 그렇게 부요하던 라기스가 기원전 1150년경 여호수아와 이스라엘에 의해 완전히 황폐한 도시로 버려졌다. 도시는 기원전 900년경 초반, 남유다의 르호보암이 다시 크게 건설했다. 여호수아가 파괴하기 전 라기스는 크고 요새화된 도시가 언덕 전체에 잘 걸쳐 있었다. 도시 성벽을 따라 해자(fosse/moat)가 있어 당대의 적군에게 있어서 특히 고된 도시였다. 도시의 가장 높은 꼭대기에는 안뜰과 여러 방으로 이루어진 왕의 궁전이 있었다. 아마도 이 궁전의 주인공 중 하나는 기브온 족속이 이스라엘과 화친한 것을 괘씸하게 여겨서 예루살렘, 헤브론, 야르뭇, 에글론과 연합한 라기스 왕 야비아였을 것이다. 후기 청동기 시대에 가장 주목 받는 유적은 두 개의 가나안 신전이다. 첫 번째 신전은 해자 신전(Fosse Temple)으로 언덕의 왼쪽에 위치해 있으며 신전 주변에 해자가 파져 있었다. 신전의 내부에는 나무로 만든 여러 기둥들이 있었고 지성소는 신전 끝 다른 장소보다 높은 곳에 마련되어 있었다. 신전은 기원전 15~13세기 사이 3번에 걸쳐 재건축되었고 도시가 파괴되면서 함께 무너졌다. 또 다른 신전은 언덕의 꼭대기 왕실에 위치해 있었으며 들어가는 입구나 성소 등이 애굽의 신전과 유사한 형태를 이루고 있었다. 성소 안에는 해자 신전처럼 높은 단상이 마련되어 있어서 지성소로 사용되었다. 이 신전 역시 이스라엘 도시의 파괴와 함께 무너진 것으로 보인다. 최근 발굴에서는 성문으로 사용되었던 것으로 보이는 나무조각이 경첩이 그대로 달린 채 발견되기도 했다. 이 성문 유물의 표면은 동시대 메소포타미아 도시들에서 발견되는 것처럼 나무판 위에 청동판을 입혀 보호하는 형태였다. 성 안에서 가장 많은 부분이 발굴된 곳은 도시의 영주, 혹은 행정관의 저택이다. 도시의 가장 상부에 위치해 있는 이 저택은 주변 지역보다 높게 단을 쌓아 지어졌다. 히스기야 시대에 이르러 가장 크게 확장된 저택이 이곳에 세워졌다. 한편 라기스에서는 '라기스 편지'라는 토기 조각들(ostraca)이 발굴되었는데, 남유다 왕국의 최후에 관한 정보를 담고 있으며 모두 예레미야 시대의 것으로 알려져 있다. 올브라이트(Willaim F. Albright)는 이것이 유다의 마지막 왕이었던 시드기야 말기인 기원전 589년 가을에 기록된 것이라고 주장했다. 이 편지로 라기스와 예루살렘 사이에 봉화를 통한 교신이 오갔고 라기스의 관리들이 중앙 정부의 통제를 받고 있었음을 알 수 있게 되었다. 무엇보다 라기스 편지는 하나님의 이름을 '여호와(Jehovah)'라고 표기했다는 사실을 알게 해주었는데, 그럼에도 이 표기를 어떻게 읽었는지는 의문으로 남아 있다. 3번 편지에는 애굽으로 고관들이 내려갔다는 사실(렘 26:22)이 기록되어 있고, 4번 편지에는 라기스와 함께 대 바벨론 항쟁에 참여했던 아세가의 이름이 등장한다(렘 34:7). 흥미롭게도 6번 편지에 '선지자의 말이 좋지 못하다'라는 기록이 있는데, 이는 아마도 중앙의 지도자들과 관계가 좋지 못했던 예레미야를 지칭하는 것으로 보인다.

하나님의 백성, 성경의 땅에 서다

The Holy Land and The Rise of People of God

하나님의 백성
세상의 한복판에 서다

바벨론

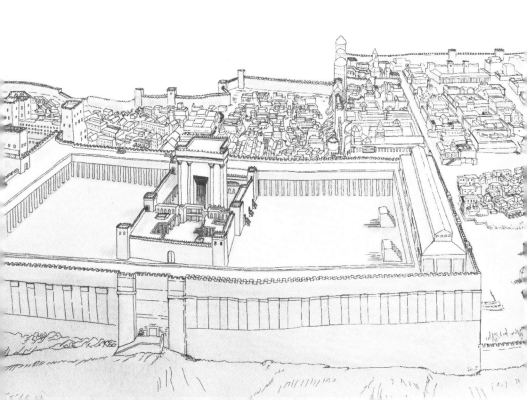

바벨론

하나님의 백성
세상의 한복판에 서다

섬족 계열의 아카드인들은 기원전 2300년경 유프라테스 강의 중간 지역쯤에 도시 하나를 만들었다. 이 도시는 유프라테스 강이 풍성하고 정기적으로 범람하는 덕분에 주변이 비옥했고, 메소포타미아 상류의 대상들이 많이 다니는 도시들, 혹은 하류의 발달된 고대 도시들과 교류하기 좋은 위치에 있었다. 이것이 역사적으로 위대한 도시, 성경에서는 세속 도시의 상징인 바벨론의 탄생이다. 도시가 탄생한 이래 도시국가 형태를 유지하던 바벨론은 고대 바빌로니아 제국에 이르러 중심 도시의 역할을 얻기 시작했다. 바벨론이 지역과 제국의 중심이 되고 당대의 거룩한 도시가 되면서 그동안 지역의 중심 역할을 하던 유명한 에리두(Eridu)가 빛을 잃어 쇠퇴하기 시작했다. 이후 바벨론은 꾸준히 성장했다. 이윽고 메소포타미아 남부의 우르크나 우르보다 더 강력한 도시로 발전하게 되었다. 결국 바벨론이 점차 역사의 중심에 서게 되면서 메소포타미

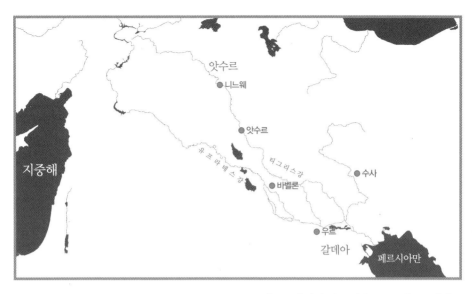

아 남부가 점차 바빌로니아(Babylonia)라고 불리게 되었다.

바벨론은 고대의 역사에서 이스라엘과 하나님의 백성들과 매우 밀접한 관계에 있었다. 신앙 역사의 초기 아브라함은 혼란한 메소포타미아 우르(Ur)를 떠나 하란을 거쳐 가나안에 정착했고 이후 그의 자손 이스라엘 백성들이 줄곧 그가 정착한 가나안에서 나라를 이루며 살았다. 이후 앗수르 제국 하의 바벨론 총독이었던 나보폴라살(Nabopolassar)이 니느웨에 반기를 들어 신 바빌로니아 왕조를 연 뒤 그 아들 느부갓네살(Nebuchadnezzar II)의 제국적 팽창주의가 서쪽 변방의 가나안 땅까지 이르렀다. 이때 남아있던 남유다 왕국은 새로운 거대제국 바벨론의 간섭과 침략, 그리고 최종적인 정벌과 유수(captivity)를 경험해야 했다. 성경과 하나님의 백성들은 언제나 남쪽의 애굽과 더불어 동쪽의 메소포타미아 나라들에

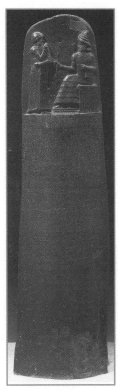

함무라비 법전

주목했다. 그 가운데 특별히 바벨론은 남유다 왕국을 무너뜨리고 예루살렘과 성전을 완전히 파괴했으며 하나님의 백성들을 포로로 잡아가 이방의 땅에서 살게 한 장본인으로서 성경과 하나님의 백성들이 주목하는 중요한 나라이다.

제국으로서 바벨론은 거대했다. 바벨론은 그때까지 유유히 흘러온 메소포타미아 전체 문명을 집대성해서 더욱 찬란하게 발전시켰다. 메소포타미아 문명은 수메르의 나라와 왕조들을 시작으로 고대 바빌로니아, 앗수르, 아람, 신 바빌로니아, 페르시아 제국을 이루며 동쪽으로 아시아, 서쪽으로 유럽까지 위대한 문명적 유산을 남겼다. 그 모든 유산은 이제 느브갓네살의 바벨론에 이르러 천문학, 기하학, 법전, 정치와 경제 등의 세부 분야들로 더욱 화려하게 발전했다. 오늘날 우리가 알고 있는 문명사의 기반 대부분은 바로 이 나라의 화려한 유산이라고 해도 과언이 아니다. 메소포타미아와 바벨론은 후대에만 영향을 끼치지 않았다. 바벨론의 영향은 동시대 나라들이 그 기초를 닦는데에도 정신적으로 그리고 물리적으로 지대한 영향을 끼쳤다. 구약성경 중 모세오경에 나타나는 법률에 관한 조항의 많은 부분 역시 고대 바빌로니아의 함무라비 법전 (the Code of Hammurabi) 혹은 마리(Mari)와 누지(Nuzi)의 법률 체계로부터 일정부분 영향을 주고받았다. 성경 특히 모세 오경의 이야기들은 메소포타미아 및 바벨론의 역사 기술 방식과도 많은 부분에서 닮아 있다.

메소포타미아와 유다의 문명사적 교류는 느부갓네살의 침략으로 인해 극대화되었다. 바벨론은 철저하게 남유다를 유린했다. 무엇보다 바벨론은 이스라엘 민족을 포로로 끌고 가서

함무라비 법전 비문

자기들 나라 한복판에 살게 했고 이스라엘은 이후 무려 70년
동안이나 남의 나라, 이질적인 문화와 종교가 만연한 곳에서
포로로 생활해야만 했다. 이전 애굽에서의 430여년도 고통스
러운 시간이었지만, 이 70년 역시도 만만치 않은 세월이었다.
하나님의 백성들은 이곳 이방의 땅에서 야훼 하나님보다 더 강
력하다고 주장하는 정복자 바벨론 사람들의 창조주 마르둑
(Marduk)을 대면해야 했다. 그들은 예루살렘과 비교할 수 없
이 거대하고 화려한 도시 바벨론을 서글픈 눈으로 바라보아야
했으며, 자신들이 예루살렘에 지은 신전과는 규모가 다른 거
대한 산 같은 바벨론의 신전을 대면했다. 바벨론은 한마디로

이스라엘이 이길 수 없는 거대함과 방대함을 가진 나라였다. 그렇게 가나안을 벗어나 세상과 대면한 이스라엘, 하나님의 백성들은 이제 안전망으로 가득한 가나안에서의 신앙 방식과 다른 방식의 신앙생활 패턴을 찾아야 했다. 이제 이스라엘 백성들은 세상 한복판에 내던져진 고아 같은 형국으로 그들의 조상들이 누렸던 신앙과 다른, 한 층 더 고양된 신앙과 영적 삶을 만들어 가기 시작했다.

Bible & History
제국의 역사와 하나님의 백성들

고대의 찬란한 도시 바벨론은 시날 땅(the land of Shinar)의 바벨(Babel)로 처음 성경에 등장한다(창 10:10). 고대의 유명한 용사이며 사냥꾼이었던 니므롯(Nimrod)이 이 땅에 바벨을 비롯한 에렉(Erech)과 악갓(Accad)과 갈레(Calneh) 등 여러 도시들을 건설했다. 흥미롭게도 창세기 10장은 메소포타미아 고대 문명의 등장을 역사적 맥락에서 명료하게 분리하여 설명한다. 남부 바빌로니아 지역의 도시 개척을 마친 니므롯이 이번에는 북쪽 앗수르 지역으로 가서 그곳에 니느웨(Nineveh)와 르호보딜(Rehoboth-Ir), 그리고 갈라(Calah) 등의 도시들을 창건한 것이다. 실제로 메소포타미아는 유프라테스와 티그리스 두 강의 상류를 중심으로 하는 상부 메소포타미아와 두 강의 하류를 중심으로 이루어진 하부 메소포타미아 두 지역으로 구분된다. 상부에서는 점차 앗수르라 불리는 나라가 패권을 장악했고 남부에서는 바빌로니아라는 나라가 패권을 장악했다. 덧붙여 말하면 유프라테스와 티그리스 동부에서는 메디아(Media)와 페르시아(Persia)가 발전했다. 메소포타미아 고대 문명의 역사는 대체로 이 세 지역 나라들의 패권 다툼이라고 보아야 한다. 결국 이 세 지역 나라들이 역사 속 각기 다른 시간에 차례로 메소포타미아의 패권을 장악하고 제국으로 발전하게 된 것이다.

다시 돌아가서 메소포타미아 역사의 원시 문명은 상부에서 주로 발달했다. 지리적 특성 때문이다. 메소포타미아 상부와 하부의 지리적 특징은 정반대였다. 비옥한 상부와 달리 하부 메소포타미아는 홍수가 빈번한 늪이나 개펄 등 습지대로 이루어져 있어서 사람들이 정착하기 어려웠다. 이 질척거리는 땅에 정착한 사람들은 고대 수메르인들이었다. 수메르인들은 처음 고전을 면치 못했으나 곧 그 지역을 다스리며 살아가는 법을 익혔다. 그들은 습지대의 물을 빼고 그렇게 만들어진 비옥한 땅을 일구며 정착했다. 그들은 경작지에서 발생하는 지푸라기와 진흙을 섞어 집을 짓는 법, 나아가 벽돌을 만드는 법을 발명해서 집을 짓고 성과 도시를 이루기 시작했다. 그렇게 수메르인들은 상부 메소포타미아의 웅장한 도시들만큼은 아니더라도 나름의 독자적인 문명을 건설하기 시작했다.

한편, 수메르인들의 고생스러웠던 초기 개척지들이 유명한 도시로 발전하게 되었다. 기원전 3500년경 티그리스 하류에 수사(Susa)가, 유프라데스 강 남쪽에 우룩(Urk)과 우르(Ur)가 두각을 나타내기 시작했다. 기원전 3300년경 이들 도시에서 설형문자가 출현하자 메소포타미아 남부의 문명화와 도시 발달이 더욱 가속화되었다. 하지만 고대 수메르 문명은 기원전 2334년경 셈족 아카드인들에 의해 공식적으로 멸망했다. 아카드의 왕 사르곤(기원전 2334~2279년)을 비롯하여 아카드의 왕들은 이전 수메르 문명을 뛰어넘는 자신들만의 문명을 메소포타미아 남부 전역에 걸쳐 발전시키려고 했다. 이 시기에 오늘 우리가 다루는 바벨론도 탄생했다. 그리고 얼마 뒤 위대했던 아카드 문명이 고대 수메르의 계승자로 자처한 우르 제3왕조(기원전 2112~2004년)의 우르 남무(Ur-Nammu)에 의해 다시 멸망하고 만다. 그러나 우르 제3왕조는 기본적으로 수메르 문화를 계승하면서도 아카드의 위대한 문명도 수용했다. 이들은 특히 성경이 시날(Shinar)이라고 적시한 곳을 중심으로 문명과 문화를 확장해 나갔다. 이때 메소포타미아 전역이 문명으로는 수메르의 것을, 언어는 아카드 어를 공용으로 사용하는 경향이 짙어졌고 많은 사람들이 우르3왕조의 강력하면서도 안정적인 통치 가운데 문화적인 일치를 이루어갔다. 이윽고 우르 제3왕조 역시 기원전 20세기경 메소포타미아 남부의 엘람(Elam)과 동부의 메대(media)와 같은 강력한 세력들에 의해 붕괴되었다. 왕조가 붕괴되자 엄청난 수의 유민(流民)이 양산되어 그들이 당대의 전 세계로 흩어지는 결과를 낳았다.

성경이 당시의 상황을 나타내는 한 가지 중요한 사건을 보여주고 있다. '바벨탑 사건'이 그것이다. 아마도 수메르의 문명이 극도로 발달하고 확장되던 우르 왕조 어느 시점에 시날 땅과 주변 지역들의 사람들이 하나의 언어를 사용하고 영토를 확장함으로써 세상을 하나의 세력으로 만드는 데 성공했다.

그들은 곧 그들 문명의 힘을 상징하는 도시와 건물을 지어 올렸는데 그것이 바로 바벨탑이었다. 그런데 그들은 자신들의 힘을 상징하는 그 탑이 하늘까지 닿을 수 있도록 더 높이 쌓고자 했다(창 11:4). 결국 여호와 하나님께서 인간 힘의 상징인 바벨탑을 무너뜨리시고 그 문명의 주인공들을 세상 곳곳으로 흩어버리셨다. 하나님께서는 그때까지 하나였던 언어를 혼잡하게 하셔서 한 언어로 서로 소통하는 길을 막아버리셨다(창 11:6~8).

엘람인들의 침략 이후 메소포타미아 남부와 바벨론은 한동안 혼란스러웠다. 그러던 기원전 1894년, 아모리족이 드디어 이 지역을 점령하여 고대 바빌로니아 제국을 세웠다. 유명한 함무라비 왕(기원전 1792~1750년) 대에 이르러서는 메소포타미아 거의 전역을 점령하면서 제도와 법전을 정비하는 한편, 메소포타미아의 최고 신 마르둑 숭배를 공식 종교로 정하여 안정적이고 통일된 제국을 형성했다. 이 시기 바벨론은 제국의 중심 도시로서 더욱 발전했고 드디어 도시의 이름 바벨론을 따라서 메소포타미아 남부 전역을 일컫는 명칭 바빌로니아가 만들어지게 되었다. 그렇게 한동안 바빌로니아 지역은 안정을 찾아가는 듯했다. 그런데 주전 1595년경, 북쪽 소아시아 지역으로부터 내려온 히타이트(Hittite)가 침략하면서 바빌로니아는 다시 혼란스러운 상황에 빠져들었다. 또 히타이트에 이어서 카시트(Kassite) 사람들이 쳐들어왔는데 이 사람들이 이 지역을 약 400여 년 동안 지배했다.

바빌로니아 지역은 이후에도 안정을 찾지 못했다. 카시트의 왕국도 중기 앗시리아 왕국의 침공을 받아 무너졌고 바빌로니

고대 메소포타미아의
주신(主神) 마르둑

아의 지배권은 기원전 1235년 상부 메소포타미아 앗시리아 왕국의 투쿨티니누르타(Tukulti-Ninurta)에게 넘어갔다. 이후에도 도시와 지역의 주인이 여러 번 바뀌었다. 그러던 기원전 9세기경 도시와 지역이 드디어 갈데아 사람들(Chaldeans)의 수중으로 들어갔고 이후 바벨론과 바빌로니아는 갈데아 사람들의 도시와 지역으로 간주되었다. 그러나 도시와 나라의 지배권은 여전히 북쪽 앗수르에 있었다. 기원전 911년부터 609년까지 도시와 지역은 공식적으로 앗수르의 지배를 받았고 한때 므로닥 발라단(Merodach-Baladan) 등이 주도하여 반란을 일으키긴 했어도 여전히 산헤립과 같은 강력한 앗수르의 통치자들 휘하에 있었다.

바벨론은 기원전 626년에 갈데아인들에 의해 독립을 얻었다. 그런데 메소포타미아의 지역 총독 나보폴라사르가 기원전 626년에 앗수르를 몰아내는 데 성공하고 드디어 612년에 앗수르의 수도 니느웨까지 함락시키면서 새로운 바벨론을 재건

바벨론성의 핵심에 선 마르둑 신전

한 것이다. 그의 아들 느부갓네살 2세(기원전 604~562년)는 아버지의 나라를 더욱 강력한 제국으로 만들었다. 더불어 그는 기존의 바벨론을 더욱 큰 도시로 만들었는데, 유프라테스 강 동쪽 연안을 따라 이중 성벽을 쌓고 자신의 왕궁을 짓는 한편 푸른색의 유명한 이시타르 성문(Ishtar Gate)과 왕비를 위한 공중정원(Haning Gardens) 및 엄청난 크기의 마르둑 신전 에테메난키(Etemenanki)를 건축했다. 신 바빌로니아라 불리는 이 제국은 전성기에 앗수르, 시리아, 팔레스틴, 그리고 애굽의 일부까지 정복하였고 다니엘서에서 볼 수 있듯 기원전 586년에는 예루살렘을 점령하여 성전을 불태워 버리고 5,000여명의 유대인들을 바벨론으로 강제로 이주시켰다. 이것을 바벨론 유수(Babylon Captivity)라고 부른다.

유다 땅, 앗수르와 바벨론 제국의 혼란에 휘말리다

봉신국이 아닌 제국으로서 신 바빌로니아 제국(바벨론)은 당대의 패권을 장악했던 신 앗수르 제국(Neo Assyrian Empire)을 향한 반란에서부터 시작되었다. 바벨론의 군주였던 갈데아 사람 마르둑 아플라 이디나 2세 (브로닥 발라단 혹은 므로닥 발라단, 기원전 721~710년, 왕하 20:12)가 이끄는 바벨론은 엘람 왕의 도움으로 앗수르에 대항했고 일시적으로나마 바벨론에 대한 지배권을 찾았다(주전 703년). 사르곤은 일단 브로닥 발라단의 반란을 진압하고 그를 바벨론 군주(prince)의 지위에서 축출했다. 그런데 사르곤이 갑작스럽게 죽고 나자(기원전 705년) 앗수르의 새로운 왕이 된 산헤립(기원전 704~703년)은 왕위에 등극하자마자 바로 바벨론과 주변 지역을 재평정하는 데에 나설 수밖에 없었다. 이때 브로닥발라단이 약 9개월에 걸친 짧은 바벨론 왕국 치세(기원전 703년~681년)를 끝내고 엘람(Elam)으로 망명하게 된다. 짧았지만 의미가 있었던 갈데안 바벨론의 독립 기간이었다.

이 시기 남 유다 왕국은 격변하는 국제 정세 가운데서 생존하기 위해 나름대로 치밀한 전략을 구사해야 했다. 사실 비옥한 초승달 중간, 두 개의 거대한 세력권이 잠시 약화되는 시점에 국가의 틀을 갖추어 일정량 안정기를 유지했던 다윗과 솔로몬 시대 이후 이스라엘은 줄곧 힘들고 고통스러운 외교적 줄다리기를 이어가야 했다. 남과 북 두 나라로 갈리게 된 초기에는 남쪽의 애굽과 북쪽의 강력해진 아람을 상대로 힘든 외교를 해야 했는데, 이 시대는 그나마 명맥을 유지할 수 있었던 때였다. 그러나 거대하고 강력한 앗수르의 시대는 확실히 달랐다. 앗수르는 호전적이었고 폭력적이었다. 결국 남 유다와 북 이스라엘은 앗수르와 동맹을 맺거나(왕하 17:3, 북 이스라엘 호세아왕), 반 앗수르 정책(왕하 18:7, 남 유다 히스기야왕)을 선택해야 하는 나름의 전략을 구할 수밖에 없었다. 특히 이 시대에 이스라엘은 앗수르 제국의 서쪽 변방에 위치해 있어서 앗수르의 강력한 적국이었던 애굽에 양대국의 갈등 사이에서 서로를 향해 인계철선(引繼鐵線) 같은 역할을 했다. 신흥 강대국 앗수르가 애굽을 치려 할 때에도 이스라엘은 먼저 정리해야할 상대였고, 예전에 비해 많이 약화되었다 해도 강대국이었던 애굽이 앗수르를 상대하려 할 때에도 이스라엘은 선점해 두어야 할 대상이었다. 결국 두 강대국은 서로가 이스라엘을 어떻게 다루느냐에 따라 강하거나 혹은 온건한 전략을 구사했다. 이스라엘로써는 피곤한 일이었지만 분명히 필요한 일들이었다.

일단, 북 이스라엘의 마지막 왕이었던 호세아는 애굽과 페니키아, 아람 등을 따라서 반앗수르 정책을 취했다가 결국 사마리아 성을 제외한 북 이스라엘의 모든 성들을 앗수르 디글랏 빌레셀에게 빼앗겼다. 그리고 기원전 722년에 사르곤 2세에 의해 아예 사마리아 성이 함락 당하여 나라가 멸망하고 말았다. 앗수르에 대한 버팀목 아람의 다메섹이 무너지고 애굽이 힘을 잃은 상황에서 남 유다의 아하스는 발 빠르게 앗수르의 디글랏 빌레셀에게 충성을 맹세했다(왕하 16:10~12). 아하스를 이은 히스기야 역시 반 앗수르 동맹에 적극적으로 참여하지 않은 채 처음 사르곤에게 머리를 조아렸다. 그런데 히스기야는 다른 한편으로 앗수르의 약점도 알고 있었다. 앗수르의 폭력에 대한 피지배국들의 반란, 특히 바빌로니아 지역의 반란이 끊이지 않았던 것이다. 그러던 기원전 703년경 바벨론과 메디아, 페르시아 등에서 브로닥 발라단을 중심으로 하는 동맹 반란이 다시 일어나자 산헤립은 이 문제에 골몰했고 반란을 진압하기 위해 군사작전을 수행해야 했다. 이미 바벨론의 브로닥 발라단과 외교적 연을 대고 있던 히스기야는 이때를 틈타 블레셋과 페니키아와 더불어 애굽의 지원을 얻은 새로운 반란 동맹에 가담했다. 산헤립 왕은 발 빠르게 바벨론의 반란을 진압했다. 그는 바로 군사를 돌려 반란의 조짐이 일어나고 있는 가나안으로 가서 우선 페니키아와 블레셋의 도시들을 점령하고 반란의 주도자 한노(Hanno)를 산 채로 불태워 처형했다. 이번에는 남 유다 역시 진압이 대상이었다. 산헤립은 우선 라기스를 대표로 하는 유다의 성읍들을 초토화하고 예루살렘을 포위하여, 히스기야와 유다 백성들을 협박했다. 그러나 산헤립은 유다를 초토화시키는 전략을 구사할 수 없었다. 히스기야가 간파한 대로 제국의 다른 곳에서 반란이 있었던 것이다(왕하 19:8). 결국 예루살렘은 겨우 멸망을 면할 수 있었다. 히스기야와 이사야의 매우 신앙적이고 탁월한 지도 하에 최소한의 독립을 유지할 수 있게 된 것이다. 그러나 유다의 상황이 온전히 평안한 것은 아니었다. 히스기야는 표면적으로 독립을 유지했고 주변 나라들이 보기에 반 앗수르의 상징처럼 여겨졌으나(대하 32:23), 사실상 그는 앗수르 속국의 왕(vassal king)일 뿐이었다. 유다는 사실 속빈 강정과 같은 나라가 되었다. 유다의 경제적 버팀목이었던 라기스는 형편없이 파괴되었다. 쉐펠라와 유다 산지 일대의 도시들은 산헤립이 블레셋의 왕들에게 나누어 주었다. 그뿐이 아니었다. 히스기야는 산헤립에게 바칠 조공을 조달하기 위하여 지속적으로 성전과 왕실의 금고를 털어야만 했고 왕족과 신하들이 줄줄이 포로로 잡혀가야만 했다.

한편 바벨론은 앗수르 제국의 꾸준한 핍박에도 불구하고 북쪽 니느웨 중심의 앗수르와 남쪽 바벨론 중심의 바빌로니아라는 양대 구도를 정립해 나갔다. 바벨론은 이 시기를 즈음하여 주로 엘람과 페르시아, 그리고 메데의 지원과 협력 속에서 앗수르와 니느웨에 대항하는 상징으로서 꾸준히 성장했다. 그렇다고 앗수르의 폭력적 지배와 간섭이 느슨했던 것은 아니었

다. 산헤립은 그가 므로닥 발라단(브로닥 발라단)을 대신하여
바벨론에 세운 군주 벨 이브니(Bel-ibni, 기원전 702~700
년)가 마음에 들지 않는다는 이유로 그의 아들 아슈르 나딘 슈
미(Ashur-nadin-shumi, 기원전 699~694년)를 바벨론
의 군주로 삼았다. 그런데 그가 끝내 잡지 못한 반란 지도자 므
로닥 발라단이 여전히 문제였다. 므로닥 발라단은 엘람의 지
원을 받아 반 앗수르 항쟁을 계속했다. 산헤립은 결국 바벨론
의 군주로 앉아 있던 아들 아슈르 나딘 슈미를 잃으면서까지
엘람과 므로닥 발라단 등의 반란에 대해 진압을 계속했다. 그

앗수르의 멸망

앗수르의 왕들은 자신들의 용맹함과 강력함을 과시하기 위해 사자사냥을 즐겼다. 앗수르는 실제로 강력한 제국이었다. 주
변의 나라들이 앗수르의 용맹한 군사들 앞에 모두 무릎을 꿇었다. 그러나 강력한 앗수르도 영원하지는 못했다. 앗수르의 수
도 니느웨는 결국 기원전 609년 느브갓네살에게 멸망하고 말았다.

리고 기원전 689년에 마침내 바벨론 도시 자체를 완전히 멸망시켰다. 이후 바벨론은 한동안 폐허로 있었다. 이후 에살핫돈(Esarhaddon, 기원전 680년~669년) 대에 이르러 바벨론은 왕이 거주할 만큼의 크기로 다시 회복했다. 에살핫돈은 바벨론의 상황을 안정시키기 위해 성벽을 재건하고 함무라비 시절부터 있었던 마르둑 신전을 복원했다. 그렇게 바벨론은 드디어 에살핫돈 시절에 안정기에 들어섰다. 사실 에살핫돈이 통치하는 동안 앗수르를 가장 괴롭혔던 나라는 바벨론이 아니라 애굽이었다. 결국 에살핫돈은 애굽과 고단하게 전쟁을 치렀고 그동안 병사했다.

에살핫돈의 뒤를 이은 앗수르의 왕은 앗수르바니팔(Assurbanipal, 기원전 668~627년)이었는데 그는 애굽의 제25왕조를 물리쳤다. 그리고 친 앗수르 정권을 세웠다. 하지만 앗수르 제국의 운명은 여기까지였다. 앗수르바니팔의 강력한 통치로 제국이 안정되는 듯했으나 다시 바벨론, 엘람, 메대가 반란을 일으켰다. 니느웨에 거대한 도서관을 건립하고 바벨론 창조 설화와 홍수 이야기를 비롯하여 고대 신화와 서사시를 정리, 보관하는 데 정성을 기울였던 위대한 왕 앗수르바니팔은 반란을 진압하는 중 죽었다. 앗수르바니팔이 죽자 남부 바벨론의 군주 나보폴라살(Nabopolassar, 기원전 626~605년)이 앗수르를 대상으로 바벨론 독립투쟁을 벌였다. 얼마 후 남부 바빌로니아 일대의 패권을 쥐자 그는 곧 신 바빌로니아 제국(Neo-Babylonian Chaldean Empire)을 열었고, 기원전 612년에 드디어 앗수르의 니느웨를 함락했다. 이때 애굽이 앗수르와 동맹하여 바벨론과 싸웠고 애굽의 왕 느고, 즉 느고 2세(Necho II, 기원전 610~595년)는 앗수르의 마지막까지 항전이 있었던 기원전 609년까지 지원을 계속했다(왕하 23:29).

앗수르의 붕괴와 애굽의 앗수르 잔당에 대한 지원, 그리고 바벨론 패권의 등장이 아직까지 왕국의 형태를 유지하고 있던 남유다에 기회를 제공했다. 특히 요시야 왕이 앗수르의 영향력이 감소하는 틈을 노려 내적으로 종교개혁을 단행했다. 그는 성전을 수리하던 중 발견된 모세의 율법책을 바탕으로하여 근원적이고 궁극적인 종교개혁을 단행했다(왕하 22:3~23:25, 대하 34:3~35:19). 또한 그는 앗수르의 영향력이 감소한 틈을 노려 북 이스라엘의 영토, 즉 옛날 언약으로 얻은 가나안의 땅을 회복하는 일에 애를 썼다. 그리고 수복한 땅 곳곳에서 예루살렘에서와 동일한 종교 개혁을 시도했다. 그렇게 개혁 작업을 진행하던 기원전 609년, 요시야는 애굽 왕 느고가 멸망해 가는 앗수르를 지원하기 위해 유프라테스 강 유역으로 이동한다는 이야기를 듣고 이스르엘 골짜기에서 그를 막았다. 그런데 안타깝게도 요시야가 느고와의 므깃도(Megiddo) 전투에서 중상을 입어 죽고 말았다(대하 35:20~24). 이로써 앗수르 몰락이라는 혼란기에 요시야에 의해 주도된 남 유다의 부흥 시도가 막다른 길에 봉착하게 된다.

새로운 절대 세력, 바벨론 제국의 등장

기원전 609년 애굽의 느고가 망해가는 앗수르를 돕는다는

바벨론의 마르둑 신전

명분으로 시리아 지역에 군대를 진출시킨 뒤 지금의 시리아 오론테스 강(Orontes River) 주변의 가데스(Kadesh)를 점령했다. 그리고 앗수르의 잔여 세력과 더불어 하란(Harran)까지 쳐들어갔다. 그러나 하란을 점령하지는 못하고 물러나서 시리아에 머물렀다. 느고는 그곳에서 예상했던 대로 가나안에 대한 영향력을 강화했다. 개혁 군주 요시야가 전사한 후 새로운 길을 모색하던 남유다로서는 어쩔 수 없는 현실이었다. 기원전 608년, 느고는 우선 요시야를 이은 여호아하스(Jehoahaz)를 3개월 만에 왕위에서 끌어내려 하맛(Hammath)의 립나(Ribnah)에 가두었다(왕하 23:30~34). 그리고 이스라엘 백성들에게서 강제로 징수한 금과 은을 약삭빠르게 조공으로 바친 여호야김(Jehoiakim)을 유다의 왕으로 낙점했다(34절). 여호야김은 이때 느부갓네살에게 약 삼천 명의 포로를 내주었다(렘 52:28). 이때 포로로 잡혀간 사람들 가운데 다니엘과 세 친구가 있었다(단 1:6). 이후 느고의 유다에 대한 영향력은 오래가지 못했다. 기원전 605년경 느고와 애굽, 그리고 앗수르의 잔존 세력이 갈그미스(Charchemish)에서 새로 바벨론의 왕이 된 느부갓네살에게 패했다. 그리고 유프라테스로부터 남유다에 이르는 지역에 대해 영향력을 상실했다. 현실이 이렇게 되자 국제정세에 민감했던 비옥한 초승달의 여러 군주들이 앞다투어 바벨론에 충성을 맹세했다.

바벨론 성의 이쉬타르 문

이쉬타르 신에게 바쳐진 이 문은 청색으로 채색된 벽돌로 만들어졌으며 높이가 14미터나 되었다. 이 문을 통해 들어가면 약 120마리의 사자상이 도열해 있는 바벨론 성의 대로와 만나게 된다. 두 개의 문중 복원된 작은 문이 베를린 페르가몬 박물관에 전시되어 있다.

유다의 왕 여호야김 역시 기회주의자였다. 그는 애굽이 힘을 잃고 예루살렘마저 점령당할 위기에 봉착하자 곧 애굽에서 등을 돌리고 바벨론에 조공을 바치며 충성을 맹세했다(왕하 24:1). 그런데 바벨론에 대한 그의 기회주의적 충성이 오래가지는 않았다. 바벨론에 기댄지 3년 후 여호야김은 다시 바벨론의 느부갓네살에게서 고개를 돌렸다. 기원전 601년경, 아스글론(Ashkalon)을 비롯한 블레셋 지역과 페니키아 지역의 왕들이 바벨론에게 반기를 든 것이다. 무엇보다 애굽의 느고가 그 반란들에 힘을 실어주는 분위기가 고조되자 그는 곧바로 바벨론으로부터 돌아서서 가나안의 새로운 반 바벨론 동맹에 참여했다. 바벨론의 느부갓네살은 즉각적인 반응을 보였다. 그는 군대를 보내 레반트 전반의 반 바벨론 분위기를 진압했다. 이어서 기원전 598년에 예루살렘을 포위했다. 느부갓네살의 군사들은 빼어난 공성술로 3개월 만에 예루살렘을 점령했다. 597년 이른 봄이었다. 배신과 밀착을 밥 먹듯 하던 왕 여호야김은 바벨론이 예루살렘을 에워싸고 공격을 준비하던 시점에 죽었다(왕하 24:6). 그의 아들 여호야긴(Jehoiachin)

은 그만둘 날짜를 받아놓은 것이나 다름없는 왕의 자리에 등극했다(8절). 그가 왕이 되자 예루살렘은 곧 바벨론에 무너졌다. 바벨론의 장군들은 그들의 왕 느부갓네살이 도착하자 곧 자기들이 원하는 방식으로 유다를 바꾸어 버렸다. 그들은 새 왕 여호야긴과 남 유다의 많은 지도자들 약 팔백여 명을 포로로 잡아 예루살렘이 가진 자산 모든 것을 빼앗은 뒤 바벨론으로 돌아갔다(16절). 그리고 빈껍데기만 남은 예루살렘에 시드기야(Zedekiah)를 섭정왕으로 세워 두었다(17절). 바벨론에 있어서 여호야긴은 지나치게 문제가 많았던 여호야김의 아들이라는 사실을 빼놓고는 별 문제가 없었다. 그래서 바벨론은 여호야긴을 유다의 정통한 통치자로 여겼다. 바벨론에 있어서 시드기야는 일시적으로 나라를 다스릴 섭정왕(a regent)일 뿐이었다.

제국 서편의 질서를 자기들 중심으로 재편한 바벨론과 느부갓네살은 그때까지의 역사에서 유래를 찾을 수 없는 강력한 제국으로 부상했다. 바벨론은 니느웨를 함락하는 순간, 이미 남북부 메소포타미아의 모든 것을 장악했다. 일단, 메소포타미아의 모든 것을 장악한 바벨론은 제국의 서편에 대해서 강력한 군사력을 가동했다. 갈그미스에서 한 번의 승리를 얻었다 해도 애굽의 느고가 여전히 레반트 지역에 영향력을 행사하고 있었기 때문이다. 결국 느부갓네살과 바벨론은 블레셋 지역의 도시들과 애굽, 그리고 유다를 군사적으로 정벌하고 이어서 페니키아 지역 역시 군사 작전을 통해 완전히 평정했다. 이제 제국의 서편에서 감히 느부갓네살에게 도전할 나라나 왕은 없었다. 이때 즈음 유다는 나라라고 하기 어려운 형편이 되었다. 국가의 정치, 경제, 종교적인 기반이라 할 만한 거의 모든 자원이 바벨론으로 가버렸다. 유다에 남은 것은 거의 폐허 수준의 성벽과 집터뿐이었다. 제국의 서편에 대한 강력한 군사행동에 비교하여 바벨론은 동편의 강력한 나라 메디아(Media)에 대해서는 관대한 외교 정책을 사용했다. 느부갓네살은 메디아의 공주 아미티스(Amyitis)와 결혼하면서 동방의 잠재적인 위협과 화친하는 방법을 취함으로 안정을 도모했다. 이렇게 해서 바벨론은 서쪽으로는 애굽을 거의 속국으로 삼고, 동편으로는 메디아와 티그리스 강을 국경으로 맞댄 거대한 제국이 되었다.

바벨론 제국의 유다 침공과 멸망, 그리고 유수

구약성경은 바벨론을 가리켜 "여러 왕국의 여주인"(사 47:5)이라고 부른다. 바벨론은 앗수르, 페르시아 제국과 함께 메소포타미아 지역의 절대패권을 차지했던 바빌로니아 제국의 수도였다. 사실, 앗수르 통치 하의 바벨론은 늘 힘들었다. 산헤립과 앗수르바니팔 시절, 도시는 과도한 정벌로 파괴되었다. 앗수르의 왕들이 쳐들어오지 않았다 해도 도시는 늘 반란의 조짐 속에서 복잡했고 침울했다. 그런데 느부갓네살이 등장하면서 상황이 반전되었다. 당대 세계 곳곳을 정벌하는 일에도 바빴을 그인데, 느부갓네살의 치세 동안 도시가 놀랍게 발전했다. 그리스 역사가 헤로도토스(Herodotos)의 표현에 의하면 도시가 한 변의 길이만 21킬로미터에 달했다. 전체 둘레가 약 85킬로미터였다. 외성 주변에는 해자(moat)가 만들어져 유프라테스 강물이 흘렀고, 강물의 일부는 도시 한복판에 만들어진 운하를 통해 성 내에 흐르도록 했다. 성벽의 두께는 약 25미터에 높이가 85미터 정도였다고 한다. 특히 느부갓네살이 확장하고 건설한 바벨론의 성벽은 더욱 거대해서 외부로부터 성 내로 들어가려면 푸른색의 멋진 타일과 벽돌로 만든 이시타르 문(Ishtar Gate)을 지나서 탑이 달린 문들을 여덟 군데 지나야 했다. 도시는 계획도시의 모양 그대로 바둑

예루살렘 멸망과 포로로 잡혀가는 유대인들

판 모양 도로들이 만들어져 있었으며 중앙 도로가 길이 900미터, 넓이 20미터 정도로 크게 만들어져 있었다. 도시의 중앙에는 화려한 궁전이 있었고, 옆에는 숲이 많은 고산지대에서 온 왕비 아미티스의 향수병을 달래기 위해 느부갓네살이 만들었다는 공중정원(the Hanging Gardens)이 있었다. 바벨론은 그야말로 세계적인 대제국의 수도였다.

바벨론 최대 번영기를 이룬 느부갓네살 왕

또 바벨론은 신들의 도시라 불릴 만큼 종교적이었다. 도시에는 마르둑 신을 위한 예배장소가 55개, 대지의 신을 위한 예배장소가 300개, 하늘의 신을 위한 예배장소가 600개, 신들을 위한 제단이 400여개 정도 있었다. 이 모든 종교적인 장소들 외에도 바벨론 한복판에 성역이라 부를 만한 곳이 있었다. 도시 중앙 왕궁 옆에 있었던 성스러운 영역에 바벨론 최고의 신 마르둑(Marduk)을 예배하는 높이 91미터의 에테메난키 지구라트(Etemenanki Ziggurat)가 있었다. 이 거대한 지구라트는 바벨론 성 어느 곳에서도 볼 수 있을 정도로 거대한 건축물이었다. 도시를 방문하는 이방인들은 무엇보다 이 거대한 신전에 압도당하고는 했다. 정치적으로나 종교적으로, 그리고 경제적으로도 바벨론은 당대 세계의 대세였다.

597년 유다와 주변 지역에 대한 강력한 진압에도 불구하고 애굽은 여전히 바벨론에 위협이었다. 애굽 26왕조 네 번째 파라오 호브라(Hophra, Apries, 기원전 589년~570년)는 여전히 바벨론와 느부갓네살에게 반감을 가지고 있었다(렘 44:30). 남 유다의 섭정왕 시드기야도 역시 바벨론에 대해 반감을 갖고 있었다. 그는 선지자 예레미야의 만류와 질책에도 불구하고(대하 36:12) 친 애굽적 성향을 드러냈다. 그리고 곧 호브라와 반 바벨론 연맹을 맺었다. 결국 느부갓네살은 유다와 애굽 문제를 최종적으로 해결하기로 마음 먹었다. 그리고 군대를 일으켜 유다 예루살렘으로 향했다. 호브라도 군사적인 충돌을 준비했다. 그는 느부갓네살의 군대가 예루살렘으로 오고 있다는 이야기를 듣고 자신의 군대를 보내 예루살렘을 도우려 했다. 그러나 느부갓네살의 바벨론 군은 강력했다. 호브라의 용병들로 가득한 애굽 군은 바벨론 군의 상대가 되지 못했고 패퇴했다. 호브라의 군대가 쫓겨 내려간 지 18개월 후, 느부갓네살은 예루살렘을 무너뜨렸다.

성경은 포위된 예루살렘이 양식이 떨어져 더 이상 버틸 수 없는 상황에 이르렀다고 말하고 마침내 성벽이 무너지던 날 도망자가 속출했다고 기록하고 있다. 그 도망자 가운데 시드기야도 있었다(렘 52:8). 시드기야는 예루살렘 북쪽 옛 성벽과 새 성벽이 만나는 사이에 있는 작은 출입문을 통해 예루살렘을 빠져나가서 요단쪽으로 내려갔다가 여리고 근처에서 체포되었다. 시드기야는 일단 하맛의 리블라(Riblah)로 끌려갔다. 그리고 거기서 그의 아들들이 죽임을 당하고 시드기야는 두 눈이 뽑히고 놋사슬로 결박된 채 바벨론에 끌려가 거기 감옥에서 죽었다(10~11절). 한편 시드기야 옆에서 꾸준하게 반 바벨론 정책을 제안하던 친 애굽파 사람들은 모두 느브갓네살이 예루살렘을 함락하기 전 애굽으로 피신했다.

예루살렘과 성전, 그리고 백성들의 운명도 가혹했다. 일단 도시를 정복하고 왕과 귀족들을 정리한 느부갓네살과 바벨론의 장군 느부사라단(Nebuzaradan)이 예루살렘의 궁전과 성전을 모두 불살랐다. 그리고 예루살렘의 모든 집들을 파괴하고 불살라버렸다. 예루살렘의 성벽 자체도 헐어냈다(12~14절). 말하자면 고대 방식의 초토화 작전이었다. 이제 예루살렘 성은 더 이상 사람들이 안전하게 거주할 만한 독립된 요새가 아니었다. 백성들의 운명도 처참했다. 성에 남아 있던 사람들 가운데 약 칠백 사십 명 가량이 바벨론으로 끌려가는 세 번째 포로 행렬에 섰다(30절). 마지막 포로 행렬이 떠난 후에도 유다와 예루살렘에 사람들이 있었다. 최종적으로 예루살렘 성에 남아 있던 백성들 가운데 상당수는 노예로 다른 곳에 팔려 갔다. 그렇게 해서도 남아 있던 사람들은 아무것도 남지 않은 예루살렘에서 그 땅 새로운 주인들의 노예가 되었다(15~16절).

제국의 땅에서 새로운 삶을 살다

예루살렘과 가나안은 더 이상 하나님의 약속 받은 백성들의 터전이 아니었다. 유다는 이제 공식적으로 바벨론의 속주가 되어 유다속주(Judah Province, Yehud Medinata)라고 불리게 되었다. 비록 유대인이기는 했으나 그달리야(Gedaliah)라는 사람이 유다속주의 새로운 통치자로 부임했다(왕하 25:22). 그는 유다와 예루살렘에 남아있던 사람들에게 바벨론의 왕을 섬기는 일에 충성하여 평안을 누리자고 격려했다(24절). 그러나 그와 새로 부임한 바벨론 총독부 관료들 유다의 왕족과 그 부하들에게 암살당하고 만다(25절). 그들을 암살한 유대인들은 이미 애굽에 터를 잡은 친 애굽파 사람들과 합류했다(26절).

예레미야는 이 모든 격동의 시기를 살았던 하나님의 사람이었다. 예레미야는 요시야 왕 때에 하나님의 부르심을 받은 선지자였다(렘 1:1~3). 적어도 요시야 왕 시절에까지 예레미야의 비전은 긍정적이며 희망적이었다. 그러나 상황이 급반전했다. 느고에 의해 왕이 된 여호야김과 바벨론에 의해 섭정왕이 된 시드기야가 남 유다의 마지막 15년여 동안 꾸준히 하나님 앞에서 악을 행하고, 친 애굽의 입장을 고수하면서 느부갓네살을 통한 하나님의 징계와 심판 계획을 지속적으로 외면했다. 선지자 예레미야는 분노했다. 그는 하나님께서 애굽이 아닌 바벨론을 통해 이스라엘을 징계하시리라는 경고를 거침없이 뱉어냈다(렘 36:27~32). 결국 그의 예언활동은 큰 고난으로 이어지게 된다. 거침없이 선포한 덕분에 그는 고향인 아나돗(Anadoth)으로부터 협박을 당하기도 하고(렘 11:18~12:6), 갈그미스 전투를 기점으로 유다가 바벨론에 멸망하리라는 예언을 한 뒤부터 여호야김과 친 애굽파가 그를 더욱 핍박했다(렘 36:20~27). 결국 그는 여호야김 시대 내내 서기관 바룩과 함께 몸을 숨겨야 했다(26절). 시드기야 시대에 이르러 예레미야는 웅덩이(렘 37:15~16)와 왕궁 감옥 뜰(21절), 그리고 진창 구덩이(렘 38:6)와 시위대의 뜰(11~13절)을 전전하며 예루살렘이 함락되는 날까지 감금된 채 살아야 했다(28절).

이후 예레미야의 사역과 삶을 살펴보면 매우 극적이다. 예루살렘이 멸망하던 날 그는 풀려났고 바벨론 왕과 신료들에게서 극진한 대접을 받았다. 바벨론 왕과 정복자들은 줄곧 자신들의 편에 섰던 예레미야를 본국으로 데려가려고 했다. 그러

나 선지자는 바벨론의 호의를 거부했다. 그는 일단 그달리야
와 더불어 유다의 남은 자들을 위해 선지자 사역을 시도했다.
그런데 그달리야가 유대인들에게 살해당하고 살해사건에 공
모한 유대인들이 애굽으로 도망하자 예레미야는 자의반 타의
반 그 얼토당토않은, 적들만 가득한 곳을 향해 망명길을 동행
했다. 그리고 그곳에서 친 애굽파 사람들에게 회개를 촉구하
며 살다가 죽었다.

한편, 포로로 잡혀간 유대인들에게 바벨론은 굉장히 이질적
이면서도 두려운 곳이었다. 사실, 바벨론에 포로로 잡혀간 유
대인들이 막연하게 노예처럼 산 것은 아니었다. 느부갓네살의
포로정책은 다분히 제국적 융합의 의미를 안고 있었다. 그래
서 느부갓네살에 의해 세 번에 걸쳐 바벨론으로 끌려간 유대인

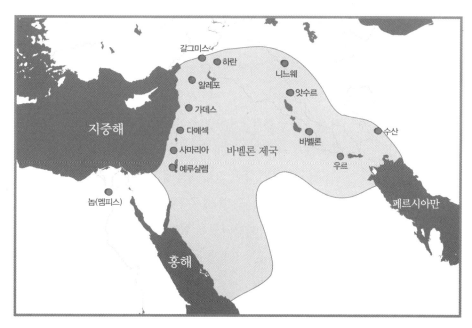

바벨론 제국의 최대 통치 영역

들은 귀족들의 경우 바벨론의 왕궁에 거주하면서 교육을 받는 경우도 있었다. 다니엘과 세 친구, 그리고 이름을 알 수 없는 촉망 받던 유대인 젊은이들이 바로 이 경우에 해당된다(단 1:3~6). 여호야긴과 그 친족들의 경우에는 비록 수십 년 뒤였다 할지라도 바벨론 왕궁의 빈객이 되어 국가적인 손님으로 대접받는 지위를 얻었다(28~30절). 그 외에도 그발강 (Chebar River)가에 정착지를 마련한 경우에도 비록 부유하지는 않았지만 어느 정도 안정적으로 정착을 지원 받은 것으로 보인다(겔 1:1).

중요한 것은 경제적인 측면이 아니라 정치적인, 특별히 종교적인 자유의 문제였다. 포로로 잡혀간 유대인들은 아무래도 종교적인 측면에서 큰 고통을 겪은 것으로 보인다. 고대의 전쟁들이 대부분 '신들의 전쟁'이었다는 면에서, 대부분 유대인들은 그들의 야훼 하나님이 메소포타미아의 마르둑 신에게 패배한 것이라는 정복자들의 강압적 선전 선동에 표면적으로라도 동의해야 했다. 유대인 포로들은 바벨론에 도착하여 느부갓네살의 승전식에 참여했을 때, 그들의 표면적 동의가 혹시 종교적 동화로까지 이어져야 하는 것이 아닌지 의심했을 것이다. 서쪽 변방에서 온 그들이 국제 도시 바벨론에서 본 것은 예루살렘과 비교할 수 없는 부유함과 마르둑 신을 향한 신앙의 화려함이었다. 유대인들은 심각한 신앙의 위기에 직면했다. 더 나아가 유대인 포로들은 지속적인 배교의 협박에 시달렸다. 바벨론인들은 매우 독특한 유일신 사상을 가진 유대인들에게 그들 식의 다신교식 신앙을 강요했는데 그 강요가 때로 매우 위협적이기도 했다(단 3장).

결국 유대인들은 더 이상 예루살렘 성전 중심의 신앙생활을 영위할 수 없게 된 현실에서, 그리고 메소포타미아식 다신교의 위협 속에서 예전과 다른 방식의 신앙생활 방식을 찾아야했다. 그들은 곧 메소포타미아, 그 이방인의 땅에 어울리는 유일신 하나님에 대한 신앙 방식을 마련했다. 우선 에스겔과 포로기 이사야 같은 예언자들은 예레미야의 편지에 근거하여 유대인들이 신앙적으로, 그리고 도덕적으로 회복하기를 요구했다. 그들은 포로생활이 곧 끝날 것이라는 희망에 집중했고 예루살렘으로 돌아가는 날의 회복된 하나님 백성의 삶을 강조했다. 특별히 일단의 종교 지도자들은 이제 자신들이 예루살렘과 성전을 중심으로 하는 신앙생활을 유지할 수 없다는 현실을 받아들였다. 그리고 기존의 모세 법전들에 대한 가장 최근의 정리본인 신명기 문서들(Deuteronomist Documents)이 예루살렘을 벗어나 있는 자신들의 신앙 활동에서 자료로 활용되는 데 한계를 가지고 있다는 것을 인정했다. 그들은 포로라는 독특한 상황을 고려하여 자신들이 예루살렘에서 가져온 고대의 자료들을 기반으로 새로운 방식의 문서들, 즉 제사장 문서(Priestly Documents)를 정리하기 시작했다. 제국의 포로로서 현실을 살아가는 농포늘을 위한 신앙자료를 정리한 것이다. 포로기 이후 유대사회에 보편화된 회당(Synagogue) 역시 이 시기에 발생했다. 비록 매우 정교한 예식들이 있었던 신약시대의 것과는 다르더라도 포로로 이방의 땅에 잡혀있는 현실에서 소규모로 모여 신앙생활을 영위했던 원형 회당(proto-synagogue)이 존재했으리라는 예상은 충분히 가능하다. 페르시아의 고레스가 최종적으로 그들을 가나안에 되

돌려 보내기까지 그들은 성전이 아닌 회당에서 아직 다듬어지지 않은 예식과 성경을 품고 신앙생활을 영위했다. 특정하게 지명된 장소에 임재하시는 하나님이 아닌, 하나님을 사모하는 사람들의 모임에 임재하시는 하나님을 경험하기 시작한 것이다. 이것은 분명 지난 오랜 세월 약속의 땅을 중심으로 이어온 신앙과 전혀 다른 형태의 것이었다. 어쨌든 그들은 포로로 잡혀간 상황에서도 유일신 야훼 하나님에 대한 신앙을 이어갔다.

Didactic Story
역사의 흐름과 신앙의 길

출애굽한 후 하나님 백성들의 신앙과 삶은 주로 가나안을 중심으로 가나안 주변에서 발생했다. 결국 그때까지 이스라엘 백성들의 신앙과 삶의 범위는 열두 지파와 남북 이스라엘, 그리고 그 주변 민족이나 국가들과의 관계 내에서 설명이 가능했고 또 이스라엘을 중심으로 조율도 가능했다. 다소간 차이는 있다 해도 이스라엘이 주체적일 수 있는 범위는 명료했다. 제아무리 넓어도 남쪽 애굽과의 경계를 넘지 않았고 그들과의 만남 역시 간헐적이었다. 그런데 북 이스라엘이 멸망하고 히스기야가 앗수르를 상대하면서 새로운 국면이 나타나기 시작했다. 하나님의 백성들은 이제 본격적으로 국제적인 문제와 이슈를 대면해야 했다. 사실 이것은 단순한 국제적인 문제가 아니었다. 앗수르 이후 이스라엘과 하나님의 백성들은 스스로 조율이 가능한 외교적 문제를 넘어서는 소위 강대국과의 관계

문제를 다뤄야 했다. 무엇 하나도 그들 주체적으로 해결될 수 있는 것은 없었다. 언제나 강대국 앗수르와 바벨론이 원하는 대로 끌려 다니는 형국이었다. 하나님의 백성들은 앗수르와 바벨론의 요구를 들어야했다. 때로는 성읍들을 빼앗기고, 수도 예루살렘과 성전을 유린당하고, 원치 않는 방식으로 공물을 바치고 그리고 백성들을 포로로 내주기도 했다. 강대국은 정치와 군사적인 측면에서만 강한 것이 아니었다. 그들은 종교적인 측면에서도 강력했다. 그리고 이스라엘은 전 방위적인 압박 가운데서 혹은 모든 것을 유린당하고 빼앗긴 상황에서 여전히 자신들의 신앙을 이야기하고 자신들의 신앙을 다음세대에게 전수하는 책무에 대해 고민해야 했다. 아무런 제약이 없는 곳에서 신앙하는 일은 쉬웠을 것이다. 문제는 도무지 신앙하는 일이 쉽지 않은 현실적 상황에서 신앙을 도모하는 것이다. 강력한 세속의 틈바구니에 선 하나님의 백성들은 그러나 훌륭하게 신앙을 이어갔다. 그들은 그들이 믿는 여호와 하나님의 승리를 확신했고 그들의 최종적인 승리를 묵시적으로 소망했다.

흔들리는 국제정세 속에서 신앙의 길을 찾다

아브라함 이후 하나님의 백성들은 몇 번에 걸쳐 국제적인 사안에 휘말리거나 참여해왔다. 아브라함은 비록 이방인이자 거류민의 신분이었으나 소돔(Sodom)에 살던 조카 롯이 엘람(Elam)과 고임(Goiim), 시날(Shinar)과 엘라살(Ellasar)

등의 네 나라에 의해 포로로 잡혀가자 곧 가나안의 소돔
(Sodom), 고모라(Gomorah), 아드마(Admah), 스보임
(Zeboim), 그리고 소알(Zoar) 등의 국가들과 함께 이 국제
전쟁에 참여하였다(창 14:8). 아브라함은 이때 스스로를 히브
리, 즉 이주해온 거류민으로 여기고 그 전쟁에서 자신이 별도
의 이득을 취하지 않았다(23절). 아브라함의 행위는 매우 상
징적이다. 그는 하나님의 사람으로서 약속하신 땅에 거주하며
살다가 그 땅에 불의한 문제가 발생하면 그 문제에 개입하여
의롭게 해결하기 위해 수고했다. 그러나 그는 그 수고의 결과
로 자신을 부요하게 하는 어떤 이득도 취하지 않았다. 그는 한
마디로 하나님의 뜻대로 하나님께서 베푸시는 것 외에는 세상
으로부터 이득을 얻지 않겠다는 단호한 태도를 취하였다. 단
지 그가 취한 것은 그와 더불어 전투에 참가한 젊은이들에 대
한 보상 정도였다.

　그런데 역사 속 하나님의 백성들이 언제나 아브라함과 같은
지혜와 신실함을 보인 것은 아니다. 예를 들면 북 이스라엘의
경우 대부분의 왕들이 외교적으로 성공한 면과 내치에서 형편
없었던 면 양단의 모순을 안고 있었다. 북이스라엘의 오므리
와 그의 아들 아합은 일단의 국제 외교 무대에서 매우 성공적
인 전략을 구사했다. 그들은 우선 국제 무역에 강력한 영향력
을 가진 두로와 시돈 등과 친밀한 관계를 정립했다(왕상
16:31). 덕분에 북 이스라엘은 레반트 지역에서 강력한 영향
력을 가진 국가로 부상했다. 페니키아와의 정치 종교, 경제적
인 야합은 오므리의 아들 아합으로 하여금 당대 국제 질서에서
큰 역할을 하도록 했다. 그는 기원전 738년 애굽 오소르콘 2

세가 함께한 레반트 동맹군들의 카르카르 전투에서
신흥 앗수르를 무찌르는 데 큰 역할을 했다. 그러나
오므리와 아합이 국제무대에서 빼어난 전략을 구사
하는 동안 북 이스라엘은 종교, 도덕적으로 부패한
나라가 되어가고 있었다. 왕실은 불의하게 백성들의
재산을 갈취하고(왕상 21:1~16), 백성들은 종교적
인 혼탁함 속에서 점점 더 무도한 길로 나아가고 있
었다. 오므리와 아합으로 대표되는 북 이스라엘의
왕들은 옳지 못한 방식으로 힘을 얻고 그 힘으로 왕
실과 귀족들만 혜택을 누리는 국제적 위상을 추구했

남 유다의 마지막
시드기야 왕

예루살렘이 멸망하던 날 시드기야는 아들들
이 살해 당하는 것을 목격한 뒤 두 눈이 뽑힌
채 쇠사슬에 묶여 바벨론으로 끌려가 그곳
감옥에서 죽었다.

다. 그들은 국가적 역량을 자신들의 이익을 취하는
데에만 집중했다. 그들은 국가의 역량이 백성들
의 샬롬으로 이어져야 한다는 것에 대해서는 관심
을 갖지 않았다.

북 이스라엘 왕들의 기만적이고 이기적인 행태와 달리 남 유
다 왕들의 경우는 보다 신중했고 신앙적인 차원의 교훈이 될
만한 리더십을 발휘했다. 히스기야의 경우가 그랬다. 그는 앗
수르에 기대는 것을 거부하고 국가적 역량을 한데 모아 저항하
는 태도를 취했다. 히스기야는 먼저 앗수르 제국에 반란이 잦
은 것과 그것이 곧 유다에 기회일 수 있음을 알았다. 그는 국
가의 역량을 강화하기 위해 백성들을 신앙 안에서 일치시켰
다. 그는 유다 백성들의 우상숭배를 일소하고 하나님만 신앙
하는 일에 백성들을 하나되게 했다. 이어서 히스기야는 국가
의 역량을 방어에 집중했다. 그는 라기스를 비롯한 여러 성읍
들을 요새화 하고 예루살렘을 중수하는 한편 기혼샘의 물길을

성 안쪽으로 끌어들이는 공사를 진행했다. 앗수르의 침략에 대비한 것이다. 히스기야의 하나님과 백성들을 향한 신실함은 유효했다. 그와 남 유다는 비록 라기스와 같은 중요한 도시를 빼앗기기는 했으나 앗수르에 완전히 항복하지 않았다. 이사야의 지도 가운데 승리하는 결과를 얻었다. 요시야도 마찬가지였다. 그는 앗수르의 세력이 약화된 틈에 유다의 독자 노선을 확정했다. 그는 먼저 예루살렘 안에 넘쳐나던 우상숭배를 물리쳤다. 그리고 앗수르의 영향력 하에 있던 북이스라엘 영토의 상당부분을 수복하고 그 곳에서도 역시 우상숭배를 일소했다. 그는 다윗과 솔로몬 이래 이스라엘의 영토를 가장 많이 확장한 왕이 되었다. 비록 애굽의 왕 느고와의 전투를 끝으로 한계에 부딪히기는 했어도 요시야의 국제질서 가운데서의 신실한 개혁과 독자노선 선택은 세상 속 하나님의 백성들이 어떤 길을 걸어야 하는지를 잘 보여주는 사례였다.

안타깝게도 요시야 이후 남 유다는 지혜롭지 못했다. 적어도 역사적인 평가는 그랬다. 요시야 이후 유다의 마지막 왕들은 북이스라엘 왕들의 우매하고 이기적인 모습을 따랐다. 그들은 하나님께서 자기들의 패역함을 보시고 자신들과 유다를 징계하려 하신다는 것에 대해 어떤 경각심도 갖지 않았다. 더구나 그들은 지나치게 애굽을 의지하여 애굽이 작금의 바벨론의 위협을 충분히 막아 주리라고 오판했다. 앗수르 이후부터 꾸준히 애굽이 무너져가고 있다는 사실과 국제정세가 바벨론의 느부갓네살에게 이롭게 돌아가고 있다는 것을 알지 못했던 것이다. 여호아하스 대신 왕위에 오른 여호야김은 하나님의 뜻은커녕 애굽과 바벨론 사이에서 갈팡질팡하여 강대국들의 심기만 더 불편하게 하고 말았다. 짧은 기간 재위 이력으로 제대로 된 통치를 하지 못했던 여호야긴을 이어 시드기야가 왕이 되었을 때에는 더욱 심했다. 그는 쇠망해 가는 애굽이 자신과 왕국을 보호해 주리라고 속단했다. 그는 왕국 내에 잔존해 있던 친 애굽파 대신들과 귀족들에게 귀가 멀었다. 결국 그의 친 애굽적인 태도가 느부갓네살의 진노를 사서 나라 자체가 무너지는 결과를 초래했다.

사실 이 시기 내내 하나님께서는 예레미야로 하여금 남유다의 왕들과 백성들을 깨우치도록 하셨다. 그러나 왕과 백성들, 특히 친 애굽적인 태도를 취했던 대신들은 예레미야의 이야기에 귀를 기울이지 않았다. 그들은 오히려 예레미야를 핍박했다. 그들은 우상숭배에 더욱 열중했으며 백성들을 우상숭배와 그릇된 정치적 견해로 현혹하는 정치를 멈추지 않았다. 하나님께서는 결국 지혜롭지도 못했을 뿐 아니라 당신께서 사명으로 주신 그 땅에서의 삶에도 신실하지 못한 유다와 유다의 지도자들, 그리고 그 땅의 백성들을 심판하셨다. 기원전 587/6년 바벨론의 느부갓네살은 하나님의 의로운 칼이 되어서 유다와 예루살렘, 그리고 성전을 무너뜨렸다. 흥미로운 것은 하나님 백성들이 신앙 안에서 국제정세를 읽어 내려가는 방식이다. 하나님의 백성들, 특히 하나님의 백성들을 인도하는 지도자들은 자기들의 나라에 국제적 정세상의 긴장과 위기가 직면했을 때, 자기들 스스로의 신앙적 태도와 도덕적 태도를 돌아보아야 한다. 지도자가 신앙과 영성, 도덕성에서 바르지 못하면 그들의 백성들의 고통 소리가 크게 되고, 그 백성들의 도덕적인, 그리고 신앙적인 타락의 양상이 가속화하게 된다. 그때 하나님께서는 그 나라와 지도자들, 백성들에 대한 징계 방침을 정하시고 그들을 심판하기 위한 도구로 국제적인 정세상의 도구를 선택하신다. 하나님의 백성들과 그 지도자들이 약속과 소명의 땅에 서서 눈의 지혜를 갖지 못하면 그들은 곧 징계와 심판의 대 위에 서게 될 것이다. 하나님께서 당신이 주신 약속의 땅에 선 백성들에게 말씀하신다. "내 이름으로 일컫는 내 백성이 그들의 악한 길에서 떠나 스스로 낮추고 기도하여 내 얼굴을 찾으면 내가 하늘에서 듣고 그들의 죄를 사하고 그들의 땅을 고칠지라"(대하 7:14).

이방인의 땅에서 크신 하나님을 선포하다

북쪽을 가리키는 히브리어는 '짜폰(zapon)'이다. 케뎀(kedem, 동쪽), 얌(yam, 서쪽), 테만(theman), 혹은 네게브(Negev, 남쪽)와 같이 방향을 가리키는 히브리어 원어들은 각기 지역적인 특징을 모두 갖고 있는데 '짜폰'만큼은 그렇지 않다. 짜폰은 마치 중국이 우리 민족을 일컬어 동이(東夷)라고 했듯, 정치적으로 어느 세력을 나타내는 경우가 종종 있다. 예레미야 1장 14~15절이 바로 그런 경우다. 예레미야는 하나님의 말씀을 대언하여 이르기를 "여호와께서 내게 이르시되 재앙이 북방에서 일어나 이 땅의 모든 주민들에게 부어지리라 내가 북방 왕국들의 모든 족속들을 부를 것인즉 그들이 와서 예루살렘 성문 어귀에 각기 자리를 정하고 그 사방 모든 성벽과 유다 모든 성읍들을 치리라 여호와의 말이니라"고 했다. 여기서 북방, 즉 북방 왕국들은 바벨론을 비롯한 바벨론의 동맹 세력을 가리킨다.

실제로 바벨론은 이스라엘 하나님의 백성들을 위협하여 남유다 땅을 점령했고 그 나라 백성들을 흩어버렸다. 특히 세 번에 걸친 바벨론 유수는 이스라엘 백성들에게 큰 충격이었다. 하나님을 믿는 백성들에게 하나님께서 기업으로 주신 땅 외에 다른 곳에 발을 딛고 사는 일은 충격이 아닐 수 없었다. 게다가 이스라엘 백성들은 포로로 잡혀가면서 그들의 승자 바벨론 사람들에게 끊임없이 조롱을 당했다. 이스라엘의 야훼 신이 자신들의 마르둑 신에게 패배했다는 것이다. 바벨론인들은 이스라엘 사람들이 포로로 잡아가는 내내, 그리고 포로생활을

예루살렘의 멸망

하는 내내 그들의 허망한 신앙을 거들먹거리며 괴롭혔다. 때로는 배교를 종용하고, 또 배교시키기 위하여 교묘한 책략과 강압을 교대로 사용하기도 했다. 이스라엘로서는 포로 생활 자체가 고단하다기보다는 바벨론의 동화 정책이 더 고달팠다.

그러던 중 바벨론 왕궁에서 희소식이 들렸다. 여호야김 시대에 1차로 잡혀와 왕궁에서 교육을 받던 다니엘과 세 친구가 제국의 높은 위치에 올랐을 뿐 아니라 각자의 자리에서 영적으로, 신앙적으로 승리하고 있다는 소식이었다. 다니엘은 느부갓네살의 꿈을 해몽하여 그의 정책에 관여하는 자리에 앉았다(단 2장). 그리고 매우 현명하게 왕에게 충성하면서 동시에 하나님의 사람으로서 바른 신앙생활을 이어가고 있었다. 다니엘(Daniel)의 세 친구, 하나냐(Hananiah)와 미사엘(Mishael)과 아사랴(Azariah)는 느부갓네살의 왕궁에서 근무하다가 바벨론 사람들의 교묘한 술수에 빠져 왕이 명령한 신에게 절하지 않았다. 그 대가로 그들은 풀무불에 던져지는 벌을 받았는데, 그럼에도 그들은 살아남아서 야훼 하나님의 위대하심을 바벨론의 다른 신들과 그 추종자 앞에서 보였다(단 3장). 전쟁에서 패한 결과로 하나님에 대한 신앙마저 빼앗길 위기에 직면한 포로기 이스라엘 백성들은 이 사건으로 사기 충전했다.

그뿐이 아니었다. 포로로 잡혀간 이스라엘 백성들은 곳곳에서 바벨론과 메소포타미아의 신들에 대하여 저항하며 자신들의 하나님께서 언젠가 자신들을 승리하게 하실 것이라고 전하는 예언을 접했다. 포로기 이사야가 그 대표적인 예언자이다. 그는 포로로 잡혀간 백성들 삶 곳곳에서 이스라엘의 회복과 구원을 선포했다. 이사야는 이스라엘 백성들에게는 희망을 전하고 이방의 우상과 권세는 멸망할 것이라고 선포했다. 그는 특별히 바벨론의 최고의 신이라고 할 수 있는 벨과 느보의 멸망을 예고하고 있다(사 46:1). 벨(Bell)은 바벨론 아카드 어인데 영어의 '주(Lord)'와 같은 의미를 갖고 있으며 우리말로는 '주'에 해당한다. 느보(Nebo)는 벨의 아들로 과학과 기술을 관장하는 신이었다. 그런데 벨은 바벨의 벨과도 관련되어 있고 느보는 느부갓네살의 '느부', 혹은 나보폴라살의 '나보'와 관련이 있다. 포로기 이사야가 예언한 "벨은 엎드러졌고 느보는 구부러졌도다"(사 46:1)라는 말은 결국 바벨론과 느부갓네살이 멸망하리라는 예언을 의미하는 것이다. 이사야의 예언으로 이방의 우상이나 이방의 권세자들에 의해 부끄러움과 수치를 당하지 않고 영원한 구원을 얻을 것이라는 희망이 바벨론 곳곳 포로로 잡혀간 백성들에게 퍼져나갔다.

포로로 잡혀간 사람들 사이에서 하나님의 백성들이 승리하리라는 것, 하나님께서 당대의 어떤 신들보다 위대하며 강력한 분이라는 것을 선포한 사람은 다니엘이었다. 다니엘은 느부갓네살의 총애를 받았고 왕의 궁전에서 교육을 받았고 바벨론의 학문을 습득할 수 있었다. 그러나 다니엘은 여호와 신앙을 포기하지 않았고 바벨론의 종교와 혼합하지 않았다. 그렇게 느부갓네살이 가고 아들 나보니두스가 왕이 되었을 때 벨사살은 일종의 수렴청정을 하는 왕자의 신분이었다. 그가 예루살렘 성전의 제기들을 끌어내서 그 그릇들로 연회를 열었다. 천 명의 귀족들을 초청한 연회가 한창 진행되던 어느 순간, 사람의 손가락들이 나타나서 석회벽에 글자를 썼다. 도저히 이해할 수 없는 글자들이었다. 그 문장을 제대로 해석하는 이가 없었다. 아람어로 기록된 '메네 메네 데겔 우바르신(MENE, MENE, TEKEL, UPHARSIN)'이었다. 마침 벨사살의 왕비가 현명한 유대인 다니엘을 추천했다. 벨사살 왕 앞에 선 다니엘이 그것을 해석했는데 다니엘 5장 26~28절에 있다. 다니엘은 이렇게 해석했다. '메네'는 '세다', '한계를 정하다'라는 뜻인데 다니엘은 "하나님이 이미 왕의 나라의 시대를 세워서 그것을 끝나게 하셨다 함이요"라고 해석했다. '데겔'은 '헤아리다', '무게를 달다'라는 뜻인데 다니엘은 "하나님의 심판을 위해 왕을 저울에 달아본즉 부족함이 보였다 함이요"라고 해석했다. 마지막으로 '우바르신'은 '나누다', '깨뜨리다'라는 뜻인데 다니엘은 "하나님이 왕의 나라를 나누어 메대와 바사 사람에게 준 바 되었다 함이니이다"라고 해석했다.

하나님께서는 느부갓네살과 바벨론을 통해 이스라엘을 심판하셨다. 그러나 그것이 곧 바벨론과 바벨론의 신들이 야훼 하나님에 대하여 승리한 것을 의미하는 것은 아니었다. 느부갓네살과 그의 후계자들, 나아가 페르시아와 헬라의 위정자들은 이 점에 대해 오판을 하지 말았어야 했다. 느부갓네살을 이은 페르시아와 헬라의 왕들은 세상의 주인이 이스라엘의 야훼 하나님이시라는 것을 알기도 하고 모르기도 했다. 어떤 왕은 이 현실을 잘 깨달아 역사를 이어가기도 했고 벨사살 같은 왕은 이 현실과 자신의 위치를 바르게 알지 못하여 자신과 나라가 망하게 되는 결과를 얻었다. 중요한 것은 세상의 주인이신 하나님 앞에 선 이스라엘, 즉 하나님의 백성들의 자세이다. 이스라엘 백성들은 포로기 내내 하나님께서 어떻게 세상을 섭리하시는지를 보았다. 하나님께서 어떻게 신실한 하나님의 사람들을 지키고 보호하시는지도 보았다. 그들은 이스라엘만이 아닌 세상을 다스리시는 하나님 앞에서 겸손하여서 바른 신앙을 회복해야 했다. 그래서 그들이 다시 이스라엘로 돌아갔을 때 어떤 마음과 자세로 신앙을 이어가야 하는지를 바르게 세워야 했다. 그들은 자만하지 말아야 했다. 그들은 이방 땅 한복판에서도 대적을 물리치시는 하나님, 그분의 강력하심과 신실하심 앞에서 오히려 잠잠하여 고개를 숙여야 했다. 이것은 모든 하나님의 심판과 징계 아래 있는 하나님의 백성들을 향한 귀중한 교훈일 것이다.

바벨론 그발강가에서
예언한 에스겔

하나님께서 이루시는 회복에 관한 환상

선지자 예레미야가 포로로 잡혀간 이들에게 이미 예언했듯, 하나님의 백성들은 이방의 땅에서 영원히 포로생활을 하도록 계획되어 있지 않았다. 그들은 다시 예루살렘으로 돌아가도록 정해져 있었다. 이 계획에 대해서는 이미 여러 선지자들이 알고 있었다. 예레미야뿐 아니라 이사야도 역시 그렇게 예언했다. 그들은 한결같이 바벨론 포로의 땅에서 성실하게 살라고 주문했다. 이스라엘은 포로생활 동안 하나님을 향해 바른 신앙을 회복하고 신실한 하나님의 백성으로서 삶을 이어가야할 뿐 아니라 나아가 그 땅 사람들의 평안을 위해서도 수고해야 했다. 그것이 원래 하나님께서 이스라엘을 부르신 이유였던 것이다. 그들은 포로생활의 고단함 가운데서도 그 맡은 바 사명을 내려놓을 수 없다. 만일 이스라엘이 이 모든 사명에 대한 신실함을 회복하면, 하나님께서 그들을 새로운 약속의 땅, 새로이 건설된 예루살렘과 성전으로 인도하실 것이다. 이 일을 예언한 사람이 바로 에스겔이다.

에스겔은 제사장이자 선지자였다. 그는 두 번째 포로 행렬에 섰던 사람으로 기원전 593년 바벨론에 잡혀가서 571년까지 포로지에서 활동했던 사람이다. 에스겔과 일단의 사람들은 바벨론 남쪽 니푸르(Nipur) 위로 흐르던 유프라테스 강의 한 수로인 그발 강(Chebar River)에 위치한 텔 아빕(Tel Aviv) 유다 식민지에서 하나님의 말씀을 예언하였다. 그는 특히 환상과 계시를 받고 예언 활동을 했다. 그의 예언 가운데 가장 중요한 것은 에스겔 47장 회복된 공동체의 환상 중 새롭고 거룩한 땅에 대한 환상이었다. 선지자 에스겔은 꿈과 희망을 잃어버린 이스라엘 백성들에게 구원의 역사가 시작되었다고 선포하고, 죽은 줄로만 알았던 예루살렘과 성전이 되살아날 것이라고 선포하였다. 다시는 세워지지 않을 것 같았던 성전이 회복되어 하나님의 거룩한 것들이 회복된다는 예언환상이다. 그는 이 모든 부흥의 시작이 예루살렘 동편을 흐르는 샘의 자그마한 물이라고 말한다. 그 작은 물의 흐름이 곧 강을 이루고 바다로 흘러들어가 바다를 살리게 될 것이다. 에스겔서 47장 2절 "스며 나오더라", 3절 "물이 발목에 오르더니", 4절 "물이 허리에 오르고", 5절 "그 물이 가득하여 헤엄칠 만한 물이요 사람이 능히 건너지 못할 강이더라"라는 말은 하나님의 구원의 은혜가 어떻게 시작되어서 세상 모든 것을 부흥시키는지에 대해 잘 설명하고 있다. 하나님의 백성은 이제 에스겔의 이 예언을 통해 되살아나고 부흥하게 될 것이다. 여기 47장에서 반복되는 히브리어 말이 하나 있는데 바로 '아바르(Avar)'이다. '아바르'는 '건너다', '움직이다'라는 두 가지 의미를 갖고 있는데 흥미롭게도 하나님의 은혜와 회복의 강물은 처음에는 건널 만하다가 결국은 사람이 건너지 못할 정도의 깊이와 넓이를 갖게 된다. 이 측량할 수 없고 넘어설 수 없을 만큼 큰 강이 바로 '새 이스라엘'을 향한 하나님의 끊임없는 축복과 헤아릴 수 없는 사랑인 것이다. 하나님께서는 인간이 헤아릴 수 없을 만큼의 큰 사랑으로 하나님의 백성들뿐 아니라 세상 모든 것을 치유하시고 회복시키실 것이다(겔 47:8).

하나님의 백성들은 이제 에스겔이 예언한 대로, 그리고 하나님께서 계획하신 대로의 흐름을 따라 회복의 길로 나아갈 것이다. 이 구원의 여정은 세상의 권세자들이 개입하여 주도할 수 없는 것이다. 이 구원의 과정, 회복의 과정은 오직 하나님께서만 주도하여 이루실 수 있는 것이다. 중요한 것은 하나님의 백성들이 이 구원의 과정을 어떻게 받아들이고 따를 것인가 하는 것이다. 하나님의 구원에 참여하는 것은 오직 순종 어린 믿음으로만 가능하다.

Geographical Story
메소포타미아의 역사적 도시들

현재 이라크에 남아있는 바벨론의 유적(이라크 정부가 재발굴을 시도하고 있다.)

갈대아 Chaldea

　　갈대아는 남동부 메소포타미아라고 알려진 바벨론과 우르 사이 넓은 영역을 가리키는 지역 명칭이었다. 갈대아의 북쪽은 높은 산지와 구릉으로 이루어져 있고 동쪽은 사막을 이루고 있다. 그리고 남쪽은 저지대로 유프라테스 강과 티그리스 강 사이에서 넓은 습지대를 이루고 있었다. 갈대아 사람이라는 명칭이 시작된 것은 기원전 11세기 레반트(Levant) 지역 일단의 아람(Arameans) 사람들이 이 지역에 들어오면서부터였다. 이후 기원전 10~9세기경 레반트 지역으로부터 이주한 또 다른 셈족 사람들이 이곳에 정착하면서 갈대아인이라는 명칭이 구체적으로 사용되기 시작했다. 이 갈대아 사람들은 이후 점차 바빌로니아 지역에 거주하던 원주민, 즉 앗시리아 바빌로니아 사람들에게 흡수되었다. 그리고 갈대아라는 이름은 신 앗시리아 제국 시절에 이르러 바빌로니아, 즉 메소포타미아 남부 남동부를 일컫는 지역 명칭이 되었다. 신 앗시리아 제국 시절 갈대아 사람들이 꽤 두각을 나타냈다. 특히 갈대아인이라고 알려진 나보폴라살은 앗시리아의 힘이 약화된 틈을 타 니느웨를 무너뜨리고 새로이 건국된 갈대아인의 바벨론 제국(The Chaldean Babylonian Empire)의 시조가 되었다. 그러나 신 바빌로니아 제국에서 갈대아인이라고 할 만한 민족 공동체는 이미 사라진지 오래였다. 한편, 성경에 기록된 아브라함의 '갈대아 우르(Ur of the Chaldees)'는 아무래도 후대에 만들어진 명칭으로 보인다. 아브라함 시절이라 할 만한 기원전 20세기경에는 갈대아인들의 명칭이 아직 존재하지 않았던 시절이기 때문이다.

니느웨 Nineveh

니느웨는 북부 메소포타미아에서 발전한 고대 앗시리아의 도시였다. 티그리스 강 상류에 위치해 있었으며 특별히 신 앗수르 제국의 수도 역할을 했다. 니느웨는 인류 역사상 가장 오래된 도시들 가운데 하나이다. 기원전 약 6000년에 이미 이곳에 사람들이 살았고 기원전 3000년경에는 이미 도시의 형태를 갖추기 시작하고 이시타르 여신(goddess Ishtar)을 섬기는 종교적인 중심지 역할을 했다. 기원전 1800년경에는 고대 앗시리아 제국의 중요한 도시 가운데 하나가 되었으며 잠시 동안 미타니 왕(king of Mitanni)의 속국이 되었다가 기원전 14세기경 아슈르 우발리트 1세(Ashur-Uballit I)에 의해 독립했다. 이후 중기 앗시리아 왕국에 이르기까지 니느웨는 오래되었고 종교적으로 유서 깊었으나 힘 있는 제국의 도시는 아니었다. 니느웨가 본격석으로 제국의 수노 억할을 한 것은 아무래도 신 앗수르 왕국 시절로 보아야 한다. 특별히 아슈르바니팔 2세(Ashurbanipal II, 기원전 883년~859년)에 이르러 도시는 건축학적으로 괄목할 만한 유산들을 남겼다. 이후 도시는 앗수르가 당대의 제국으로 오랜 기간 융성하던 내내 각각의 왕들에 의해 역사적이고 예술적인 건축 유물들을 만들어냈다. 특별히 산헤립(Sennacherib, 기원전 705~681년)이 이 도시를 매우 화려한 도시로 탈바꿈시켰는데, 특별히 "경쟁자 없는 왕궁(Palace without a Rival)"을 건축한 것으로 유명하다. 이 왕궁에는 산헤립이 치렀던 대소의 다양한 전투와 그 전투 결과들이 벽의 부조로 남겨져 있다. 남유다의 라기스(Lachish)를 정벌한 기록이 특히 유명하다. 고고학적 발굴에 의하면 산헤립의 왕궁 옆에 바벨론의 느부갓네살이 지은 공중정원의 원형이라 할 만한 또 다른 공중정원이 있었다고 여겨진다. 기원전 612(?)년 니느웨는 바벨론을 비롯한 메소포타미아의 동맹국들로부터 공격을 받아 무너졌다. 이 전투에서 대부분의 니느웨 사람들이 자신들이 오랜 세월 주변 나라들에게 했던 것과 같은 방식으로 처형당하고 노예나 포로로 끌려갔다. 도시는 이후 수세기 동안 방치되었다가 사산조 페르시아 시절 다시 건설되었다. 그리고 기원후 627년 도시는 동로마제국과 사산조 페르시아 사이의 전투로 다시 한 번 전란에 휩싸였다. 성경에서 니느웨는 유명한 사냥꾼 니므롯(Nimrod)이 지은 것으로 기록되어 있다(창 10:11). 이후 성경은 대부분 이 도시에 대해 비난과 저주를 내렸다. 나훔은 이 도시에 대해 비판적인 예언을 남겼다(나 1:14, 3:19). 그러나 하나님께서 요나를 통해 이 도시를 구원하고자 하는 열망을 드러내기도 하셨다(욘 4:11).

바벨론 Babylon

갈대아 사람들의 바벨론은 오래 지속되지 못했다. 느부갓네살의 아들 아멜 마르둑(Amel-Marduk, 기원전 562년~560년)은 2년을 채 넘기지 못하고 그의 처남 네리글리살(Neriglissar, 기원전 560년~기원전 556년)에게 암살당하고 말았다. 이런 식으로 느부갓네살의 후계자들은 제 명을 다 채우지 못하고 바벨론의 왕좌에서 쫓겨나곤 했는데 마지막 왕 나보니두스(Nabonidus, 기원전 556년~기원전 539년)는 북부 앗시리아 출신으로 오랜 기간 자신의 아들 벨사살(Belshas-sar)에게 섭정을 맡겼다. 결국 도시는 기원전 539년 성경의 다니엘서에 언급된 대로 동쪽에서 일어난 페르시아와 메디아 연합군에 의해 멸망하고 말았다(단 5:30~31). 연합군을 이끈 페르시아의 다리우스(Darius the Great)는 운하로 바벨론을 흐르는 유프라테스 강의 물길을 살짝 돌려 도시로 들어가는 물길의 높이를 낮춘 후 군사들을 들여보내 전쟁에서 승리했다. 그러나 페르시아 시대에도 바벨론은 여전히 중심 도시로서의 역할을 다했다. 고레스(Cyrus the Great)를 이은 다리우스는 도시를 남부의 수도로 정해서 제국의 다양한 교양을 학습하고 동시에 과학을 발전시키는 중심지로 삼았다. 동시에 바벨론은 페르시아의 행정 수도로써의 역할도 강화했다. 제국의 모든 것이 이 화려하기도 하고 충실하기도 한 바벨론에 모여들었다. 그렇게 도시는 약 2백년 후 알렉산더 대왕(Alexander the Great, 기원전 356~323년)이 차지하기까지 페르시아의 멋진 수도로서 기능을 다했다. 물론 알렉산더가 이 도시를 점령하고 이곳 느부갓네살의 왕궁에서 죽을 때까지 도시는 헬라식의 개방적인 분위기 속에서 더욱 번성했다. 그러나 알렉산더가 죽고 그의 거대한 제국이 분할되면서 도시는 금방 내란의 혼란스러운 분위기에 휩싸였다. 그러던 기원전 275년 셀류코스 왕조가 새로운 그들의 도시 셀류시아(Seleucia)를 건설하면서 바벨론의 사람들이 모두 신도시로 이주했다. 바벨론은 이후 한참 동안 그저 작은 소도시로 남았다. 앗시리아로부터 알렉산더에 이르는 바벨론의 번영은 성경의 기록자들에게 큰 영향을 끼쳤다. 특히 신약성경 요한계시록은 이 세속 도시를 마지막 심판 때 멸망의 상징으로 표현했다 (계 14:8, 16:19, 17:5, 18:2~21).

애굽 Egypt

애굽의 히브리어는 '미쯔라임(Mizraim)'인데 이것은 애굽이 나일강 상부와 하

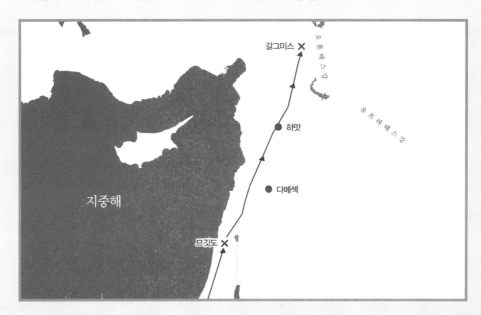

애굽의 왕 느고 2세의 레반트지역 진출

애굽의 왕 느고 2세는 쇠약해져가는 앗수르를 돕기위해 그리고 레반트지역에 대한 영향력을 회복하기 위해 군사행동에 돌입했다. 그는 먼저 므깃도에서 남유다의 요시아를 격파한 뒤 오론테스강의 갈그미스까지 진출하였다. 그곳에서 앗수르의 군대와 함께 바벨론의 나보폴라살과 싸워 이겼다. 일시적인 승리를 거둔 느고는 일단 다메섹에 주둔하며 추이를 살폈으나 곧 바벨론의 새로운 왕 느부갓네살왕에게 패하고 이집트로 돌아갔다.

부 두 개의 지역으로 이루어진 것을 의미하는 것이다. 고대로부터 나일강의 규칙적인 범람으로 비옥한 토양을 유지하고 있었던 애굽은 주변 사람들에게 좋은 주거지, 혹은 피난처로 여겨졌다(창 12:10; 42:1). 결국 애굽은 고왕조 시대(기원전 29-23세기)부터 주변세계와 끊임없이 접촉하면서 가까운 거리에 있었던 블레셋 민족, 이스라엘, 페니키아 등 레반트 지역과 외교적, 군사적 접촉을 꾸준히 이어갔다. 특히 레반트 지역에 대한 영향력은 절대적이었다. 신왕조가 들어선 기원전 16세기부터 10세기 사이 파라오들은 그들을 오랫동안 지배하던 힉소스(Hyksos)를 내몰고 가나안과 나아가 시리아까지 이어지는 광대한 지역에 대해 영향력을 회복했다. 그런데 상황이 애굽에 이롭게 전개되지 않았다. 기원전 10세기를 넘어서면서 서쪽의 누비아 사람들의 끊임없는 공략과 그리스 남부 에게해 사람들과 연대하여 가나안 남부 평야지대에 정착한 '바다 사람들'과의 소모적인 전쟁이 왕조를 약화시켰던 것이다. 결국 애굽은 시리아 및 북부 가나안은커녕 남부 가나안에 대해 영향력마저 잃게 되었다. 이후 애굽은 몇 번에 걸쳐 비옥한 초승달의 서부지역에 대한 영향력을 회복하기 위해 새로운 도전을 했다. 기원전 9세기 중반 파라오 오소르콘 2세(Osorkon II)는 가나안의 연합군과 더불어 시리아 북부 카르카르(karkar)에서 앗시리아의 강력한 군대를 저지하는 데 성공했다. 그런데 가나안과의 지속적인 연합에 실패하여 레반트 지역에 대한 영향력을 지속할 수는 없었다. 기원전 727년 누비아의 피예(Piye)가 테베(Thebe)를 점령하고 제25왕조를 연 뒤 다시 번영을 누렸는데 피예는 이때 다시 한 번 근동에 대한 영향력 강화를 시도했다. 그는 기원전 722년 북이스라엘이 멸망하게 된 원인이었던 아람 중심의 국제 동맹에 참여했다가 앗수르에게 패했고 이어 기원전 711년에는 블레셋의 아스돗을 중심으로 하는 동맹에 지원을 했다가 역시 앗수르에 패해 애굽 본국으로 쫓겨갔다. 피예를 이은 파라오 타하르카(Taharqa) 역시 남유다의 히스기야와 더불어 동맹을 시도하여 앗수르의 산헤립과 대립했으나 패권 경쟁에서 실패하고 말았다. 누비아의 애굽으로는 강대국 앗시리아를 상대하기가 버거웠던 것이다. 타하르카의 실패 후 애굽은 한동안 근동에 대한 영향력을 갖지 못했다. 그런 애굽이 근동의 역사에 다시 등장한 것은 기원전 609년 친 앗수르 입장이던 느고 2세가 바벨론에 대항하여 군대를 일으킨 사건이었다. 그의 군대는 유다의 요시야를 므깃도에서 물리치고 바로 오론테스 강변 가데스까지 이르러 기원전 605년에 갈그미스에서 바벨론 나보폴라살의 군대를 무찔렀다. 이로써 애굽은 앗시리아의 쇠퇴기에 잠시 아람 시리아와 유다에 대해 영향력을 회복했다. 그러나 이 잠깐의 영향력마저 느부갓네살이 강력한 군대를 보내 애굽을 누르고 유다와 가나안 전 지역을 점령하는 사건으로 사그라들었다. 느브갓네살과 바벨론은 애굽을 꾸준히 경계했고 결국은 나라를 그대로 두지 않았다. 바벨론은 기원전 567년 애굽을 최종적으로 침공하여 점령했다. 그리고 애굽에 섭정왕을 세워서 속국으로 삼았다. 이후 애굽은 근동의 국제무대에서 별다른 힘을 발휘하지 못했다. 그러던 기원전 525년 페르시아의 캄비세스 2세(Cambyses II)가 다시 한번 공략한 후부터 페르시아의 영구적인 영토가 되었다.

심화 학습을 위한 참고문헌

이 책을 읽으시고 보다 깊은 연구를 원하시는 분들에게 다음의 참고문헌을 제안합니다.

권혁승, 「성서지리」. 부천: 서울신학대학교 출판부, 2008.

기민석, 「구약의 뒷골목 풍경」. 서울: 예책, 2013.

김진산, 「성경지도」. 서울: 사랑마루, 2014.

노만 K. 갓월드/김상기 옮김, 「히브리 성서1」. 서울: 한국신학연구소, 2001.

마르틴 노트/박문재 옮김, 「이스라엘 역사」. 서울: 크리스챤다이제스트, 2009.

마르크 반 드 미에룹/김구원 옮김, 「고대 근동 역사」. 서울: CLC, 2010.

존 브라이트/박문재 옮김, 「이스라엘 역사」. 서울: 크리스챤다이제스트, 1981.

이용호, 「히브리업 해석원리」. 서울: 대서, 2015.

임미영, 「고고학으로 읽는 성경」. 서울: CLC, 2016.

차준희, 「구약사상 이해」. 서울: 대한기독교서회, 2011.

필립 J. 킹, 로렌스 E. 스태거/임미영 옮김, 「고대 이스라엘 문화」. 서울: CLC, 2014.

한동구, 「신명기 개혁운동」. 서울: 동연, 2014.

허셜 생크스/김유기 옮김, 「고대 이스라엘」. 서울: 한국신학연구소, 2013.

Bahat D. & Hurvitz G., *Royal Cities of the Biblical World*, eds. Westenholz
    J. C., Jerusalem: Bible Lands Museum, 1996.

Garsiel, M., *Biblical Names-A Literary Study of Midrashic Derivations and*
    Puns, Ramat Gan: Bar-Ilan University Press, 1991.

Finkelstein I. & Silberman N. A., *The Bible Unearthed*, New York:
    Touchstone, 2001.

Smith, G., *The Historical Geography of the Holy Land*, Jerusalem: Ariel
    Publishing House, 1974.

Westenholz J. C., *Royal Cities of the Biblical World*, eds. Westenholz J.
    C., Jerusalem: Bible Lands Museum, 1996.

Westenholz J. C., "Ur - the Primaeval City of Kingship," *Royal Cities of*
    the Biblical World, eds. Westenholz J. C., Jerusalem: Bible
    Lands Museum, 1996.

Anchor Bible Dictionary, New York: Doubleday, 1992.

Encyclopaedia Biblica, London: Bialik Institute, 1952-1982.